思想政治教育生活化的
解读与实现路径

陈享辉　著

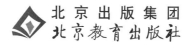

北京出版集团
北京教育出版社

图书在版编目（CIP）数据

思想政治教育生活化的解读与实现路径 / 陈享辉著 .
-- 北京 : 北京教育出版社 , 2023.5
ISBN 978-7-5704-5403-7

Ⅰ . ①思… Ⅱ . ①陈… Ⅲ . ①大学生 – 思想政治教育
– 研究 – 中国 Ⅳ . ① G641

中国国家版本馆 CIP 数据核字 (2023) 第 075441 号

思想政治教育生活化的解读与实现路径

陈享辉　著

*

北 京 出 版 集 团
北京教育出版社　　出版
（北京北三环中路 6 号）
邮政编码：100120
网址：www.bph.com.cn

京版北教文化传媒股份有限公司总发行
全国各地书店经销
三河市国英印务有限公司印刷

*

710mm×1 000mm　16 开本　13.75 印张　240 千字
2023 年 5 月第 1 版　2023 年 5 月第 1 次印刷
ISBN 978-7-5704-5403-7
定价：78.00 元

前　言

　　高校肩负着培养我国社会主义事业建设者和接班人的历史使命。习近平总书记在全国高校思想政治工作会议上指出："思想政治工作从根本上说是做人的工作，必须围绕学生、关照学生、服务学生，不断提高学生思想水平、政治觉悟、道德品质、文化素养，让学生成为德才兼备、全面发展的人才。"这对我国高校思想政治教育工作提出了新要求。思想政治教育是一切工作的生命线，在各个历史时期都发挥着重要作用，保障着我国社会的稳定持续发展。

　　中共中央、国务院印发的《关于进一步加强和改进大学生思想政治教育的意见》中提到大学生思想政治教育"要坚持以人为本，贴近实际、贴近生活、贴近学生，努力提高思想政治教育的针对性、实效性和感染力"。这进一步推动了我国高校教育改革的进程，各高校以及教育工作者都在试图将大学生思想政治教育贴近实际、贴近现实生活，也取得了一定的成效。

　　"思想政治教育生活化"自提出以来就颇受瞩目，发展至今已经成为当前思想政治教育的一种重要理念和教育方式。思想政治教育生活化是以生活为原点来考量和概述思想政治教育的方方面面，使思想政治教育靠近生活，并最终融入生活，成为人们生活中不可或缺的一个部分。从另一个角度看，思想政治教育生活化是对人的生活世界的写照，在本体论层面强调从生活出发再回到生活，从价值论层面看强调的是以人为本的价值取向，是一种实现思想政治教育目标的重要理念和方式。

　　本书先对思想政治教育以及思想政治教育生活化做了全面的解读，包括思想政治教育的指导思想与基本原则、目标、内容等，以及思想政治教育生活化的内涵、特征、原则、价值形态、必要性、意义与依据等，然后针对新时代的"微"背景，就微时代背景下思想政治教育生活化的必要性、特点、原则、内容、渠道与评价体系等进行了系统性的论述，最后全面论述了思想政治教育生活化的实现路径。

关于思想政治教育方面的相关政策可能会有新的理论发展，加之人们的生活是不断变化的，思想政治教育的生活化也需要不断进行理论更新的研究，因此本书难免存在不足之处，恳请广大读者批评指正。

目 录

第一章 思想政治教育概述

第一节　思想政治教育的指导思想与基本原则

2017 年，中共中央、国务院印发了《关于加强和改进新形势下高校思想政治工作的意见》（以下简称《意见》）。《意见》指出，加强和改进高校思想政治工作的指导思想是：高举中国特色社会主义伟大旗帜，全面贯彻党的十八大和十八届三中、四中、五中、六中全会精神，以马克思列宁主义、毛泽东思想、邓小平理论、"三个代表"重要思想、科学发展观为指导，深入学习贯彻习近平总书记系列重要讲话精神和治国理政新理念新思想新战略，全面贯彻党的教育方针，坚持社会主义办学方向，扎根中国大地办大学，以立德树人为根本，以理想信念教育为核心，以社会主义核心价值观为引领，切实抓好各方面基础性建设和基础性工作，切实加强和改善党的领导，全面提升思想政治工作水平，紧密团结在以习近平同志为核心的党中央周围，牢固树立政治意识、大局意识、核心意识、看齐意识，坚定不移维护党中央权威和党中央集中统一领导，为实现"两个一百年"奋斗目标、实现中华民族伟大复兴的中国梦，培养又红又专、德才兼备、全面发展的中国特色社会主义合格建设者和可靠接班人。

《意见》指出，加强和改进高校思想政治工作的基本原则：①坚持党对高校的领导。落实全面从严治党要求，把党的建设贯穿始终，着力解决突出问题，维护党中央权威、保证党的团结统一，牢牢掌握党对高校的领导权。②坚持社会主义办学方向。坚持马克思主义指导地位，坚持以人民为中心的发展思想，更好为改革开放和社会主义现代化建设服务、为人民服务。③坚持全员全过程全方位育人。把思想价值引领贯穿教育教学全过程和各环节，形成教书育人、科研育人、实践育人、管理育人、服务育人、文化育人、组织育人长效机制。④坚持遵循教育规律、思想政治工作规律、学生成长规律。把握师生思想特点和发展需求，注重理论教育和实践活动相结合、普遍要求和分类指导相结合，提高工作科学化精细化水平。⑤坚持改革创新。推进理念思路、内容形式、方法手段创新，增强工作时代感和实效性。

对于新时代高校思想政治工作来说，落实这些方针原则，最重要的是把握好以下几对重要关系。

把握"虚"与"实"，实现虚功实做。解决的是高校思想政治工作价值引领问题。政治引导、思想教育是高校思想政治工作的首要功能。把教育师生同服务师生相结合，解决思想问题与解决实际问题相结合是高校思想政治工作的重要原则。虚功实做，就是既要防止就实际问题谈实际问题，坐失思想引导的机会，又要避免思想政治引导工作和知识分子工作、青年学生工作"两张皮"，各管一段。要深化高校思想政治工作改革，用得体到位、具有价值导向性、师生能够接受的方式解决实际问题，实现政治性、价值性、导向性、服务性的有机统一。

把握"表"与"里"，实现表里如一。解决的是高校思想政治工作内涵建设问题。当前高校思想政治工作，从形式、内容、方法上来说，抽象多于具象、说教多于说服、被动多于主动，由此导致主流意识形态教育不能很好地往实里走、往深里走、往心里走，在一定范围内还存在为开展思想政治工作而开展思想政治工作的形式主义。表里如一，就是要盘活做实思想政治工作"存量"，提升思想引领要素配置"增量"，有效影响思想"变量"。主动靠前站位，既增强工作的群众性，又坚守工作的政治性；强化内容生产，真正做到以情动人、以理服人；关注过程体验，通过知、信、行统一，实现外化和内化的统一。

把握"远"与"近"，实现远近兼顾。解决的是高校思想政治工作治理体系问题。现代化的高校思想政治工作治理体系，是中国特色现代大学制度的重要组成。构建这一治理体系，既要夯基垒台、立柱架梁，又要全面推进、积厚成势，还要加强系统集成、协同高效，推动各方面制度更加成熟、更加定型。远近兼顾，就是既要立足当下，对于思想政治工作相关制度，该完善的加紧完善，该建立的加紧建立，该落实的加紧落实；又要谋划长远，从更宽视野更广领域布局，构建多维一体体制机制，推动育人平台的面从窄到宽，育人平台的内涵由浅入深，在更高层次上实现思政工作由内在自我驱动升华为制度驱动，进而把思想政治工作的"内循环"融入师生成长和学校事业发展的"大循环"。

把握"高"与"低"，实现高低相成。解决的是高校思想政治工作责任落实问题。高校思想政治工作是铸造灵魂、引领思想、启迪心灵的工作，要引导师生向真理迈进，向高尚靠拢，向典型看齐。高校思想政治工作同时又是办学治校的基本功，是高校各项工作的生命线，是必须落实落地的工作。高低相成，就是要通过持续开展系统化学习、分层次培训、常态化宣讲、榜样化教育等，树立思想"高线"，教育引导广大师生不忘初心、牢记使命、永远奋斗。同时制定责任清单、任务清单、问题清单，把牢责任"底线"，写实描细主体责任、政治责任、监督责任，切实做到守土有责、守土负责、守土尽责。

把握"点"与"面"，实现连点成面。解决的是高校思想政治工作的工作方法问题。高校思想政治工作具体实践中，存在着以简单活动思维开展思想政治工作的倾向，过度追求一个个活动"点"上的工作。连点成面，就是要围绕中心工作选准"着眼点"，强化"生命线"功能，形成高质量发展局面。具体地说，连点成面，既要有长期性实施规划，又要有针对性实施办法；既要有全校面上的宣传教育活动，又要发挥各基层单位主观能动性；更要关注每一位师生个体需求，通过"点"上的聚焦，带动线上的延伸，实现面上的拓展，让思想政治工作在理念上有根有魂，在内容上有血有肉，在方法上有声有色，春风化雨，润物无声。

把握"内"与"外"，实现内外联动。解决的是高校思想政治工作"大思政"格局问题。高校思想政治工作是一项综合工程，涵盖主体、时间、空间三个维度的有效协同，实现人人、时时、处处育人。从主体角度看，教师、管理人员等人人都是育人主体。从时间角度看，思想政治工作贯穿学生学习、工作、生活、成长全过程。从空间角度看，思想政治工作贯穿课内课外、校内校外、线上线下等各领域各环节。思想政治工作本质上是全员、全过程、全方位育人。内外联动，就是既要对内聚力，又要对外借力，实现上下联动、左右协同，多层面、多载体共同推进，形成以教育为基础，以制度为保证，以协同为关键，相互配合、齐抓共管的思想政治工作体系。

第二节 思想政治教育的目标

所谓目标，就是行为者期望自己的行为能够达到的境地或结果。而思想政治教育的目标，顾名思义，是指教育主体期望通过自己的思想政治教育活动使教育客体在思想品德、政治素养、心理素质和行为、人格等方面所能达到的境界，即一定时期、一定阶段实施的思想政治教育所要达到的预期结果。那么，从理论上说，正确的思想政治教育目标的依据何在？从总体上说，我国当前社会发展阶段的思想政治教育目标究竟为何？又如何实现这些目标呢？

一、制定思想政治教育目标的依据

思想政治教育的目标，从表面看来，应当属于思想政治教育工作者主观范畴的东西，因为它是教育主体的主观"规划"或"预期"。但是，凡属正确的思想政治教育目标，都必须建立在客观依据的基础之上，必须反映社会历史的客观规律，反映受教育者的客观需要。因此，以辩证唯物主义和历史唯物主义作为方法论的思想政治教育学认为，正确的思想政治教育目标，绝不是由教育者、理论家或任何领袖人物随意制定的，而是由社会物质生活条件、社会发展的客观规律所决定的。正确制定的思想政治教育目标，其形式虽然是主观的，但其内容却是客观的。它虽然由思想政治教育者所制定，体现着教育者的主观愿望，但实质上必定反映了教育对象和社会发展的客观需要。从这一意义上说，思想政治教育者的任务，与其说是"制定"工作目标，毋宁说是认识和描述这种客观需要。因此，适应和满足教育对象和社会发展的双重客观需要，是确立思想政治教育目标的客观依据。这就要求我们把思想政治教育的目标奠基于马克思主义的理论依据和当代中国的现实依据上，从而为思想政治教育目标的正确性给出最后的根据。

（一）基于马克思主义的理论依据：人的全面发展

马克思主义关于人的全面发展的学说是确定思想政治教育目标的重要理论依据。马克思和恩格斯在《德意志意识形态》中提出了"个人的全面发展"这一科学概念，在其后的许多著作中，又全面深刻地阐述了这一重要思想。马克思再三强调全体社会成员的智力和体力在社会生产过程中都应获得充分自由的、多方面的协调发展，使人们成为"各方面都有能力的人，即能通晓整个生产关系的人"。他论述了德育、智育、体育、美育、技术教育及其统一，为人的全面发展绘制了蓝图。坚持以马克思主义为理论指导，正在建设中国特色社会主义的中国共产党人，理所当然地要把人的全面发展作为制定路线、方针和政策的重要依据。习近平总书记在十九大报告中强调，不断促进人的全面发展，十九大报告把"不断促进人的全面发展"这一论断列为习近平新时代中国特色社会主义思想的重要内容，是对马克思"人的全面发展"理论的继承和在新的历史条件下的发展，是马克思主义中国化的一个成果。

人的全面发展依赖于人的综合素质的不断提高。换句话说，只有不断提高人的综合素质，才能实现人的全面发展。

人的综合素质涉及许多方面，如身体心理素质、审美素质、科学文化素质、思想道德素质等。其中，身体心理素质是人生存与发展的物质基础，是其他素质生长的土壤，只有拥有良好的身体心理素质，人才有生存与发展的空间；审美素质与人的天性有直接关系，每个人都存在爱美之心的发扬与外化，也就是塑造美的心灵和创造美的环境，可以说，审美素质关系到一个人一生的幸福与情趣，在现实生活中出现的一些社会丑恶现象，基本上都是因为部分社会成员没有较高的审美素质；科学文化素质则是人的智力发展结晶，一般来说就是人创造财富的技能与本领，在当代这个知识经济社会，它是人们谋求生存和发展不可或缺的重要条件；思想道德素质即人的政治理念、人生理想、法制观念等心理因素，是人实现自身人生价值的内在动力。由此可见，人的综合素质主要体现在四个方面，即德、智、体、美，这四者有着相互促进、相辅相成的关系。如果按照一个人的发展指标来看，上述的四个指标缺一不可，且在某种程度上可以适用于"木桶理论"，也就是某一方面的素质相对较低，会限制综合素质的上限。所以人的全面发展就是实现德智体美的全面发展，就是提高自身的综合素质。在马克思的设想中，将来共产主义社会中实现了全面发展的人，必然充分实现了其自身的潜在价值与潜能，是在德智体美四个方面都达到全面发展的有着较高程度综合素质的人。诚然，这一目标还十分遥远，但我们必须坚定地向着这一目标前进。

在人的全面发展学说所要求的德智体美诸方面的共同发展中，德的发展正是我们的思想政治教育的总目标。于是，不难得出结论：无论是讨论思想政治教育的总目标——德的发展，还是讨论思想政治教育的任何次级目标，都必须以马克思主义关于人的全面发展学说为理论指南或理论依据。

（二）基于当代中国的现实依据：把我国建成富强民主文明和谐美丽的社会主义现代化强国

党的十九大报告为我们国家下一步的发展提出了新的目标：到 21 世纪中叶，把我国建成富强民主文明和谐美丽的社会主义现代化强国。新目标的提出，彰显了实现社会主义现代化奋斗目标的新内涵，明确了新时代中国特色社会主义的历史方位，展现了实现这个新目标的基本策略，并确立了实现中华民族伟大复兴中国梦的具体路径。

党的十九大进一步明确地把实现新目标的路径划分为"两个阶段"。第一个阶段，从 2020 年到 2035 年，在全面建成小康社会的基础上，再奋斗 15 年，基本实现社会主义现代化；第二个阶段，从 2035 年到 21 世纪中叶，在基本实现现代化的基础上，再奋斗 15 年，把我国建成富强民主文明和谐美丽的社会主义现代化强国。

习近平在党的十九大报告中关于"两个阶段"的论述，让全党和全国人民进一步明确以全面建成小康社会决胜阶段这个历史方位为起点，在新时代中国特色社会主义这一承上启下的历史性转折点，在习近平新时代中国特色社会主义思想的指导下，我国将朝着实现新的奋斗目标继续迈进。

综上所述，当代中国思想政治教育目标的设计与确立必须根植于马克思主义的理论依据——人的全面发展学说，同时必须根植于把我国建成富强民主文明和谐美丽的社会主义现代化强国的历史任务。

二、思想政治教育目标的类型

一般说来，目标是一个集合概念。作为集合概念的思想政治教育的目标指的是一个目标系统，这个系统之内的多层级子系统就是等级、大小俱不相同的目标类型。概括地说，思想政治教育的目标因空间不同，有总体目标和具体目标之分；因时间不同，有长期目标、中期目标和近期目标之分；因教育对象不同，有社会目标、群体目标和个体目标之分；因问题性质不同，则有人格塑造目标和解决实际问题的即时目标之分；等等。在诸多纷繁复杂的目标类型中，较为长期的社会目标和人格塑造目标是影响其他各类目标的根本目标。能否科学地设计这两大根本目标对全社会思想政治教育的成败具有决定性意义。鉴于此，在诸多目标类型中，本节将着重探讨同社会目标和人格塑造目标相关的两种类型。

（一）社会目标、群体目标与个体目标

社会目标、群体目标与个体目标，是依据思想政治教育对象的人数多寡而划分出来的目标类型。

所谓社会目标，指的是在一个民主国家内全社会的思想政治教育所要达成的目标。中共十六届六中全会通过了《中共中央关于构建社会主义和谐社会若干重大问题的决定》，强调中国特色社会主义的共同理想对构建和谐社会、实现中华民族伟大复兴具有重大而深远的意义。该决定把中国特色社会主义共同理想纳入社会主义核心价值体系，并明确了中国特色社会主义共同理想的内容，即富强、民主、文明、和谐。理想信念是国家发展与民族振兴的不竭动力源泉。中国特色社会主义共同理想是中华民族在近现代挽救国家危亡的历史征程中形成的共同理想。中国梦是这一共同理想在新阶段的最新体现，是中国特色社会主义共同理想的继承与发展，能够引领全体社会成员

的共同价值追求和目标。

群体目标则是由一些存在相同或相似特征的个体结成的社会群体的思想政治教育要达到的目标。划分社会群体的特征要素包括职业、年龄、爱好、性别、收入、居住地、家庭条件、身体状况等。不同的社会群体，当下的社会地位、生存情况、理想追求以及对社会的价值判断存在很大不同，必然会面对在政治观念与思想道德上的种种问题，因此思想政治教育要从不同群体的实际问题出发，为其确立属于群体自身的群体目标。比如我们常抓不懈的职业道德教育、青少年道德教育、官员道德教育等，如果想要取得实实在在的成效，就必须根据群体的实际情况设计出科学、合理的思想政治教育群体目标。

个体目标即社会成员个体思想政治教育的目标。个体目标有在特定时期或者面对特定问题时为了解决实际问题所定下的思想政治教育的即时目标，也有由家庭、学校和社会对个体进行培养教育要达到的人格目标。个体目标与社会目标和群体目标相比，具有极强的个性化特征。所以要按照马克思主义哲学阐明的"一把钥匙开一把锁""具体情况具体分析"等工作方法和思想方法，确立合理的个体目标。

那么，上述三种目标之间有着怎样的关系？它们相互之间是否有所关联？我们可以从马克思主义哲学当中人的本质的理论与个人和社会关系的理论中看出，三者之间有着相互转化、相辅相成的辩证统一关系。比如，社会目标指导个体目标，并以个体目标为基础。个体目标只有在正确的社会目标指引下，才能避免迷失方向，才能确保自身的实现；而社会目标要想实现，就必须依靠个体目标的积累，否则就流于空谈。如果无法实现社会目标与个体目标的辩证统一，思想政治教育就可能走向失败。而群体目标和个体目标、社会目标和群体目标之间的关系也大体如此。

因此，科学的思想政治教育不但要确立社会目标，提高社会的文明程度，促进社会进步，而且要确立相应的群体目标和个体目标，推动各个社会群体文明水平的提高，提高个体教育对象的人格修养和综合能力。

（二）人格目标与即时目标

人格目标与即时目标属于个体目标的范畴，是根据对个体的思想政治教育所着眼问题的性质而做的分类。倘若教育者着眼于受教育者的人格培养、人格塑造，此时的思想政治教育目标可称为人格塑造目标或人格目标；倘若教育者着眼于帮助受教育者解决当下面临的实际问题而端正其思想认识、提高其思想水平等，此时的思想政治教育目标可称为即时目标。人格目标是思想政治教育带有长期性、根本性和终极性的个体目标，而即时目标则是思想政治教育带有迫切性、经常性和反复性的个体目标。人格目标对于即时目标具有指导性和目的性，而即时目标则是实现人格目标的基础和手段。如果说人格目标是结果，那么无数即时目标的累积则是获得这一结果的必经过程。因此，人格目标和即时目标是相辅相成、不可分离的辩证统一的关系，对其中任何一个目标的忽视，都必然导致思想政治教育的失败。很难设想，仅仅埋头于日常琐碎思想问题的解决而忘记人格培养的大方向，或者仅仅热衷于高尚人格的说教而不解决具体问题的思想政治教育，会是成功的思想政治教育。

赫尔巴特是德国著名的教育家，他认为人类的教育工作可以使用一个概念表达，那就是道德。人类的最高目的，也是教育的最高目的，就是道德。所以他认为教育的核心就在于道德教育和人格塑造，现代教育的最高目标就是培养出德性完美的人，塑造人公平的品格和民主的思想。关于个性培养目标，苏联教育家马卡连柯也表示，教育目的在于培养人的个性与性格，而个性方面的所有内容都在性格的概念当中，也就是外部表现和内心信念的品格、知识以及人在个性方面的面貌。他认为教师要将这些作为人的个性培养计划的重要因素，力求实现人的全面发展。无论在外国现代教育史中，还是在中国现代教育史中，道德都是最核心的组成部分，我国的教育方针中也一直都提到要培养个体的德、智、体、美全面发展。而思想政治教育的最高目标，也是道德教育的目的，即塑造个体真善美的人格。事实上，思想政治教育中的所有个体目标都是以个体思想品德结构为基础而建立的，都反映着个体人格结构与思想品德发展的需求。因此，个体的人格目标是思想教育目标体系里最核心的存在；如果思想政治教育取消了个体人格目标，也就不再是真正意义上的思想政治教育了。

所谓人格，通俗地说，就是人之为人的"资格""格准"，是人区别于非人的根本特质，如人的权利、人的尊严、人的理性、人的情操、人的道德感、人的进取心等，都属于人格的范畴。"富贵不能淫，贫贱不能移，威武不能屈"，2000多年前孟子的这句话之所以成为千古流传的人生箴言，之所以至今仍是中国人的人格目标，不就是因为它真切地反映了中华民族的人格追求吗？

以上所说大体上属于中国传统伦理学特别强调的"道德人格"范畴。现代西方的人格理论认为，人格是自我、本我、超我的统一，是性格、气质、能力的总汇，是社会角色、身份和主体的同构。因此，对于现代的人格概念，除了伦理学这一研究角度之外，人们还从心理学、法学、社会学、人类学等学科角度去研究分析，关注人的心理人格、法律人格的健全。所谓心理人格，侧重于对人的生存、发展的心理需要和精神活动的描述，强调每个人对个体本质的自我实现；而法律人格则把人置于法律关系中去理解，强调个体人作为法定的权利义务之行为主体的公民身份。总之，人格概念所描述的是现实的有特色的个体人经由社会化所获得的、具有内在统一性和相对稳定性的特质结构，是人的思想品德、心理状态和社会行为的综合反映。如前所述，个体人格（包括道德人格、心理人格和法律人格等）的提升和完善，是思想政治教育一切个体目标的核心。

我们可以从道德成长的一般规律中看出，所有人都需要经历一个独特的渐进过程来完善自身的人格，没有人能一蹴而就。当人处在不同的身心发展阶段时，必然会有着与其他阶段不同的人格需求，因此在设计人格目标时也要根据个体的情况，因地、因时制宜，以个人的思想实际为出发点。而一个可行、合适的人格目标，应该可以将现实与个人的理想进行恰当的统一，让受教育者始终处在一种努力过后可以取得成果的状态中，如此一来就可以不断提升其目标，让受教育者的人格逐渐达到完善。

要想实现人格目标，需要个体逐渐完成一个个即时目标。"万事如意""心想事成"是很多人喜欢用的祝福语，但是，这在人们的实际生活中很难实现，事实上，人们的生活中更多的是挫折和困难。因此，思想政治工作者需主动关心陷入困境当中的人们，要为其创造思想上的条件，助其脱离难关，继续前进。当人们实现了一个为了解决实际与思想问题所设立的即时目标时，人格目标教育的诱导力与说服力必然会变得更强，受教育者的人格与道德也会随之提升。实践表明，人们正是在实现思想政治教育即时目标的过程中，不断地趋近于思想政治教育的最终目标，从而促进自身的全面发展和社会进步。

三、当代中国思想政治教育的社会目标与个人目标

当代中国的思想政治教育，指的是在当代中国的社会主义初级阶段对社会成员所进行的思想政治教育，其主旨是服务于现代化建设，服务于把我国建成富强民主文明和谐美丽的社会主义现代化强国这一总目标。在当前的历史阶段内，指的是服务于全面建设社会主义现代化国家这一目标的思想政治教育。当代中国思想政治教育目标的制定，只有以马克思主义关于人的全面发展学说为理论依据，以全面建设社会主义现代化国家的历史任务为现实依据，才能确

保其科学性和正确性。

根据上面目标类型的论述，当代中国思想政治教育的目标也可以分为总体目标和具体目标，长期目标、中期目标和近期目标，社会目标、群体目标和个体目标，人格塑造目标和即时目标等类型。当然，各种类型的目标都可以从关于人的全面发展学说和全面建设社会主义现代化国家的历史任务中找到依据。然而，无论何种何类目标，尽管其最后依据相同，但在具体操作中，由于思想政治教育的主体、客体、事体和环境等因素千差万别，它们必然会显得多样化。在多样化的目标类型中，具有根本性、稳定性、全局性和导向性的类型，仍然是社会目标和人格塑造目标。

（一）社会目标：社会主义政治文明

建设高度的社会主义精神文明，建设社会主义民主政治，一直是我国思想政治教育不断追求的目标。这两大目标符合党在社会主义初级阶段的基本路线，依然是科学的、正确的。不过，其表述方式和具体内涵应当随着实践的发展而不断发展，应当更加贴近新的社会实践。

现代政治文明的基本特征是政治公正，不公正的政治绝不是文明政治。当代著名学者罗尔斯认为，公正是社会制度的首要价值。要使社会主义公正的优越性得以充分发挥，还需要具备现代政治文明的另一个基本特征——依法治国。

依法治国的"法"，首先是宪法。宪法是国家的根本大法，任何政党、政治组织和个人，都必须在宪法的范围内活动。宪法的主要功能是规范政府权力，保障公民权利，这是现代文明社会的重要标志，也是政治文明的基本内涵。社会主义制度赋予所有社会成员以平等参与社会竞争的均等机会，个人都有权凭借自己的聪明才智和勤奋劳动，谋取自己的社会职位和合法利益。由此看来，依法治国绝不是依法治民，而是依法为民，用宪法和法律保障公民的平等权利和合法权益的实现。所以，依法治国和法治，归根到底，反映了人民大众对政治公正的道德追求。政治文明的实质，也就是在制度和实践上，确保公民权利和政治公正的实现。

为了做好继续推动现代化建设，完成祖国统一大业，维护世界和平与促进共同发展的三大历史任务，为了最终实现把我国建成富强民主文明和谐美丽的社会主义现代化强国，一切思想政治教育工作者，必须从思想上明确思想政治教育的社会目标——社会主义政治文明，千方百计地为这一崇高的社会目标而努力工作。我们相信，这将是一切思想政治教育的客体乃至所有社会成员的共同愿望，因为这是他们的根本利益所在。

（二）个体目标：社会主义公民人格

思想政治教育的社会目标，总是同它的个体目标密切相关的，因为社会目标的实现，归根到底取决于具有相应个体目标的人。比如说，中国的法治社会，要靠一代又一代具有现代法治意识的公民去建设；中国的社会主义政治文明，要靠一代又一代的社会主义公民去创造。那么，在当前全面建设具有社会主义政治文明的社会主义现代化国家的历史阶段，我们的思想政治教育的个体目标是什么呢？

在理论上，人格目标是思想政治教育的带有长期性、根本性和终极性的个体目标，因而在整个思想政治教育的目标体系中，个体的人格目标（它是社会目标得以完满实现的基础条件）处于核心地位。在实践上，改革开放40多年来，我们的思想政治教育一直把根本目标确定为：培养适应现代化建设需要的，有理想、有道德、有文化、有纪律的社会主义公民。因此，在当前全面建设社会主义现代化国家的历史阶段，为适应前述社会目标的需要，我们可以把思想政治教育最根本的个体目标概括为：塑造社会主义公民的理想人格。而社会主义公民的理想人格，以社会主义公民意识为其思想基础。因此，塑造社会主义公民理想人格的关键，乃在于培育社会主义公民意识。

"公民"是现代社会的法律概念，指称的是具有某国国籍、享有该国宪法和法律规定的权利并承担相应义务的社会成员。因此，所谓公民意识就是公民对自身法律地位或公民身份的自觉认识，包括公民的人格尊严意识、宪法意识、权利意识、平等意识、民主法治意识等。公民意识的核心是宪法意识，因为正是宪法规定了全体公民的平等权利和民主法治的政治架构。"现代社会的法治观，归根到底就是要用宪法来限制政府的行为，保障公民权利……法治保障公民可以通过宪法的途径有效地监督政府的各项行为，尤其是行使国家权力的合宪性和合法性，使国家权力的存在服务于保障公民权利的目的。"宪法意识要求公民以国家主人翁的身份依法监督政府的活动，使政府的一切活动服务于保障人权和公民权利的宪法目标。因此，监督意识、人权意识和权利意识是根本的宪法意识。值得指出的是，宪法意识不能简单地等同于一般的法律意识或守法意识，它是人们对宪法在调整人们行为和社会关系过程中特殊作用的认识，是宪法权威在人们头脑中的直接体现。全社会的法治状况不仅取决于公民是否具有一般的法律意识或守法意识，尤其重要的是取决于公民是否具有宪法意识。发达国家的政治发展史表明，国家和社会法治化的实现，在很大程度上依赖于公民和全社会高度的宪法意识。在我国，经过多年民主法治建设的实践，学术界已经取得共识：要建设社会主义法治国家，首先就要全面提高公民的宪法意识，造就依法治国的法律文化环境，使宪法意识成为全社会的主导意识。

四、思想政治教育目标的发展

我国对现阶段的思想政治教育的任务进行了全面的规划和部署，这也意味着我们将对思想政治教育的目标提出新的要求。

（一）思想政治教育目标更具社会性

十九大报告明确提出，"为把我国建设成为富强民主文明和谐美丽的社会主义现代化强国而奋斗"。我们要构建一个经济、政治和文化繁荣发展的社会，党的十九大报告为思想政治教育提供了更加全面的社会发展目标，让思想政治教育具备了前所未有的新价值，使其效果的衡量有了新依据。

当前，全面深化改革进入了新阶段。思想政治教育对全面深化改革具有不可忽视的重要作用。要推进国家治理体系和治理能力的现代化，思想政治教育的地位将越来越高、作用将越来越大。在当前阶段，思想政治教育目标的社会性更加明确，思想政治教育的目标是为全面建设中国特色社会主义服务，坚持全面深化改革的社会主义方向，激励党员干部和人民群众参与的积极性、主动性、创造性，协调个人利益和集体利益，促进和保证政党、政府和市场对国家和社会的治理。

习近平强调，中国特色社会主义法治道路，本质上是中国特色社会主义道路在法治领域的具体体现，是建设社会主义法治国家的唯一正确道路；这条道路的核心要义，是坚持中国共产党的领导，坚持中国特色社会主义制度，贯彻中国特色社会主义法治理论。在此过程中，明确思想政治教育的社会目标，有利于全面贯彻"坚持中国共产党领导，坚持人民主体地位，坚持中国特色社会主义道路，全面贯彻执行党的基本理论、基本路线、基本方略，不断满足人民对美好生活的向往，不断创造新的历史伟业"的要求。

（二）思想政治教育目标更具实效性

首先，思想政治教育的根本目标，是提高人们认识世界和改造世界的能力，促进人的全面发展。在发展过程中，新事物作为更符合当下环境要求的元素，应予以支持和鼓励。马克思指出："问题与解决问题的方法总是同时产生。"在物质世界中，我们就是在不断通过解决新问题来为理论的丰富和发展提供新的条件和环境，而这种实践基础之上的理论创新，正是能够引起社会伟大变革的先导。

其次，习近平在全国宣传思想工作会议上强调："宣传思想工作就是要巩固马克思主义在意识形态领域中的指导地位，巩固全党全国人民团结奋斗的共同思想基础。"这两个巩固也是现阶段思想政治教育的根本任务。其中，马克思主义是指导思想，中国特色社会主义是行动指南。自党的十八大以来，中国特色社会主义理论体系得以丰富和发展，这些理论体系通过对思想的教育指导实践，使社会朝着发展生产力和实现共同富裕的目标迈进。

最后，当前思想政治教育的首要任务是培育和践行社会主义核心价值观，凝聚改革共识，调动人民群众参与社会改革的积极性和创造性，对国家、集体和个人的行为进行约束和指导。

第三节　思想政治教育的内容

思想政治教育的内容是思想政治教育体系中的重要组成部分，也是思想政治教育系统的基本要素。分析和把握思想政治教育的内容系统及其结构，首先要分析思想政治教育的基本内容。思想政治教育的基本内容是思想政治教育目标和任务的具体化，是教育主体与对象主体互动的"中介"，是确定教育原则和方法的前提，是构建思想政治教育学的科学基础，是提升思想政治教育有效性的基础条件。

一、思想政治教育内容概述

思想政治教育内容是根据一定的社会要求和受教育者的思想实际，经过教育者选择、设计后，有目的、有步骤地输送给受教育者的信息，它是思想政治教育活动中的教育者传递给受教育者的思想政治观念，是思想政治教育的

"血液"，是思想政治教育目标的具体化。

（一）思想政治教育内容的界定

思想政治教育所包含的丰富内容，构成了一个内容体系。思想政治教育内容具有内在的联系及一定的结合方式，形成了一定的思想政治教育内容结构。思想政治教育内容的结构不同，所产生的教育功能与效应也不同。为了增强思想政治教育的系统性，发挥思想政治教育内容的最佳教育功能和整体教育效应，需要不断优化思想政治教育的内容结构。

1.思想政治教育内容的含义

20世纪80年代，思想政治教育学科刚产生时，人们将它的内容概括为五大类十九个方面：世界观教育，包括辩证唯物主义教育、马克思主义认识论教育、历史唯物主义教育；政治观教育，包括四项基本原则教育、形势政策教育、爱国主义教育；人生观教育，包括共产主义理想教育、为人民服务思想教育、人的价值观教育、成才教育、审美教育；道德观教育，包括集体主义教育、劳动教育、恋爱观教育、职业道德教育、社会主义人道主义教育；法治观教育，包括社会主义民主教育、法治教育、纪律教育。如今，随着社会主义改革的深入发展，思想政治教育学科体系必然要随着思想政治教育实践的发展和学科理论的丰富而不断完善。为此，人们对思想政治教育的内容进一步进行了系统设计和整体优化。一般认为，新时期思想政治教育的内容是由思想教育、政治教育、道德教育、心理教育四大子系统组合成的一个完整的内容体系。在这一系统结构中，可以分为政治主导型、思想主导型、道德主导型和心理主导型四种不同的结构类型，每个子系统的教育内容也随之在不断丰富和优化。比如，在政治教育中，应该强化公民意识教育、政治社会化教育等内容；在思想教育中，既要坚持世界观、人生观、价值观的教育，又要加强社会主义科学发展观、荣辱观等方面的教育。

近年来，对于思想政治教育内容的研究在不断地深入，目前，学术界在对思想政治教育内容的界定上，有两种主要观点：第一种观点认为，思想政治教育内容，即思想政治教育活动中教育者所传递给教育对象的思想政治观念，是连接思想政治教育者和教育对象的信息纽带，是蕴含教育目的的载体，是构成思想政治教育关系的基本因素。其表现形态分为两个层面：第一个层面即特定的社会和阶级所要求、所确定的思想政治教育内容；第二个层面即在具体的思想政治教育活动中，教育者根据相应的教育目的，按照教育规律的要求，对教育内容进行组织、编制，以利于教育活动的开展。第二种观点认为，思想政治教育内容是根据一定的社会要求和受教育者的思想实际状况，经教育者选择设计后，有目的、有步骤地输送给受教育者的一切信息。上述两种观点在肯定社会要求的前提下，都强调教育者对内容选择的主动性和目的性，着眼于内容对受教育者的针对性。前者更加突出了特定社会和阶级的要求，体现出意识形态的根本性和战略性；而后者认为思想政治教育内容是"输送给受教育者的一切信息"，内涵相对较宽泛。

思想政治教育内容的界定可以综合上述两种观点，得出如下结论：思想政治教育内容是根据一定的社会要求和受教育者的思想实际状况，经教育者选择设计后，有目的、有计划、有组织、分层次、有步骤地传授给受教育者的思想观念、政治观点和道德规范。

思想政治教育内容这一定义的意义有以下几个方面：一是肯定了思想政治教育内容从根本上说是占统治地位的社会意识形态；二是肯定了思想政治教育者的自主权，即教育者可以根据一定的社会要求、针对受教育者的思想实际，经过选择设计后，有目的、有步骤地传授给受教育者信息，使他们形成自身需要的思想政治品德；三是肯定了思想政治教育内容是连接思想政治教育者和教育对象的信息纽带，是教育目的和教育任务的载体，是构成思想政治教育关系的基本因素；四是肯定了教育内容的层次性，因为思想政治教育对象具有自己的思想基础，因而思想政治教育者要防止"一刀切"。思想政治教育内容作为思想政治教育的"血液"，既是思想政治教育的重要组成部分，也是对"四有"新人根本教育目标的具体化。

2.思想政治教育内容的基本特征

思想政治教育内容作为教育自身发展追求的一个目标，在一定的时期内，是具有特殊规定性的。目前，思想政治教育内容的基本特征为：科学性与时代性、共同性与特殊性、系统性与交叉性、针对性与有效性。

（1）科学性与时代性。科学性是思想政治教育内容的突出特点，是摆事实，讲道理，循循善诱，以理服人，用理性和逻辑的力量征服人。马克思有句名言：理论只要说服人，就能掌握群众；而理论只要彻底，就能说服人。思想政治教育是一个由理论"说服群众"到"掌握群众"的动态发展过程，这就要求这种思想政治教育所输入的思想、理念、观点等，要符合马克思主义的基本原理和党的路线、方针、政策，要符合客观实际，具有真理性；同时这种思想政治教育必须采取符合人们思想、行为活动规律的科学途径与方法。思想政治教育只有体现出科学性，实现了科学化，才能教育群众，发挥其真理的力量。

思想政治教育内容的时代性，表现在构建思想政治教育内容时，应根据形势发展的需要和理论建设的最新成果，及时有效地更新、增加内容。当前，要及时地增加马克思主义发展的最新成果。中国化马克思主义正不断发展，我们要及时将最新的理论成果传授给人民群众，要拓展、创新与时代发展相适应的思想政治教育内容，还要将科学发展观、生态伦理等内容吸收进来，从而使思想政治教育内容有时代感和新鲜感，以增强思想政治教育的吸引力。"人们的观念、观点和概念，一句话，人们的意识，随着人们的生活条件、人们的社会关系以及人们的社会存在的改变而改变。"①思想政治教育的内容不是一成不变的，它会随着不同的时代条件、实践水平和科学发展而有所改变。走在时代的前列是思想政治教育的生命力之所在，而紧紧把握时代脉搏，不断赋予思想政治教育以鲜明的时代特征、时代内容和时代风格，是其富有生机与活力的关键所在。时代需要思想政治教育，思想政治教育更需要把握时代主题，顺应时代要求，体现时代精神，解答时代课题，从而使思想政治教育的内容始终保持与时俱进的品质。

（2）共同性与特殊性。思想政治教育内容的共同性是指在任何时期、任何单位，思想政治教育都有着共同的、一贯的、相对稳定的内容。思想政治教育的恒常性内容有世界观教育、政治观教育、人生观教育、价值观教育、道德观教育、法治观教育等。它们的共同性，是由思想政治教育与党的关系、思想政治教育与马克思主义的关系，以及思想政治教育内容本身的继承性和连续性所决定的，它们都是思想政治教育的长期的、稳定的、恒常性的教育内容。

思想政治教育内容的特殊性是指在不同时期、不同单位，思想政治教育有着不同的内容，这主要是指思想政治教育的各项具体内容具有特殊性。比如，由于形势和社会环境在不断地发展变化，思想政治教育内容也随之变化，尤其是在特殊时期，需要在思想政治方面开展一些及时的特殊教育，因而形成了思想政治教育的临时性内容。思想政治教育的临时性内容主要有形势政策教育和热点问题教育等。这些方面的内容在不同的社会条件和历史时期都具有很大的特殊性，它随着具体思想政治教育目标的变化而变化，随着国内外形势的

---

① 高放，高哲，张书杰．马克思恩格斯要论精选（增订本）[M]．北京：中央编译出版社，2016：86．

发展而发展，随着各项工作的深入而充实，带有极强的具体性、丰富性、变化性和时代性。

（3）系统性与交叉性。思想政治教育内容的系统性是指思想政治教育应遵循教育规律，由浅入深，逐层递进，整体协调。例如，学校的思想政治教育内容是由小学、中学、大学不同阶段的内容所构成的。思想政治教育内容的系统性包括思想政治教育内容的全面性、思想政治教育过程的协调性、思想政治教育内容的发展性。思想政治教育内容的系统性是指其内容既包括政治教育、思想教育、道德教育，又包括法治教育和心理教育，还包括日常的思想政治教育内容；既包括"应然"的教育内容，又包括"实然"的思想政治教育内容。

思想政治教育内容的交叉性是指思想政治教育的共同内容和特殊内容在一定时期和单位相互结合、交叉所形成的具体内容。世界观教育、人生观教育、价值观教育、道德观教育中有关爱国主义、集体主义、社会主义教育的内容就存在着一些交叉。对思想政治教育内容外在的、形式上的特性的分析，对于思想政治教育内容的选择、确立及其教育活动的实施，具有重要的意义：把握思想政治教育内容的共同性特征，是为了更好地坚持思想政治教育的本质性内容，以增强其原则性和稳定性；把握思想政治教育内容的特殊性特征，是为了更好地遵循实事求是的原则，以增强思想政治教育的针对性和有效性；把握思想政治教育内容的交叉性特征，是为了更好地实现其共同性内容与特殊性内容的辩证统一，以增强思想政治教育的科学性和创造性。

（4）针对性与有效性。思想政治教育内容的针对性，主要是指针对客观实际，包括针对社会生活实际和思想政治教育对象的思想实际。思想政治教育内容针对性的强弱是其有效性高低的决定性条件。思想政治教育内容要反映时代发展，适应社会需求，贴近社会生活实际，这是提高针对性的必要条件。随着我国改革开放的不断深入，社会生活急剧变化，要求人们在思想、道德上适应这种变化，把占主导地位的社会思想规范、道德准则内化为自己的思想、信念，外化为自己的行为准则。因此，要重视内容的充实和更新，注意增加一些解决思想政治教育对象个人特殊性的思想矛盾、心理冲突、情感困惑等问题的相关内容，坚持以"以人为本"的教育思想，指导和引导人们的现实生活，解决个人现实问题，以满足思想政治教育对象成人、成长、成才、成就、成功的内在需要。从"以人为本"这一理念出发，有助于满足人民群众不同层次的精神需求，提高思想政治教育的针对性和实效性。

思想政治教育内容的有效性是指思想政治教育内容是蕴含教育目的的载

体，是教育者与教育对象的信息纽带，思想政治教育内容在确立过程中，应准确把握受教育者的思想特点和实际，努力使思想政治教育内容由远及近、由抽象变生动、由书本延伸到生活，更贴近社会生活，贴近受教育者的思想实际。确立思想政治教育内容，必须从这些特点出发，把握人们的思想脉搏，摸清人们生活中存在的难点、疑点和热点问题，循序渐进，逐步开展，才能达到思想政治教育的理想效果，增强教育的有效性。

3. 思想政治教育内容的发展

社会的发展阶段决定了思想政治教育内容的时代发展。"时代"是人类生存和活动的时间标尺，是社会历史运动特定时空的确认。人的活动及其结果无不打上时代的烙印，即具有时代性。时代性蕴含着历史发展的新趋势，体现着社会经济、政治、文化变化的新格局，凝聚着人类文明进步的新信息，展示着社会前进的新局面。思想政治教育内容是随着时代的发展而发展的。思想政治教育内容的时代发展，是指思想政治教育内容在内容构成依据的指导下，对内容结构的整合优化，是对思想政治教育内容的最高要求和追求过程。有学者认为，思想政治教育内容优化的着眼点应遵循需要的驱动规律和素质教育的内在要求，思想政治教育内容优化的着力点在于内容的价值性、适时性、前瞻性、层次性和渗透性。因此，对思想政治教育内容的研究，应放在整个思想政治教育体系中不断深化和发展，这样才能实现思想政治教育内容的科学性，在动态中完成思想政治教育内容的不断更新。

对于具体的教育内容，也必须随着时代的发展、社会的进步和人们素质的提高，不断发展和更新。当前，在构建社会主义和谐社会时期，和谐社会体现着强烈的和谐意蕴。构建和谐社会是促进人的全面发展的需要，是落实科学发展观的需要，而思想政治教育又是构建和谐社会的需要。因此，构建和谐社会给思想政治教育赋予了新的使命和新的内容。随着我国社会主义现代化建设步伐的加快，思想政治教育的内容必须与时俱进、及时更新。

（二）构建思想政治教育内容的依据

思想政治教育内容的确立和完善应依据一定的社会发展要求和受教育者的思想实际及思想政治品德发展规律，以此作为思想政治教育的基本的出发点和着眼点，实现思想政治教育内容整体构建，成为思想政治教育内容研究的重要特点。构建思想政治教育内容主要依据如下几个方面。

1.根据社会的性质、时代发展和社会变动特点

社会的发展阶段决定了思想政治教育内容的时代性。时代性蕴含着历史发展的新趋势，体现着社会经济、政治、文化变化的新格局，凝聚着人类文明进步的新信息，展示着社会前进的新局面。思想政治教育内容是随着时代的发展而发展的。任何一种社会形态，都有一个产生和发展的过程，社会主义社会也不例外。在社会主义社会的不同发展阶段，虽然思想政治教育内容的性质不变，但随着生产关系和上层建筑中某些环节的调整，思想政治教育内容也必定会作出相应的改变，或者赋予原有内容以新的含义，或者摒弃一些过时的或错误的内容，或者增添某些新的内容。由于社会发展阶段不同，由于思想政治教育的目标要求发生了变化，因而思想政治教育的具体内容及其实现机制也会发生变化。社会的发展、变动特点决定了思想政治教育内容的侧重点。社会政治经济形势的变化必然影响受教育者的心理、思想和行为，从而导致教育内容侧重点的变化。

社会的性质决定了思想政治教育内容的性质。任何一个统治阶级为了实现本阶级的统治，不但要在政治、经济上占据统治地位，而且要在意识形态领域占据统治地位。思想政治教育具有鲜明的党性，即阶级性。我国是中国共产党领导的社会主义国家，是无产阶级领导人民群众在马克思主义指导下建立起来的，这就决定了我们的思想政治教育必须以马列主义、毛泽东思想和中国特色社会主义理论体系为核心内容，坚持用无产阶级思想意识引导人们、教育人们。只有这样，才能为培养"四有"新人提供正确的世界观、人生观、价值观，才能实现党的既定教育目标。

2.坚持以人为本理念，针对受教育者的个性心理和思想政治品德发展水平现状

思想政治教育的对象是活生生的人，思想政治教育要解决的是人的思想问题，因此，受教育者的精神世界发展的需求和思想实际是我们确立思想政治教育内容的第二个主要依据。思想政治教育的内容要根据受教育者不同的思想状况来确定。由于教育对象的层次不同，思想政治教育的具体内容也应该有所不同。在构建思想政治教育内容时，要充分考虑教育目的与受教育者思想实际状况之间的紧密联系，考虑受教育者接受的可能性、受教育者思想发展水平、受教育者素质和受教育者自我发展能力等因素，针对受教育者个性心理和思想政治品德发展水平，构建思想政治教育内容。

当前，构建社会主义和谐社会，带给我们的一个重要的新理念、新认识

就是"以人为本"。坚持以人为本，对于思想政治教育来说，就是从人民群众的实际出发，满足人民群众的需要，相信人民、依靠人民。过去我们对思想政治教育的认识，主要立足于思想政治教育工作者，着眼点是"如何管理"，视野上具有狭隘性，缺乏理念和思路上的创新。为此，思想政治教育内容的发展，要适应时代的需求，坚持以人为本理念，以尊重人、关心人的需要，特别是要以人的精神需要为逻辑起点，增强思想政治教育的针对性，从而把思想政治教育内容提高到和谐社会这个更高的层次上，促进人的全面发展。

3.以培养担当民族复兴大任的时代新人为目标

习近平多次强调，"高校立身之本在于立德树人"，广大教师要"引导和帮助学生把握好人生方向，特别是引导和帮助青少年学生扣好人生的第一粒扣子"。立德树人是高校必须坚持的正确政治方向，更是高校内涵式发展的根本目标。学校将坚持用社会主义核心价值观引领人才培养，以培养担当民族复兴大任的时代新人为着眼点，坚持不忘本来、吸收外来、面向未来，把理想信念教育和培育践行社会主义核心价值观贯穿教育教学和人才培养全过程，坚持不懈地用马克思主义立场观点方法塑造学生的世界观、人生观、价值观，把社会主义核心价值观转化为广大师生的情感认同和行为习惯，努力使每一位教职工都具有中国特色社会主义教育工作者的自觉，每一名学生都能够按照党和人民的期待健康成长、成人成才，立志做中国特色社会主义合格建设者和可靠接班人。

对高校而言，培养担当民族复兴大任的时代新人，首要的是实现学生对社会主义核心价值观的理性认知、心灵认同、生活认可。具体地说，可以将社会主义核心价值观融入中国历史、中共党史、马克思主义理论等课程教学中，推动形成一个教学体系，使学生在从历史到现实再到未来、从思想到知识再到价值的持续探索中深入领会、深刻把握。

（三）确定思想政治教育内容的原则

对思想政治教育内容进行选择、整合、优化，应遵循一定的客观原则，以实现思想政治教育内容的科学化、系统化、规范化。思想政治教育内容的确定应遵循如下原则。

1.系统性原则

内容的系统性是指思想政治教育内容是一个由多方面的思想准则、行为规范有机结合形成的整体。其中，每一个方面又都是密切相连、相互作用、相互制约的，共同构成一个开放的、适应社会发展需求的内容整体。思想政治教育内容既有理想信念教育、爱国主义教育、基本道德规范教育这样核心的、重要的、基础的教育，又有世界观教育、政治观教育、人生观教育、价值观教育、道德观教育、法治观教育、心理健康教育这样恒常性的、主导性的教育，还有形势政策教育和热点问题教育等临时性的教育。当然，思想政治教育内容之间不是简单的拼凑相加，而是在遵循思想政治教育规律的基础上，遵循社会发展要求，针对人们的思想实际，做到由浅入深、由外到内、主次清晰、重点突出、整体协调，从而使思想政治教育内容整体大于部分之和。

值得注意的是，突出内容的系统性，其实质是指思想政治教育中的任何一项内容都不应该是单一的、一个层面的，而应该是由于人们年龄、职业和思想政治品德发展水平的差异导致所能接受的思想政治教育内容层次在深度、广度、强度上都有所不同。因此，在思想政治教育内容的设置上，必须充分考虑人们身心发展的阶段性，遵循人的思想品德形成发展规律，既对人们有普遍的基础性要求，也有对先进分子有高层次的要求，分层次、有重点、循序渐进地确定思想政治教育内容。

2.方向性原则

思想政治教育内容反映的是社会意识，在阶级社会里有阶级性，体现一定阶级的意志，反映一定阶级培养人的要求。"统治阶级的思想在每一个时代都是占统治地位的思想。"因此，在构建思想政治教育内容时，必须坚持马克思主义理论在各项内容中的指导地位，保证思想政治教育内容的社会主义性质，将无产阶级理论化的政治意识灌输到人们的头脑中，使人们能够提高政治觉悟，形成正确的政治意识，树立社会主义和共产主义的政治信仰，进而深刻认识自身的历史使命。思想政治教育的任务是培养合格的中国特色社会主义建设者和接班人，在思想政治教育过程中，必须强化其内容的阶级性，以确保社会主义思想政治教育的方向性。

体现内容的方向性，还表现在思想政治教育本身是含有现实性和预见性的社会实践活动。对人们开展思想政治教育的作用是推动人们抛弃不正确的思想观念，从而树立正确的思想观念，引导人们思想观念的更新，并对人们进行合乎规律的预测和指导，帮助人们沿着健康、向上的方向发展。这要求我们在构建思想政治教育内容时，既要立足于当前社会发展，又要与社会未来整体发展目标相一致，走在社会生活的前面，体现鲜明的先进性。也就是说，要将思想政治教育内容建立在先进的思想理论之上，以先进的理论教育人，以科学的理论武装人。

3. 继承性原则

继承是发展的前提，是创新思想政治教育内容的基础。继承性原则强调，思想政治教育内容要根据党的教育方针、教育目标和受教育者现实状况制定，在一定时间内，具有相对稳定性。这也是思想政治教育内容科学化、规范化、制度化的重要条件。因此，思想政治教育内容在确立、实施过程中，应避免被单一的政治教育、理想教育、社会适应性教育等取代，造成盲目跟形势走，变得灵活有余，相对稳定不足。没有稳定的内容，就难以对思想政治教育内容进行科学的计划和安排，出现盲目性和主观随意性，势必导致教育内容的零碎和肤浅，失去了科学的理论前提和厚实的思想根基，缺乏应有的深度和力度。思想政治教育的优良传统之一，是紧密配合党在各个时期的中心任务，为社会主义革命、建设和改革服务，但也应该尊重思想政治教育规律，尊重人的成长规律，注重在思想政治教育内容继承基础上的创新。

这种继承性表现在把握内容的确定性上，是思想政治教育内容自身不断改进和发展的必然要求。如果不继承以往优秀的思想政治教育内容，现实的思想政治教育内容的构建就是无源之水、无本之木。因此，思想政治教育内容要继承和发扬中华民族优秀的德育思想和党的思想政治教育的优良传统，学习借鉴国外有益的经验和成果，要适应新的历史条件，不断改革内容，不断创造新经验，保持思想政治教育内容在稳定继承基础上的创新。

4. 先进性原则

思想政治教育的先进性原则，体现在思想政治教育的内容要具有预见性和超越性，不应仅仅是现有理论、方针、政策的再现，还应根据受教育者思想发展规律，预见其思想发展的态势；运用超前于人们现有思想觉悟水平的先进思想去提高人们的思想觉悟，改变以往思想政治教育只注重矫正和反思环节，忽略防患于未然的状况。要对人们的思想道德、价值观念、生活方式、知识体系等诸方面的发展变化进行超前研究，做出正确的预测，并在不同层次、不同对象、不同内容上，把握思想政治教育的着力点。从理论上讲，思想政治教育内容的前瞻性是可行的，它既符合马克思主义的认识论，又符合历史唯物主义关于社会意识一旦形成就具有相对独立性的观点。同时，人的思维活动的可控性和可塑性也为思想政治教育的前瞻性提供了可能。所以，思想政治教育者只有深入到受教育者的学习、生活等各项活动中去，才能把握他们思想发展变化的规律，从而预测受教育者思想发展变化的趋势，用超前于现实的先进思想去引导和教育受教育者，增强受教育者对未来的预见性和适应性，形成良好的未来意识。要根据国际国内政治经济形势的变化，根据思想政治教育对象特点的变化，及时对教育内容体系进行充实和调整，既要继承传统思想政治教育内容的精华，又要体现新形势对社会成员素质的新要求，使思想政治教育内容具有先进性和前瞻性，体现时代发展的特征。针对人们往往对时代热点问题和社会现实矛盾比较关注的特点，拓宽思想政治教育领域，形成富有时代特色的思想政治教育内容，善于运用充满时代气息的思想和精神来教育、说服、感化和激励思想政治教育对象。

5.渗透性原则

思想政治教育的内容是互相渗透的。道德是调整人与人之间关系的行为规则，政治思想是研究人们政治关系的一种理论。在道德教育中，必然渗透着政治思想教育的内容；在政治思想教育中，也必然渗透着道德教育的内容。而任何道德教育和政治思想教育都必须先有一定的道德思想和政治思想。特定的道德思想和政治思想的形成都有理论依据，这就涉及世界观、人生观、价值观的内容。思想政治教育内容体系的构建主要包括五个方面：以尊重人、关心人的需要，特别是精神需要为逻辑起点；以不断提升人的精神品位、丰富人的心灵世界为价值取向；以唤醒人的主体意识和塑造独立人格为本质特征；以培养人的伦理情操、完善人的道德境界为基础内容；以以人为本的科学发展观为核心内容。

增强内容的渗透性，是思想政治教育内容的有效性和思想政治教育科学化的重要体现，同时是思想政治教育实践发展的重要动力之一。增强思想政治教育各个组成要素的有效性，是增强其整体有效性的重要途径和必要前提。思想政治教育内容的有效性表现为所构建的内容要有利于在教育对象身上引起预期的变化、形成预期的思想观念和行为。这就要求以思想政治教育内容的正确性和合理性为前提，充分重视思想政治教育内容的价值性和有效性。

此外，确定思想政治教育内容时，还要遵循适时性原则。这一原则是指思想政治教育的内容在不同的阶段要有不同的侧重。根据变化重点不同，思想政治教育内容构成分为政治主导型、思想主导型、道德主导型、心理主导型。同时，应坚持思想政治教育内容相对稳定性与灵活性的统一，还要考虑思想政治教育内容结构变化中的稳定性、继承性，也要强调思想政治教育内容因社会任务的转变、教育对象个体成长阶段的不同特点而转换的规律性，应注重提高思想政治教育内容的适时性和针对性。只有这样，在理论和实践上，思想政治教育才具有很强的指导意义。

二、思想政治教育的主要内容

思想政治教育内容是一个由多层次要素构成的系统，这些要素相辅相成，共同构成思想政治教育内容系统主次分明、和谐统一的整体。形态即客观事物存在的形式和状态。世界上任何事物都有一定的存在形式和状态，思想政治教育内容也不例外。人们对于思想政治教育的内容形态有不同的归类和划分。传统的观点认为，思想政治教育内容主要包括政治教育、思想教育、道德教育、法治教育和心理教育五大方面，它们各自具有不同的性质，发挥不同的作用，有着特定的教育目标和任务，遵循不同的教育规律，具有不同的教育机理。同一形态的教育内容也绝不是由单一的一个层次构成的，而是一个有低有高、有浅有深的多层面所构成的复合体。同时，要进行思想政治教育内容的创新，共同推动思想政治教育的发展。

（一）传统思想政治教育内容的形态

1.思想教育

思想教育是思想政治教育内容中的认知性教育，重在启发、说理和引导。思想教育是依据一定的哲学思想及其方法论对受教育者施加影响，以帮助受教育者树立正确的世界观、人生观、价值观和思维方式的教育，是对人们进行正确的思想观点和思想方法培养的教育，主要包括科学世界观、人生观、价值观、方法论教育，爱国主义、集体主义、社会主义教育，艰苦奋斗精神、科学精神和创新精神教育等。其中，世界观、人生观、价值观教育是思想教育最根本的内容。思想教育归根结底是培育和提高受教育者的思想观念和认识能力的教育活动，着重解决主观与客观不相符合的问题。因此，思想教育就其性质而言，是提高人的思想认识的教育，是提高人们主观反映客观的认识能力和认识水平的教育，因而是认知性教育。作为认知性的思想教育，重在启发、说理和引导，就是要用科学的理论、先进的思想、正确的舆论、高尚的精神、丰富的知识等武装人们的头脑，引导人们运用马克思主义的立场、观点和方法，正确分析和解决各种思想问题和实际问题，提高人们认识世界和改造世界的能力。总之，思想教育为人们认识世界和改造世界提供根本的思想方法和强大的思想武器，为政治教育、道德教育、法治教育和心理教育提供价值理念支撑和世界观、方法论基础。

2. 政治教育

政治教育是思想政治教育内容中的信仰性教育，重在灌输、主导和控制。政治教育是一定阶级和社会依据一定的政治思想和政治规范对受教育者施加影响，以帮助受教育者树立正确的政治方向、政治立场、政治观点、政治信念和政治态度的教育，实质上是培养政治信仰的教育，主要包括理想信念教育、政治观点教育、政治立场教育、政治方向教育、基本路线教育、爱国主义教育和形势政策教育等。政治教育总是同一定政党和阶级的意志紧密相连的，它传播一定的政治思想和政治主张，力图通过教育使人们接受，从而发挥引导人们思想和行为的作用，并对思想政治教育过程和思想政治教育其他内容起指导和支配作用。因此，在思想政治教育内容体系中，政治教育处于核心层次，具有鲜明的阶级性，是最为集中体现思想政治教育性质的内容，并影响和制约着思想政治教育的其他方面。

3. 道德教育

道德教育是思想政治教育内容中的规范性教育，重在内省、养成和自律。道德是以善恶评价的方式调整人与人、个人与社会之间相互关系的标准、原则和规范的总和。道德作为调节一定社会关系的手段，具有规范性，这是它与其他意识形态相区别的一个重要方面。道德教育是依据一定的伦理思想和道德规范对受教育者施加影响，以提高其道德认识，陶冶其道德情操，锤炼其道德意志，确立其道德信念，养成其道德行为，从而使受教育者将社会的外在要求内化为个体的道德观念、道德情感和内心信念，再外化为个体的具体行为，以帮助受教育者培养良好的道德品质、道德人格和道德精神的教育。由于道德教育以道德信条和道德规范为主要内容，故被称之为规范性教育。道德教育的内容主要包括社会公德、职业道德、家庭美德和个人品德教育，中国传统道德教育，集体主义教育，以及生态道德、网络道德教育等。道德教育是思想政治教育的基础。道德教育虽然在性质、方向上受政治教育、思想教育的影响和制约，但良好的道德水平对个体优秀的政治品质、思想素养、法治意识和心理品质的形成与发展能够起到基础性的作用。由于道德教育主要依靠人们的内心信念、传统习惯和社会舆论来维系，是一种非强制性的教育，强调潜移默化、自觉领悟和生活实践，因而其教育机理重在内省、养成和自律。

4. 心理教育

心理教育作为一种自励性教育，以劝导、体验和激励为主。心理教育即为受教育者进行和心理健康方面相关的知识性教育、发展性教育与咨询性教育的活动，以培养教育者心理素质，提高其身心健康水平，促进其全面发展为目标。在政治、思想、道德与法治教育过程中，人自身的心理状态一直都发挥着调节、统合与维持作用。人们在形成思想素质、政治信念、道德品质和法制观念时，必然从动机、感知、情绪等心理活动出发，并必然会经过知觉、想象、思维、情感、信念、记忆、行为等心理过程的推动，且个人的气质、性格、能力等个性上的差异也会对其产生影响。所以人们要形成思想政治品德，心理是基础，是前提，也是起点。因为心理活动有个体性的特征，所以在思想政治教育内容里，心理教育属于自励性教育，以激励、劝导、体验为教育机理。

5.法治教育

法治教育是通过法律规定、法律精神的教化与传播，使人们认知法律，并且在人的内心形成一种相对理性和稳定的公民意识。加强法治教育培养公民意识。公民意识是指公民个人对自己在国家中地位的自我认识，也就是公民自觉地以宪法和法律规定的基本权利和义务为核心内容，以自己在国家政治生活和社会生活中的主体地位为思想来源，把国家主人的责任感、使命感和权利义务观融为一体的自我认识。它围绕公民的权利与义务关系反映公民对待个人与国家、个人与社会、个人与他人之间的道德观念、价值取向、行为规范等。它强调的是人在社会生活中的责任意识、公德意识、民主意识等基本道德意识。公民意识是社会意识的一种存在形式，是一种现代意识，是在现代法治下形成的民众意识，它表现为人们对"公民"作为国家政治、经济、法律等活动主体的一种心理认同与理性自觉，又体现为保障与促进公民权利，合理配置国家权力资源的各种理论思想。公民意识具体体现为视自己和他人为拥有自由权利、有尊严、有价值的人，具有勇于维护自己和他人的自由权利、尊严和价值的意识，这种意识还包含公民对于国家和社会的责任感。

公民意识是社会意识形态的形式之一，它是公民对自身的政治地位和法律地位应履行权利和应承担义务的自我认识。作为社会政治文化的重要组成部分，它集中体现了公民对于社会政治系统，以及各种政治问题的态度、倾向、情感和价值观。公民意识决定于公民的实践，而公民的实践活动既可以是纯粹的公民政治实践活动，也可以是与之相关联的其他活动。由此，公民意识是不可以和公民的其他意识严格区分开来的，它或者直接来自公民自身的政治实践活动，或者来自对有关其政治地位的规定，或者来自公民对政治现象的关注，也可来源于公民在参与经济或社会其他活动时所带来的思想观念。

公民意识主要包括四个意识：①参与意识。公民的参与意识主要是指公民作为政治共同体的成员，具有积极参与（包括直接参与或间接参与）公权力运行的主人意识，实质上也是一种践行权利的意识，在参与过程中，公民才能切身体会自己的权利和义务，并逐渐形成理性的参与意识。②监督意识。公民的监督意识正是权力制约机制的思想保障，国家权力受到人民的监督是人民主权原则的核心所在。③责任意识。公民责任是指公民履行与自己的公民身份相适应的责任，如公民在遇到有关国家政治和社会利益的问题时，必须自觉维护公共利益，而克服个别自我或本集团的利益与人际关系。④法律意识，即规则意识。由于每个人都拥有独立的意志，所以，在民主管理过程中，公民还必须有规则意识，即依据明确的规则来协调各种相冲突的意志和行为，而不是由某个个人或某个利益集团决定。这些规则都是公民共同合意的结果，或者通过国家予以确认，或者通过习俗加以强化。

公民意识的基本内容包括如下三个方面：一是公民的人格意识。公民必须是一个有独立人格的，可以独立思考的人。一个人拥有人格是不需要什么条件的，只要是一个社会人，就应该拥有人格。人格就是有理性和反思，能认自己为自己，在不同的时间和地点，是同一个思维的理智存在者。二是公民的自由意识。在自由的市场经济下，公民首先必须养成自由地判断、自由地选择、自由地做出自己的决定并勇敢地承担自己决策后果的习惯，从而成为一个自由的人，并由此意识到自由那种神圣而不可移易的价值，使自己成为自由的捍卫者。在公民的头脑中，应养成平等和公正的观念意识，并内化为心中的信念。三是公民的责任意识。责任与义务都和"应当"紧密相连。在法律领域设定责任与义务的途径是单一的，在道德领域却存在着多种设定责任与义务的途径。而在法律上和道德上区分责任和义务是明显而重要的。

（二）思想政治教育内容的创新

思想政治教育内容包括原有内容的完善和创设新的内容两方面。原有内容的完善是指传统思想政治教育内容在新的历史条件下实现内容的发展和内涵的丰富。创设新的内容是指顺应社会发展的新情况，增加新的思想政治教育内容。党的十九大以来，习近平在关于党员领导干部思想道德建设、社会主义核心价值观培育等系列重要讲话中，创新了新时期思想政治教育的内容，增强了思想政治教育内容的时代感和针对性。

1.社会主义核心价值观教育

核心价值观承载着民族、国家的精神追求。中共十六届六中全会首次明确提出社会主义核心价值体系的科学命题，党的十八大报告明确概括了"二十四字"①的社会主义核心价值观。党的十九大报告指出，社会主义核心价值观是当代中国精神的集中体现，凝结着全体人民共同的价值追求；同时，报告中明确，要把社会主义核心价值观融入社会发展各方面，转化为人们的情感认同和行为习惯。习近平在中央政治局第十三次集体学习时提出，核心价值观是文化软实力的灵魂、文化软实力建设的重点。培育和弘扬核心价值观，有效整合社会意识，是社会系统得以正常运转、社会秩序得以有效维护的重要途径，构建具有强大感召力的核心价值观，关系社会的和谐稳定和国家的长治久安。因此，要把培育和弘扬社会主义核心价值观作为凝魂聚气、强基固本的基础工程，使得培育和践行社会主义核心价值观成为当前思想政治教育的重要理论和现实问题。

2.党史、国史教育

中华民族的辉煌历史有利于提升国民的民族自信心和自豪感，激发国民的爱国主义情感，增强民族凝聚力，增强建设中国特色社会主义的自觉性。习近平多次在讲话中提到"历史是最好的教科书""中国革命历史是最好的营养剂"。习近平提出："学习党史、国史，是坚持和发展中国特色社会主义、把党和国家各项事业继续推向前进的必修课。这门功课不仅必修，而且必须修好。""对中国人民和中华民族的优秀文化和光荣历史，要加大正面宣传力度，通过学校教育、理论研究、历史研究、影视作品、文学作品等多种方式，加强爱国主义、集体主义、社会主义教育，引导我国人民树立和坚持正确的历史观、民族观、国家观、文化观，增强做中国人的骨气和底气。"

3.理想信念教育与中国梦教育

重视运用理想信念的力量凝聚人心、鼓舞力量，始终是中国共产党人的追求。陈桂花、王东维在《论习近平系列讲话中的思想政治教育元素》中认为，习近平在关于理想信念方面的突出贡献是将共产主义远大理想、中国特色社会主义共同理想与中华民族的历史命运结合起来，提出实现中华民族伟大复兴的中国梦，并强调要通过国家富强、民族复兴、人民幸福中国梦的教育，激励、引导全体人民凝心聚力、为祖国建设事业奉献力量。

---

① 社会主义核心价值观：富强、民主、文明、和谐，自由、平等、公正、法治，爱国、敬业、诚信、友善。

4.廉政文化教育

面对当前党内的腐败问题，习近平提出"老虎苍蝇一起打"，体现了"打防结合、预防为主"的理念，他注重法治宣传和廉政文化氛围的营造，以期从根本上解决腐败问题。他高度重视法治教育，要求"深入开展法治宣传教育，在全社会弘扬社会主义法治精神，引导全体人民遵守法律、有问题依靠法律来解决，形成守法光荣的良好氛围"。他要求借鉴世界各国反腐倡廉的有益做法，同时认为"研究我国反腐倡廉历史，了解我国古代廉政文化，考察我国历史上反腐倡廉的成败得失，可以给人以深刻启迪，有利于我们运用历史智慧推进反腐倡廉建设"。切实加强反腐倡廉和廉政文化教育，努力做到干部清正、政府清廉、政治清明，成为新时期党员领导干部思想政治教育的重要内容。

5.中华优秀传统文化教育

习近平强调中华传统文化在培育和践行社会主义核心价值观中具有重要作用，他在主持第十八届中央政治局第十三次集体学习时提出："要认真汲取中华优秀传统文化的思想精华和道德精髓，大力弘扬以爱国主义为核心的民族精神和以改革创新为核心的时代精神，深入挖掘和阐发中华优秀传统文化讲仁爱、重民本、守诚信、崇正义、尚和合、求大同的时代价值，使中华优秀传统文化成为涵养社会主义核心价值观的重要源泉。"

第二章 思想政治教育生活化的解读

第一节　思想政治教育与生活

一、生活世界——思想政治教育的现实根基

中国传统社会思想政治教育博大精深，其中许多优秀成分仍然生机勃勃，成为中华文明乃至世界文明的宝贵财富。这里对我国传统教育思想和实践中居于主导地位的儒家思想予以初步考察。

与西方从外在现象世界出发来说明思想政治教育的根基不同，中国人运用自己独特的哲学范畴和思维模式为思想政治教育进行了系统的奠基。在儒家的教育思想里，玄妙莫测的"道"支配和控制着宇宙的一切，教育的目的就是要使人自觉地按照"道"的要求去做。

"道"的原意为道路，"道，所行道也，从走从首，一达谓之道。"后来逐渐延伸为事物运动变化的规律或质的规定性，成了中国传统哲学中本体的代名词。"道"首先是宇宙法则，即是古人所说的"天道"，因此，日月周旋、寒暑更替、春播秋收等自然规律的体现，均属于"天道"。"道"又可以指人文理想，即古人所说的"人道"，仁义礼智、君臣父子、洒扫应对等社会准则，均属于"人道"。"人道"是人之为人的根据或人类社会运行发展的规律，亦即道德的本质。然而，在中国古代的精神世界中，从来不把"天道"与"人道"割裂开，而是强调天人一体，也就是说无论是"天道"还是"人道"，它们均是同一个"道"。在两者的逻辑关系上，"天道"在前，"人道"依天道而定。"天道"为宇宙万物的存在和发展建立了本体的根据，万物的生长发育之道体现了"天道"的固有之德，"人道"是对"天道"本体之德的自觉把握，因而也就是"天道"的逻辑展开。思想政治教育就是要使人认识道，合于道，依道而行，达到天人合一的理想境界。

从本质上看，作为中国传统社会思想政治教育本体的"道"，是人必须对之负责的具有先验性和普遍性的东西。人固然可努力，但根本上无法摆脱天命，"既'深'且'远'之'道'，支配着'人'之'命运'"，"道"不是为人存在的，恰恰相反，人是为"道"而存在的。尽管儒家思想也强调人的积极有为，甚至也存在"知其不可而为之"的精神，但这种"有为"只不过停留在自觉地认识和顺从"道"的层面上。所以，在教育上，儒家思想的总体特征是

强调"以德配天",人的主观能动性尽在服从和履行"天道"之中。在"天道"的威严下,人之为人的正常的基本的欲望和需要都受到排斥,人的创造性智慧和个体性差异也必然受到漠视。

在宋代理学家那里,对人欲的压制达到了顶峰,"人之所以为人者,以其有天理也。天理之不存,则与禽兽何异矣?"思想政治教育彻底变成了"压抑人的个性、创造性的精神枷锁"。

在传统思想政治教育的目标上,追求培养圣人或君子式的圣贤人格。这种目标设定具有理想主义色彩,在很大程度上可望而不可即。圣人是中国传统道德修养的最高境界,或者说是超道德的并为一般人所难以达到的,"生活于天地境界的人是圣人",而"天地境界有超道德价值"。君子虽降格以求,但也是一种出世与入世的完美统一、功德兼备的美妙结合,从儒家思想对君子的诸多规定不难看出,君子人格在某些方面也是极不现实的。姑且不从理论上对某些先验设定的片面性进行过多的质疑,就是从实践中来看,圣人和君子虽是几千年来中国传统道德教育孜孜以求的目标,而拥有圣贤人格者却寥若晨星、屈指可数。在教育内容上,中国传统道德以"忠""孝"为基本内容,并在此基础上,发展成"三纲五常"的非常丰富细致的伦理规范体系。"中国传统道德以其规范系统最为丰富和精致,这的确是事实,而且是世界公认的。譬如,围绕'五伦'而建立的一系列规范,关于父子关系及其交往规则就有最为详尽的规定。孔子对孝提出多条规范……《孝经》对孝规范的规定更为系统。"这些规范在其本质上都是"道"在人类社会中的表现,是不容置疑的、不可更改的教条,人们只能被动地服从,而不能对之进行理性的审视和主体性的选择或改进。

在传统思想政治教育方法论上,强调"克己复礼"的内向式探求。从表面上看,这种方法在一定意义上揭示了人的道德形成的本质,即道德必须通过人的内心信念而发生作用,是一种以自觉和自律为基础的约束。所以,这种方法"具有其独特的历史魅力",但是,在当时的背景下,"克己"只是为了"复礼","内省"也只是以超验的"道"为标准。道德修养或教育的过程不过就是对天赋之道、固有之善予以发扬光大的过程。在"道"的面前,人依然没有任何自由与独立。

马克思指出:"我们那开始要谈的前提不是任意提出的,不是教条,而是一些只有在想象中才能撇开的现实前提。这是一些现实的个人,是他们的活动和他们的物质生活条件,包括他们自己的活动创造出来的物质生活条件。"基于这一论述，我们认为，生活，人的现实生活，是思想政治教育赖以滋长、生存的土壤，是思想政治教育的真实根基。

（一）思想政治教育为了生活

思想政治教育的目的和意义问题，一直是理论界争议比较大的一个问题。争论主要集中在思想政治教育是为了社会还是为了个人，对这个问题存在两种极端的立场，那就是"社会本位论"与"个人本位论"，或者说是"工具论"或"本体论"。这个问题曾经是我国教育理论界讨论的"热点"问题，对于这个问题，我们既不想重复"社会本位论"或者是"个人本位论"的回答，也不想用"工具论"或者是"本体论"观点来解释，更不想用"既是……还是……""变戏法"来回避矛盾，而是结合本书的论题，从生活的角度来进行探讨。从思想政治教育与生活的相互价值关系上来看，生活更具有本然性的意义，人创造思想政治教育本身不是目的，目的是为了更好的生活。换句话说，思想政治教育是为生活服务的，而不是相反。

思想政治教育是为社会还是为个人的问题，不仅仅是一个理论问题，更是实践的问题、生活的问题。个人价值与社会价值的冲突是在人类社会生活的历史发展进程中产生的，最终要靠生活的进一步发展来解决。如果不联系具体的人类社会生活的历史发展阶段，抽象地评论"为社会"或者是"为个人"，是无法得出确切的结论的。因为我们很难在一般意义上断言社会的目的就应该高于个人的目的，同样，也难以断定个人的目的就高于社会的目的。

思想政治教育在社会和个人之间的"两难选择"，从根本上说，源于人类社会生活中"社会"和"个人"的对立。迄今为止的人类历史，除了原始共产主义社会之外，其"主旋律"并不是个人与社会之间的有机统一，而是个人与社会的冲突与对立。由于阶级、国家的存在，本来是个人所组成的社会却成了"异化物"，对个人成为一种控制、操纵的力量。个人所能感受到的就是社会凌驾于个人之上，社会是强大的，个人是弱小的；社会是主体的，个人是受支配的。这就决定了教育的目的是社会的目的，个人是不受重视的。正如杜时忠在《德育十论》中分析的那样，考察人类教育史，我们就可以看到一部教育"非人"的历史。在依靠武力征伐的时代，教育被当作培养战争机器的工具，其时的教育实为军事教育。在强调宗教信仰的时代，教育则被当作培养上帝奴仆的手段，实乃神权之附庸。到了近代，自然科学的长足进步，进化论的自然法则被揭示出来，于是教育又被认为只能遵循自然的法则，需处处以因果规律来规划。19 世纪末到 20 世纪初以来，国家的需要压倒一切，于是教育又成为维护国家利益的工具，尤其是奉行为发展经济而发展教育的方针，导致"从属于经济的教育"。在有些国家教育更是被政治化，成为某个独裁者或某个政党实现自己一己之利的工具。凡此种种，都可以说没有把教育定位到人的发展上来，所培养的不是"人"，只是实现某种目的的工具或机器。一言以蔽之，教育常常是人力的教育，而非人的教育。

存在这样的社会事实，并不等于说社会作为个人的对立物，永远是高于个人的，更不意味着教育，包括思想政治教育只能永远是为社会的，而不是为个人的。在我们看来，一方面，现代社会出现了一种越来越强烈的"属人的"趋势，越来越突出了人的主体地位；另一方面，人类解放的历程也发展到了突出个人的时代。就前者来说，以人为本的社会发展观，把人的需要的满足、人的全面发展当作社会发展的根本目标和衡量尺度，把人各种智力和精神资源作为社会持续发展的动力，人的智慧、道德、精神资源成为经济增长的主要动力，而发展经济的目的正是为了人本身。就后者来看，人在获得"类主体"的身份即作为一个"种族"存在，从自然界的控制和压迫下解放之后，必然要争取个体的解放即成为独立个体。这种生活现实反映在教育领域，就是个人价值在教育领域备受关注，"以人为本"成为时代的标识。

通过分析可以看出，思想政治教育领域"社会本位论"和"个人本位论"的冲突与选择问题，源于人类社会生活中"社会"与"个人"的对立。无论教育家以何种基点来实现二者的统一（比如有的以社会价值为基点来统一，有的以个人价值为基点来统一），实际上都是历史的、具体的统一，都是各个教育家在特定的社会历史条件下所做出的选择，反映了特定时代社会生活对教育提出的要求。这种选择是随社会生活的变化而变化的，这便形成了教育价值选择上的"钟摆"现象。一劳永逸的、不偏不倚的或折中主义的选择，只存在于理论和理想中，在实践和现实中是不存在的，因为社会生活总是不断变化的。离开了特定的社会生活，抽象地谈论"个人本位论"和"社会本位论"，谁对谁错或谁更合理，是没有意义的。无论是"为社会"或是"为个人"，从根源上讲，都是为了生活，都只是特定的社会现实生活的要求在教育上的反映。社会不是独立的自足的主体，社会只是一种由人构成的组织形式，是人的生存空间，建构完美社会的目的，最终还是为人的生活创造历史条件。

人也不是抽象的、处于某种虚幻的离群索居和规定不变状态中的人，而是处在现实的、可以通过经验观察到的、在一定条件下进行生活的发展过程中的人。思想政治教育为了生活也就是为了人，反之亦然。

把思想政治教育的目的定位于生活，就避免了在生活之外，再为思想政治教育寻找一个形而上学的终极目标，也避免了离开现实生活，从抽象的人性出发对人进行空洞的谈论，从而把思想政治教育奠定在真实的根基之上。理论界对思想政治教育的具体作用与价值进行了多方面探讨，比如政治价值、经济价值、文化价值等。一方面，这些价值都是思想政治教育对生活的某个具体领域所发生的作用，离开具体的生活实践，这些价值不可能单独存在。另一方面，随着生活的发展，思想政治教育价值的内容也在不断地变化，人们开始研究思想政治教育的生态价值、管理价值及对人的发展功能。这些都从另一个角度证明了思想政治教育目的的生活本性。

（二）思想政治教育源于生活

第一，从历史源头上看，思想政治教育产生于生活的需要。虽然原始社会的情形难以再现，但通过人类学、考古学等方面的研究，人们仍可以推断出，原始社会存在着最初形态的思想和道德教育。原始社会的教育，包括生产劳动教育、生活方式教育以及原始宗教教育。这些教育活动，除要求受教育者掌握必要的劳动技能之外，还要求他们熟悉当时的风俗习惯、礼节仪式和宗教仪式，具备互助协作、吃苦耐劳和勇敢机智的品质。当年轻人被接纳为社会成员的时候，为了检查其对生活的准备程度，还要对其进行考验。开展这些活动的根本目的，是为了鼓励人们同大自然作斗争，获取人们所必需的生存资料和人类得以延续的发展资料，保证社会生活和社会生产的进行。对此，我们可以做进一步的分析。由于生存条件的恶劣，原始初民意识到，若像动物那样仅凭借个体的力量直接参与生存竞争优胜劣汰，可能谁也没法生存，所以，他们开始采取了合作的方式，共同获取物质生活资料、保护自己。在合作中必然牵扯到如何处理人与人之间的利益关系，由此，产生了道德等调整人与人之间的物质利益关系的行为规范，以使每一个人的生存利益都得到保障。在日常从事生产生活的过程中，一般年长者就会有意或无意地通过自己的言语和行为示范等手段，让儿童或青年在参与生活的过程中自然而然地学会这些规范。这就是最初的思想和道德教育活动。不难看出，维持个体生活和生存的需要，是原始社会思想和道德教育得以产生的历史根源。佛罗斯特指出，"儿童的学习是为了更好地生活，适应在他周围环境中的那些力量"。直接为现实的原始生活服务，和生活自在地合为一体，是原始社会思想和道德教育的重要特征。后来，随着人类生活的发展，制度化教育产生，思想道德教育逐渐从生活中分离出来，独立起来。随着社会阶级的形成，道德发生了分化，统治阶级为了强化符合本阶级利益的道德原则与规范，使思想道德教育日益成为政治的传声筒、经济的扬声器、文化的维护者，因而突出了阶级意识和政治观念的教育，使其逐渐演化成了今天意义上的思想政治教育。不难看出，思想政治教育是因为人的生存和发展需要而产生，因人类社会生活的变迁而变迁，没有人的生活也就不可能有思想政治教育，离开了人的生活需要，思想政治教育就失去了其存在的合理性。

第二，思想政治教育的内容来源于生活，是"生活过程在意识形态上的反射和反响"。从思想政治教育的定义我们可以看出，一定的社会意识形态是思想政治教育的根本内容。但是，意识形态并非是神秘的"天外飞仙"，而是有着其深厚的生活根源。马克思主义认为，"意识在任何时候都只能是被意识到了的存在，而人们的存在就是他们的实际生活过程"。马克思特别指出："人们在自己生活的社会生产中发生的一定的、必然的、不以他们的意志为转移的关系，即同他们的物质生产力的一定发展阶段相适合的生产关系。这些生产关系的总和构成社会的经济结构，即有法律的和政治的上层建筑竖立其上并有一定的社会意识形态与之相适应的现实基础。物质生活的生产方式制约着整个社会生活、政治生活和精神生活过程。不是人们的意识决定人们的存在，相反，是人们的社会存在决定人们的意识。"① 也就是说，一切社会意识都是社会生活过程在人们观念中的反映。社会意识的变化发展不能由自身来解释，只能由生活的变化发展来说明。现实生活的进程，决定意识的进程，现实生活样态的转换，决定意识样态的转换。"旧思想的瓦解是同旧生活条件的瓦解步调一致的。""人们的观念、观点和概念，一句话，人们的意识，随着人们的生活条件、人们的社会关系、人们的社会存在的改变而改变。"② 生活史是观念史的基础，生活的变迁决定意识的变迁，离开了生活史，意识毫无历史可言。马克思主义关于"社会意识根源于生活"的观点，已经得到现代人类学、考古学的充分证明，比如人们发现，作为社会意识形态重要组成部分的道德，最初就直接来源于维持生存的物质生活需要，是人类在千百次的物质生产的劳动实践经验中总结、积淀而形成的。原始初民的生产力水平极为低下，大自然在原始人

---

① 李成旺.《德意志意识形态》导读 [M]. 北京：中国民主法制出版社，2012：65.

② 马克思，恩格斯. 共产党宣言 [M]. 沈阳：辽宁人民出版社，2020:35.

那里充满险恶，为了获取食物并保住每个人的生命不受到方方面面的威胁，在与大自然长期斗争的过程中，人们逐渐形成了一定的规则，只有遵循这些规则才能满足物质需要，保证每一个人的生存。在原始初民那里存在着一些在现代人看来是不能理解的甚至是不道德的现象，而他们看来恰恰是道德的。原始初民的意识水平还较为低下，他们这种基于物质生活需要的道德就以习俗、戒律、宗教、图腾崇拜等形式体现出来，并往往付诸某种超验性的解释。李泽厚在《历史本体论》中指出，"由于当时的环境和主客观条件，这种社会性道德必须也必然以一种超社会超人世的现象出现。从图腾时代到动物崇拜到宗法社会的祖先崇拜，从多神到一神，从巫术到宗教，甚至抽象到哲学理论上，都如此。……因为只有这样，人群才能慑服，万众才会信从"。这样我们可以看出，不但道德的内容是对生活的总结与积淀，而且就连道德的外在表现形式也一样是由具体的生活条件所决定。再比如法律，"私法和私有制是在自然形成共同体的解体过程中同时发展起来的。……当工业和商业起初在意大利，随后在其他国家进一步发展了私有制的时候，详细拟定的罗马私法便又立即得到恢复并取得威信。后来，资产阶级力量壮大起来，君主们开始照顾它的利益，以便借助资产阶级来摧毁封建贵族，这时候法便在所有国家中开始真正地发展起来了"。因此，"道德、宗教、形而上学和其他意识形态，以及与它们相适应的意识形态便不再保留独立性的外观了。它们没有历史，没有发展，而发展着自己的物质生产和物质交往的人们，在改变自己的这个现实时也改变着自己的思维和思维的产物。不是意识决定生活，而是生活决定意识"[①]。此外，生活不仅对思想政治教育的产生和发展提出了客观要求，还为思想政治教育的产生和发展提供了可能性。物质生活是思想政治教育产生的基础。人首先得活着，得和周围环境进行物质和能量的交换以维持肉体生命的存在，才能谈得上其他。所以，物质生活对人来说是第一位的，是包括思想教育在内的人的所有历史的前提。"这个前提是人们为了能够'创造历史'，必须能够生活。但是为了生活，首先就需要衣、食、住以及其他的东西。因此第一个历史活动就是生产满足这些需要的资料，即生产物质生活本身，而且这是一切历史的一种基本条件，人们单是为了能够生活就必须每日每时去完成它，现在和几千年以前都是这样。"[②]

① 王让新，李弦，谢霄男．理论溯源与意义探微：马克思恩格斯《德意志意识形态》若干重要思想研究 [M]．成都：电子科技大学出版社，2016：45．

② 乐志强．《德意志意识形态》简明教程 [M]．广州：中山大学出版社，1988：41．

（三）思想政治教育必须在生活中进行

生活是思想政治教育真实、完整的载体。从生活的视角来看，思想政治教育在本质上是人的一种特殊的生活形式，其过程总是内含于生活的过程之中，生活是思想政治教育活动的起点、背景、空间和归宿，思想政治教育不可能凌驾于生活之上，只能在生活的过程之中进行。对此，可以从以下三个方面进行理解。

第一，这是由思想政治教育的基本矛盾决定的。思想政治教育的基本矛盾是社会发展所需要的思想品德与受教育者现有的思想品德水平的矛盾。思想政治教育的全部任务就在于解决这个矛盾，将社会发展所需要的思想品德转变为受教育者的思想品德。对思想政治教育的基本矛盾做进一步的分析，就会发现，思想政治教育要有效地促进教育要求与受教育者素质之间矛盾的相互转化，还必须把外在性的教育要求与受教育者素质之间的矛盾有效地转化为受教育者自身的内部矛盾，从而构成受教育者的自我发展要求与其现有发展水平之间的矛盾，这是受教育者发展的内部矛盾，也是最直接的动力。这里有两点值得探讨：一是作为受教育者个体发展的内部矛盾，从其外界来源来说，并不只是教育者的教育要求和教育影响，还有来自生活的其他很多方面的影响。个体都是处于社会现实生活中的人。从生活和人的关系来看，生活虽然是由人创造的，但生活也构成了人的存在方式，人创造出来的生活无时不在制约、影响和改变着人，也就是说，过什么生活就会使人成为什么样的人。这说明生活不仅在一般意义上表征着人的存在，同时，不断发展变化的生活还在造就人。从教育的视野来看，生活无疑具有教育的功能，含有教育的意义。瑞士教育家裴斯泰洛齐在《天鹅之歌》中最早明确提出了"生活具有教育的作用"。杜威则对生活的教育作用进行了进一步的论述，"社会生活不仅和沟通完全相同，而且一切沟通，也就是一切真正的社会生活都具有教育性""不仅社会生活本身的经久不衰需要教导和学习，共同生活过程本身也具有教育作用"。我国教育家陶行知强调"教育的根本意义是生活之变化。生活无时不变，即生活无时不含有教育的意义""是生活就是教育，不是生活的就不是教育；是好生活就是好教育，是坏生活就是坏教育"。生活因其对于人的存在的意义和可以使人发生变化的本性而成为思想政治教育无法回避的问题。思想政治教育只是促进个体思想品德形成和发展的特殊形式和特殊手段，而不是全部。如果忽视生活在人发展的内部矛盾形成和转化中的作用，也就不会去注意教育影响与生活影响之间的对立统一关系，就不会去考虑如何利用、提升、协调、选择和改造社会生活对人的发展的影响，就会使思想政治教育成为脱离生活的一厢情愿的行为。二是受教育者不但有自己的现实生活，受现实生活的影响，而且是自身生活的主体，是自身发展的主体。受教育者对教育影响的选择和在自身发展内部矛盾的形成和转化方面，都有其能动性，他们总是立足于自己的生活经历、生活需要以及对生活的感受来选择教育者传递的教育信息。他们的头脑已不是白板，而是存有一个在生活中形成的复杂的"意识框架"，这个"意识框架"对教育者起过滤作用。"意识框架"不同，对教育者的思想理论可能有不同的理解和回应，而且就同一个人来说，对于同一种思想理论，在不同的生活情境下由于"意识框架"发生变化，其理解和回应也会不同。因而，不能把受教育者当作脱离社会生活的、只存在于教育真空中的抽象的、可以供教育者任意揉搓和塑造的泥人，而应充分重视生活对人的发展、对思想政治教育的制约作用，直面生活，在生活中展开教育。

第二，从心理学的角度来看，个体的思想品德是在生活中发生发展的。人的精神世界的形成是通过某些实际体验来实现的。"人的亲密感情、兴趣、动机的形成，则又是一种方式，不同于掌握某种知识、规则和技巧。……假定以善良和同情为题进行谈话，然后布置相应的作业，指望用这种方法培养出善良和有同情心的人，那是不可能的。用这样的方法最容易培养伪君子和伪善的人。"现代心理学研究证明，个体的思想品德发展既不是先天本能的自动展开，也不是外部环境力量的机械外铄，更不是来自什么超人力量的神的启示，而是主体在与周围环境，即在与人交往的生活实践中主动建构起来的。离开了真实的生活环境和氛围，离开了生活体验，离开了与人的交往，就不可能有思想品德的产生，更不可能有思想品德的发展。巴雷特在讲到信仰的学习时说："这不是一种单靠理智即可获得的知识，甚至根本不能靠理智获得的知识。他是凭借身体的热血、骨骼和内脏，凭借着依赖和愤慨以及迷茫和恐惧，凭借他对那永远不能通过理智去认识的存在的热情信仰，而取得这种知识的。一个人只能通过生活，而不是推理来获得这种知识。"贺麟先生在谈到道德信仰的养成时，也明确提出，"主要是基于生活、行为、经验和阅历，而很少出于抽象的理智的推论"。理智能力的发展是思想品德发展的必要条件，但思想品德的发展并不只是认知水平在思想品德问题上的简单应用。思想品德发展不但需要认知的发展，而且还需要社会性的刺激。这种社会性的刺激来源于个体之间的相互作用，来源于受教育者生活中的价值冲突。只有在生活中，在个体的现实遭遇中，在个体内心世界的价值冲突中，才真正蕴藏着宝贵的教育时机，才能发掘出个体思想品德生成与确立的源头活水。离开了生活，思想政治教育只会沦落为外在化的装饰。

第三，思想政治教育最终要通过生活才能发挥作用。无论是侧重于认知的思想政治教学过程、重在实践的特意开展的典型教育活动，还是现代西方思想政治教育理论中开发出来的种种思想政治教育的方法和模式，如价值澄清、关心模式、体谅模式、人本主义模式等，要想最终发挥作用，对个体思想品德产生实质性的影响，并把教育成果固定下来，使之成为个体人格稳定的组成部分，就必须转化为个体的生活实践。不转化为生活，个体的思想品德就没有一以贯之的特性，就是容易消失和变化的。所以，最终要通过生活才能使思想政治教育发挥应有的作用，实现理想的教育效果。否则，思想政治教育就只能流于形式或不具备恒常性。所谓的思想政治教育效果也只能见于课堂上和特定的需要表现的活动中。正因为如此，思想政治教育"只有通过生活才能发出力量而成为真正的教育"。

综上所述，从思想政治教育的起源、目的和发挥作用的方式上看，思想政治教育都离不开现实的生活实践。正是在此意义上，我们认为，生活是思想政治教育的真实根基，对思想政治教育的任何审视都不能偏离了这一基本的界域。思想政治教育不论在何种社会历史条件下进行，也不论它被赋予怎样的意义，都离不开生活这一最终的真实根基。思想政治教育的这个真实根基永远是一种既无法替代亦无法超越的现实性力量，无论我们是意识到它，还是意识不到它，是正视它还是回避它，它都会对思想政治教育产生不可抗拒的影响。在思辨终止的地方，在现实生活面前，正是描述人们实践活动和实际发展过程的真正的实证科学开始的地方。关于意识的空话将终止，它们一定会被真正的知识所替代。这一描述适合于一般意义上的认识论，同样也适合于我们对思想政治教育的认识。既然思想政治教育与生活有着这么紧密的本体性关联，那么，思想政治教育就必须建立在现实生活的基础之上，偏离了生活的思想政治教育只会失去应有的生机与活力，最终导致僵化而低效。

这里要特别指出一点，我们认为生活是思想政治教育的真实根基，并不意味着完全否定历史上对思想政治教育的其他认识和探讨的价值。比如中国古代虽然把思想政治教育奠基在抽象的形而上学的基础之上，但在教育内容、教育原则和教育方法上，还是提出了一系列有价值的见解，这些都是我们研究思想政治教育的宝贵遗产。再比如近代推翻上帝之后，思想家转而从人本身，从人性出发来寻找思想政治教育的依据，应该说较之中世纪的论证方式是一种历史的进步，它使得思想教育开始转向对人自身的肯定和对人的特征的重视。无论是把人性预先设定为理性，还是经验性的情感等，并在此基础上对思想政治教育进行构建，都不乏深刻，但其局限性也是显而易见的。因为，离开了具体的生活过程，人和人性就只能是抽象的、单调的。离开了人的现实生活，人性就无法得到真正说明，只能沦为一种抽象的和主观的设定。生活固然是由人创造出来的，但生活又在同时塑造着人，使人成为人，在最充分的意义上表征着人的存在。人就是人的生活，人的一切只有在现实形态的生活中才能得到说明。"人性及人的需要等必须化为具体生活中的人性和需要，否则，就永远只能是观念形态的，在现实生活中并不存在。所以，由人去理解生活固然有一定的道理，但同时更需要从生活的角度去理解人。"因此，我们的探讨并不是去简单地肯定或否定，而是为了在透视各种奠基方式的合理性及其局限性的前提下，找到对思想政治教育基础的更合理、更真实的表达，并据此来反思思想政治教育中存在的问题和指导思想政治教育的实践。

我们从生活出发对思想政治教育进行的本体定位，表明了一种哲学思维方式的转换，即从本质主义的思维转换到生成的、实践的思维方式。生活不是一个一成不变的、本质先定的世界，而是一个创造性的或不断生成的无限过程，生活本身即是过程，即是生成和创造。以这种思维方式来观照作为人类社会历史活动之一的思想政治教育，同样也可以开拓出一片崭新的视域。它不像传统的本质主义思维方式那样，要求用一种非人的东西作为思想政治教育的依据，认为思想政治教育存在预先设定的终极的唯一的本质，思想教育过程对本质没有任何影响，教育过程不过是毫无意义地沿着划定的路线向既定的本质迈进的过程。思想政治教育就存在于实际的生活之中，它在本质上就是实际生活的过程。建立在生活根基之上的思想政治教育，不是从概念和抽象的符号出发，而是从生活着、实践着的事物本身出发，是活生生的具体的生活实践。

此外，我们认为生活是思想政治教育的真实根基，也不意味着生活对思想政治教育来说就是完美无缺的、自足的，生活本身是不断发展、变迁的过程，也不是说所有类型的生活、所有人的生活对思想政治教育来说都有同等重要的意义。

二、生活世界——思想政治教育的目标指向

生活是思想政治教育的出发点，也是思想政治教育的落脚点，这是思想政治教育内在的逻辑要求，体现了思想政治教育的生活价值取向。第一，就本

体论而言，人的"生活"的价值高于思想政治教育自身的价值。人首先必须活着，而且需要活得有意义，才能谈及各种教育。思想政治教育的产生取决于生活的需要，思想政治教育的价值自然也是为了人的生活，为了让人在世俗中过上更理想的生活，帮助个人完成人生价值的实现和生存质量的提高。第二，就其价值论而言，思想政治教育社会功能的实现最终仍指向生活。因为在人与社会两者中，人是唯一的能动性主体，是社会发展的手段，只有借助于人的力量，社会的政治、经济、文化与生态等领域才能得以发展。但社会发展的目的又是人，人促进社会发展最终是为了促进人的发展，为了人的幸福。人是承受思想政治教育大的规范的客体，也是创造社会生活的主体，所以从长远来看思想政治教育在根本上还是为了人的生活。总之，思想政治教育自身的特点使生活成为它的起点和根基，也是它的目的和归宿。因此，思想政治教育从各方面与生活相融合，是思想政治教育生活化的应有之义。

第二节　思想政治教育生活化的内涵及主要特征

一、思想政治教育生活化的基本内涵

思想政治教育生活化是相对于思想政治教育的抽象性而言的，主要强调思想政治教育应当以人为本，以生活为中心，立足于现实的社会活动，从生活中挖掘资源，在生活中寻找契机，关注人的生活体验，关心人的生活世界，引导人的生活实践，提高人的生活质量，增强人的幸福程度。

所谓思想政治教育生活化，就是强调在思想政治教育的过程中，要以受教育者为根本，以现实生活为中心，不断开发富有积极意义的生活资源，关注受教育者的生活体验，关心受教育者的生活世界，在教育的引导中促进受教育者综合能力和生活质量的全面提升，从而达到理论与实践的协调，知与行的统一。

思想政治教育生活化强调以生活为基点来进行思想政治教育活动，使思想政治教育能够贴近受教育者、贴近实际，从而融入生活、引领生活，让受教育者在具体的生活中领悟思想政治教育的内涵和真谛。

（一）生活化的思想政治教育

生活化的思想政治教育是针对思想政治教育"去生活化"问题而提出的，旨在提高思想政治教育实效性和生命活力的生活教育理念，它是指站在生活的维度上来认识思想政治教育和思想政治教育之于生活的关系，以生活为中心，围绕生活展开，引导人对美好生活的不懈追求与探索。思想政治教育与生活融合是生活化思想政治教育的根本特征和实质所在，生活化的思想政治教育侧重结果论层面。

从语法角度来讲，"生活化的思想政治教育"是一个静态词汇，作为一种教育理念，它只是思想政治教育的一个范畴和类别，很难突显思想政治教育的动态发展性特征。根据定语的界定可知，"生活化"的思想政治教育既不是"社会化"的思想政治教育，也不是"艺术化"的思想政治教育，"生活化"会不会较容易忽视"教育"在生活中承担的角色？事实上，强调"生活化"的思想政治教育容易让人忽略思想政治教育的教育属性和政治特征。

（二）思想政治教育的生活化

思想政治教育的生活化同样是针对思想政治教育"去生活化"而提出的，旨在增强思想政治教育实效性的生活教育理念，它主要是指思想政治教育要主动走进生活，融入生活，在生活世界中挖掘教育素材，在动态发展中实现思想政治教育与生活的有机结合和相互促进。思想政治教育的生活化侧重方法论层面。

从语法角度讲，思想政治教育的生活化是一个动态词汇，思想政治教育生活化模式的指导原则是动态发展的，是随着生活而灵活应变的。思想政治教育的生活化的定语明确指出，它既不是艺术的生活化，亦不是价值观或道德教育的生活化。思想政治教育的本质属性是具有政治性和阶级性的，我们国家所倡导的意识形态、价值观教育是什么，我国需要培养的社会主义合格建设者和可靠接班人需要具备怎样的思想道德素养和科学文化素质，这些都要有意识地穿插于生活素材之中，要在生活教育过程中把握政治方向、讲求政治原则，使其更具有针对性。概言之，生活化的思想政治教育走进去，未必走得出来；思想政治教育的生活化既要走进来，又得走出去。

（三）思想政治教育的生活化模式

"模式"一词，最早来源于克里斯托弗·亚历山大的《模式语言》（*A Pattern*

Language ）一书。一般认为，模式是指某种事物的标准形式或使人可以照着做的标准样式，其形态具有稳定性和可复制性，可重复应用就是它们存在的理由和价值。在社会生活中它有各种用法，如心理模式、教育模式、经济模式、中国特色社会主义模式等，但构成模式最核心的部分正如马丁·弗乐尔所说，是一种思想，模式的本质不是结构或外表本身，而是由其内在思想所决定的个性。例如，德育模式是对学校道德教育的目的、过程、方法、内容等进行高度概括的抽象概念；以美国道德教育学家哈什为首的教育学家提出的价值澄清模式把"德育模式"界定为"思考教育背景下关心、判断、行动过程的方式"，强调"一种模式包括一种关于人在道德上如何发展的理论或观点，以及一套促进道德发展的策略或原则，因此，模式既有助于我们理解道德教育，又有助于我们实施道德教育"。"生活即德育"的德育模式是指按生活即德育的理念来育德的模式。

所谓"思想政治教育生活化模式"，是指在生活育人的理念指导下，立足受教育者的现实生活，以教育与自我教育为运行方式，在动态发展的过程中追求生活与思想政治教育有机结合、相互促进的教育模式。与其他教育模式相比，这种教育模式具有自己鲜明的个性特征。

首先，以"生活育人"的理念为指导。"生活是伟大的教育家""教育的根本意义是生活之变化，生活无时不变，即生活无时不含有教育的意义"。思想政治教育生活化模式只有始终秉承"生活育人"的教育理念，方能使教育者和被教育者清楚地意识到，要在自己的生活中挖掘正反两方面教育素材，寻找生活的意义。

其次，以"现实生活"为基础的精神性实践活动。思想政治教育生活化模式的个性就在于它强调思想政治教育要以人们的现实生活为基础，立足人们的生活经验，着眼于人们的生活需要；强调要把思想政治教育的内容寓于社会生活的主题，使学科知识与生活现象、理论逻辑与生活逻辑有机结合。以生活化思想为教育理念和根本特性的思想政治教育生活化模式，关照的是受教育者的生活世界，关注的是受教育者的生活体验，追求的是受教育者生活质量的提升。

再次，以"教育与自我教育"为运行方式。"教育与自我教育"犹如思想政治教育生活化模式的"鸟之两翼""车之双轮"，只有协同配合，才能带动生活化模式灵活而高效地运转。需要强调的是，这里的"教育"是指时刻有意识地发现和挖掘课堂和生活中的教育素材，利用和创设教育情境；"自我教育"是指以"反思性"精神为灵魂，以一种自觉而强烈的忧患进取意识和自我评价意识进行学习教育和再发展。站在"生活"这个形形色色、无所不包、无所不容的大舞台上，必须时刻保持清醒的头脑，时刻把握正确的生活方向。在社会这个大环境下，在点滴生活细节中，教育者要"掌好舵"，充分利用好教学和生活两大课堂进行教育；受教育者要"划好桨"，具备相应的生存和生活能力，在做中学，在学中做。

最后，以"动态发展"为实施原则。思想政治教育生活化模式着眼于"生活化"，因而它灵活而具体，但"模式"却是高度抽象概括和具有可复制性的标准样式，因此，必须正确处理好两者的关系，否则将会"自相矛盾"，适得其反。

由于思想政治教育学科本身具有复杂性，而且大学生个体思想具有特殊性，力图提出思想政治教育生活化模式的"万能公式"只能是一种理想。思想政治教育生活化模式的实施原则，以灵活性为特色，其在动态发展的生活化实践过程中汲取新鲜血液并不断得以完善，致力于追求教育双主体在动态的生活过程中改造和提升自我，达成双赢，最终实现主客体、主客观世界的和谐统一发展。

二、思想政治教育生活化的主要特征

思想政治教育生活化是一种理性的、直观的教育，它强调了思想政治教育回归学生生活实践的重要性。学生的观念会随着社会的发展、时代信息的更新以及主体之间的社会关系而发生相应的改变。思想政治教育生活化的本质是思想政治的教育内容从学生的实际生活中取材，将教育途径融入学生的日常生活，教育的评价方式回归大学生的生活实践。只有这样，高校的思想政治教育才能将关注点转移到学生的生活世界，才能提升学生的物质生活质量和精神生活质量，从而促进高校学生的全面发展。高校的思想政治教育生活化具有互动性、开放性和实践性等特征。

（一）教育目标的人本性

科学地发展马克思主义的价值追求和最高命题在于人的全面发展。以人为本是人的全面发展的具体运用和发展，是科学发展观的核心。发展思想政治教育的过程中应以人为本，将人的发展和需要放在第一位。思想政治教育是主体的对象化活动，思想政治教育的最终目标在于追求自我价值和自我需求的实现。要实现这样的目标，就必须在思想政治教育生活化的过程中贯彻人本性原则。

思想政治教育生活化要坚持人本性，就是要树立"以人为本"的教育理念，联系生活实际，使思想政治教育充满人性关怀，在教育的过程中关注学生的现实需求，考虑学生的心理特点，重视学生的价值实现，挖掘学生的禀赋潜能，培养学生的自强意识，提升学生的精神文化，在现实的生活世界实现思想政治教育的目的。

思想政治教育生活化要坚持人本性，就要从以下三方面努力。

第一，要尊重学生，理解学生。这是思想政治教育生活化人本性的基础。尊重是教育的根本要求。尊重包括对学生人格、情感、爱好和心理的尊重；理解是指对待学生应该宽容，应站在对方的角度换位思考，获取学生的信任并进行心灵的交流，从而解决他们的思想问题，化解他们的思想矛盾。

第二，要关心学生，帮助学生。这是思想政治教育生活化人本性的关键。关心学生，就是心系学生，心怀关爱之情，服务于学生的全面发展，服务于学生的健康成长，施之以爱，晓之以理，动之以情，真诚地对待学生、帮助学生，提高他们正确处理问题、解决问题的能力。

第三，要激励学生，引导学生。这是思想政治教育生活化人本性的保障。激励学生，就是要激发学生学习和创造的积极性和热情，注重开发学生的潜能和价值。引导学生，就是要引导学生拥有正确的思想认识，纠正学生的错误观点。

（二）教育过程的实践性

马克思主义是在社会实践中产生的，并在社会实践中不断得到发展。实践性是马克思主义的重要特征之一。对于思想政治教育来说，实践性也是其特征之一。"生活不能只是想，生活是需要过的。"思想政治教育的实践性是由生活的实践性决定的。社会实践是思想政治教育产生和发展的决定因素，是思想政治教育的有效途径，是思想政治教育内容实现的有效依托，是思想政治教育目标实现的重要方式。"要坚持学习书本知识与投身社会实践的统一。要健康成长，不但要学习书本知识，而且要向社会实践学习，自觉地投身于火热的改革开放和现代化建设实践。"

实践性特征在思想政治教育生活化中的表现主要有两个方面。

第一，思想政治教育生活化的实效性体现在社会实践上。思想政治教育的程度如何、效果如何，不是看人的思想认识程度，也不是看人的观念立场怎样，而是要看人们的实践和行为。社会实践的形式是多种多样的，内容是丰富多彩的。思想政治教育生活化要坚持实践性，就要在思想政治教育过程中，开展丰富多彩的、以思想政治教育为目的的社会实践活动，让受教育者通过亲身体会和实际接触，更好地理解社会，从而使思想政治教育变得更为充实，更加丰富，实现思想政治教育内容的直观化、形式的多样化，理论与实际相结合，更好地实现思想政治教育的目的和效果。实践长才干，实践出真知，只有放开眼界，面向社会，才能使学生在思想政治教育的天地里张扬个性，开发潜能，培养良好的道德行为。

第二，人们认识能力和思想觉悟的真正提高，离不开良好的行为习惯和言行一致的思想品德，而实践活动起着桥梁和纽带的作用，是一个必经的过程。学生的健康成长离不开系统的专业知识学习，更离不开现实的社会实践锻炼。社会生活是一个大课堂，社会实践是一门大学问。实践为学生提供了成长与成才的平台，也提供了认识和理解社会的平台，参与社会实践可以完善学生的主体人格，使学生参与到社会化的进程中来。

（三）尊重学生的选择性

思想政治教育生活化的选择性特点，是要尊重学生的选择。当前，科学技术日益发达，网络文化迅速发展，只有具备良好的判断能力，才能做出正确的道德选择，才能为思想政治教育的发展提供良好的道德环境。尤其是信息时代、网络时代的到来，大量信息不断涌现，宣传媒体迅速发展，思想观念有所碰撞，再加上物质水平提高后人们进一步追求精神享受的心理，使得个体思想的独立性越来越强。这种独立性表现为一种自主的、独立的选择，为学生提供了自主选择的平台。人们接触的东西多了，供人们挑选的余地就大。供挑选的余地大了，人们思想活动的选择性也就相应增加了。

以网络为例，在网络中，学生不是被动地接受教育，而是主动地选择，自由地浏览。网络社会犹如一个巨大的自助餐厅，学生可以自由地选择想要的"食物"，具有很强的自主性。要想使学生在鱼龙混杂的网络中选择传递正确信息的网站，就要使网络思想政治教育的形式、内容和方法乐于被他们所接受和选择，并满足其爱好、兴趣和需要，这就需要让网络思想政治教育的内容更加生活化、现实化，与学生的生活和利益密切结合。这就要求相应网站的建设不但能够集覆盖面大、操作简单、信息量多于一体，而且要集政治性、趣味性、娱乐性于一体，为他们提供积极向上的、生动丰富的内容。

（四）教育的开放性

时代在不断发展，科学技术在不断进步，科技的发展给思想政治教育带来了全新的发展契机，也带来了全新的挑战。高校的思想政治教育只有不断推陈出新，积极探索思想政治教育的新领域、新途径、新内涵，才能适应时代的发展，才能适应学生日益增长的物质文化需求和复杂多变的情感需要。开放是生活实践固有的特征，高校的思想政治教育应植根于学生的生活实践活动中，应对学生生活实践中出现的新情况、新问题进行深入的剖析，并对思想政治教育的内容和方法进行相应的调整和改进，让学生的价值观念和思维方式紧跟时代的潮流，为学生营造一个开放的交往空间，将高校的思想政治教育融入学生生活实践的各个方面，不断改进思想政治的教育机制，切实提高高校思想政治教育生活化的针对性和实效性。

（五）教育理念的艺术性

思想政治教育生活化中的艺术性，就是指在思想政治教育生活化的过程中，教育者在把握了学生的政治观点、思想观念、道德意识的基础上，为了实现一定的教育目标而实行的增强思想政治教育效果的一切技巧和技法的总和。

马克思主义认为，人不同于动物是在于除了肉体之外还有一个意识的世界，还要追求社会精神归宿和精神性的需要。现实中的每一个人都享有精神的自由，追求精神的充实、完美和愉悦，希望他人尊重自己的人格、荣誉和尊严。这种精神需要和精神利益是思想政治教育产生和存在的精神性基础。① 思想政治教育有效性的程度不仅在于对人的物质需求的满足，还在于对人的精神需求的满足。从这个层面上讲，思想政治教育是一种情感的教育，需要通过理解和启发以提高学生的思想境界，使学生既充满人性的魅力，又富有理性的涵养。有了艺术，就产生了吸引力，这样才能收到良好的教育效果。坚持思想政治教育生活化的艺术性，就是要将思想政治教育的科学性、情趣性与价值性相结合，以生动的生活为载体，精彩地展示思想政治教育的魅力，体现真、善、美的和谐统一。

思想政治教育生活化要突出艺术理念，就是说思想政治教育不但是德育，而且是美育；不仅是政治思想和文化知识的教育，还是情感教育和审美教育。其实质就是思想政治教育工作方针和方法的灵活运用，是一种审美性的创造。

---

① 马克思，恩格斯．德意志意识形态 [M]．北京：人民出版社，2018:62.

这种创造具有很强的现代气息，它紧跟时代的步伐，是一种"精神上的享受"，也就是说因为受到某种熏陶、启迪和感染而得到动力，这就调动了学生的主动性、积极性和创造性。这种艺术性主要体现在以下两个方面。

（1）表现形式的审美性。如果说政治是人生的最高参与形式，那么，审美就是人生的最高体验形式。美的内容是规律性和目的性的统一，是真与善的统一。思想政治教育表现形式的审美性，主要表现在情景、氛围、态势、图画等方面。例如，教育者通过丰富的表情、优雅的姿态，能带给学生情景氛围的美感；教育者通过精美的板书、生动的影像，能带给学生图画的美感。这一系列的形式与思想政治教育过程结合起来，寓思想政治教育于艺术美的享受之中，教育者才能"寓教于乐"，教育对象才能"其乐融融"。思想政治教育无穷魅力的源泉在于它有着奇妙的审美性，这种审美性吸引人们接受它、欣赏它，在不知不觉中受到教育和熏陶。

（2）教育过程的说理性。说理性是思想政治教育生活化的显著特征。现代思想政治教育的艺术性是以理服人的艺术，以理服人是一个重要的教育方式。

从说理的方式上来说，循循善诱是说理，促膝谈心是说理，演讲报告是说理，座谈讨论是说理。思想政治教育生活化中的说理，就是以人们熟悉的、密切相关的人或事为例，恰当地分析利害关系，正确地判断是非曲直。这就要求思想政治教育工作者有较强的语言文字表达能力，通过言语表达，抓住学生的心理状态，循循善诱进而说服学生。言语表达要做到情与理的交融，节奏和情调的统一，懂得思想政治教育的基本规律、身心发展的基本规律以及心理学相关理论，并善于把这些理论创造性地运用到教育的过程中，通过直观的道具和艺术的感染来影响学生，同时总结实践经验，把实践中成功的探索上升成为理论的形式，从而使思想政治教育具有说理性。

三、思想政治教育生活化的有效载体

要使思想政治教育生活化取得良好的效果，既要遵循一定的原则，还需通过有效的载体才能实现。

（一）生活指导载体

随着我国改革开放的进一步深化，大学生将面临学业、经济、就业三大压力，他们的现实问题会严重困扰他们健康成长，因此对他们的生活指导尤

显重要。生活指导就是以个人为指导对象，以广泛的生活为指导领域，以增强自我批示能力为目的，并且给予内在激发性的援助活动。生活指导涉及学生与社会接轨的各个方面，如职业、学习、健康、人格、道德、交际等，还有提高性、补救性、开拓性的以及应试的和质疑的指导等。生活指导工作是由具体的人员来负责，在学校要成立生活指导委员会或小组，由心理咨询指导人、升学指导人、就职指导人、课外学习指导人等人员组成，并且要设立一名主任来管理具体工作。生活指导是青年成长的有效途径，它能够为学生提供解决问题的方案，也能够在其学习、生活、择业、婚恋等方面为其提供指导，使他们更好地认识自己，完善自我。

（二）隐性教学载体

隐性教学是指学习过程中没有确定的施教主体，也无须明确的教学目的、计划和固定集中的学习场地，而是学生在一定的环境和人文景观中由外在环境潜移默化式地引起心理、情感、知觉改变和建构的一种学习过程，具有间接性、暗示性、心理认知过程的无意识性、角色的不由自主性和教育过程的跨时空性等特点。学生在隐性课程中的习得往往不是直接地针对某种问题，更多时候是无意识的收获，是一种情感的体验，而不是显性课程学习中的逻辑理解和词语的记忆。校园文化环境是隐性教学的主要载体。这是一种以教育为中心，以校园环境建设为重点，结合外部自然环境、社会环境和规范环境，组成的多维和多元的教育系统。这种多维、多元因子包括自然的、社会的，外部的、内部的，物质的、精神的，宏观的、微观的，群体的、个体的，行为的、心理的，等等，它们都具有潜在的教育价值和教育功能。一方面为教育教学提供了现实的物质条件，另一方面又营造了教育主体的精神氛围。校园中诸如教室、宿舍、图书馆、道路、绿化、人文景点等建筑是教育理念的物化，它蕴含的精神因素渗透到学生学习、生活的各个方面，是学生的精神家园。思想政治教育生活化就是充分利用校园文化环境这一思想政治教育重要的隐性教学载体，营造良好的文化氛围，对学生的成长起到潜移默化的作用。

（三）网络载体

大众传媒具有价值导向作用，能够调整人与人、人与社会之间的关系。思想政治教育要利用网络作为教师与学生沟通的平台，用生活中的好人好事教育大众，营造良好的环境氛围，增强教育的效果，充分发挥网络思想政治教育的功能。首先，网络思想政治教育要寓教于乐，主动吸引学生到网络上来，实现师生互动。这就要求思想政治教育既要追求思想性和文化性，又要注意艺术性和趣味性；既坚持以正面宣传教育为主，又通过丰富多样的网络文化信息熏陶和感染学生，努力在育人上做到润物无声。首先，充分挖掘和利用网站图文并茂、声像俱全、多姿多彩的资源特色，增加影视、图像、声音等立体动感视觉在板块栏目中的比例，满足对学生服务的多样化、个性化的需求。其次，网络思想政治教育要取得成效，必须贴近学生，贴近实际。因此，无论是网站栏目的设计还是信息选择，都要切实体现对学生的人文关怀，把以学生为本的服务意识贯穿于网络思想政治工作的全过程，让网站在贴近学生中深入学生的内心世界，把网上的虚拟平台转化为真心实意为学生办实事，既解决学生学习、生活方面的具体问题，也解决他们的思想问题，在服务中激发学生关心和参与网络思想政治工作的热情，增强其认同感，这样才能达到网络思想政治教育润物无声的效果。最后，要树立平等意识，尊重学生的主体意识，增强思想政治教育的实效性。网络思想政治教育过程的开放性、共享性、交互性，打破了教师与学生的固定地位，变被动式教育为互动式教育，教师与学生都是网络的主体，他们之间地位平等，不存在上下级的关系及管理与被管理的关系。思想政治工作者应树立平等意识，尊重学生的主体意识，重新定位教师的角色。

在网上师生以平等的身份诚恳地进行交流，只有建立起信任、平等的朋友关系，学生才易于敞开心扉，教师才可以及时准确地了解学生的真实情况，有针对性地积极引导学生主动地参与思想政治教育活动，提高辨别是非的能力，提高对自己行为负责的能力。

（四）集体载体

联合国教科文组织将"学知""学做""学会共同生活""学会生存"视为教育的四大支柱。其中，"学会共同生活"是在集体中培养起来的。在信息技术高度发达的今天，集体是培养人的合作意识和竞争意识的中介和桥梁。马克思指出："只有在集体中，个人才能获得全面发展其才能的手段，也就是说，只有在集体中才有个人自由。"班集体是寓德、智、体、美、劳于一体的综合化、整体化的组织，是学生实施自我教育、自我管理、自我服务、自我监督的主要阵地。集体是团结班集体成员的纽带，能将每一个成员凝聚在一起，能培养集体成员的集体意识。

思想政治教育要引导学生树立正确的集体意识，培养学生团队合作的精神，使学生把课堂学到的理论应用到实践中去。在集体中，思想政治教育可以举行多种多样、形式各异的集体活动，并且在集体活动中创设互相帮助、互相合作的问题与情景，使学生在温暖的集体中相互沟通、相互帮助，在生活化的情境中培养学生良好的思想品德。多样化的集体活动，能使学生学会相互关心、相互帮助，让学生和谐发展，解决人际关系中的种种矛盾。同时，学生在实现集体目标时，也获得了尊重，获得了地位，其智力、能力、个性也在集体中得到了充分发展。

总之，思想政治教育生活化只有通过有效载体，不断适应新的情况，解决新的问题，才能获得更加强大的生命力。

第三节　思想政治教育生活化的基本原则

原则是指观察问题、处理问题的法则或准则。发现生活的教育意义为思想政治教育的生活化提供了前提保证，然而充足的生活教育资源并不能完全保证思想政治教育生活化意义的生成，因为在实际实施思想政治教育生活化过程中，不可否认还存在着很多干扰生活素材合理转化为有效教育资源的主客观因素。为了正确处理各种矛盾和关系，保证高校思想政治教育生活化模式的高效灵活运转，在构建过程中需要遵循一定的原则。

一、从生活出发的原则

教育的生活建构，并不是单纯否定科学世界的教育价值，而是要为科学世界找寻生命的根基，为思想政治教育寻找力量的源泉。从生活出发的原则，要求高校思想政治教育既要立足当下，又要尊重真实。

（一）立足当下

从生活出发就是指从学生当下的生活实际出发，关注学生的现实生活，关注学生的思想实际和生活环境，而不是把未来生活作为重点。当然我们并不否认对大学生思想政治教育的长远考虑是固然和必要的，只是这并不意味着应该用设计好的理想目标来直接要求学生，否则容易忽视学生自身生活的意义，致使他们无法获得现实生活的充盈与幸福感。帕斯卡尔对这样做的危害性早就有所揭示，"过去和现在都是我们的手段，唯有未来才是我们的目的，因而我们永远也没有在生活着，我们只是在希望着生活；并且既然我们永远都在准备着能够幸福，所以我们永远都不幸福也就是不可避免的了"。实践已经证实，脱离大学生当下生活的思想政治教育极易漠视学生的情感与体验，陷入教条主义的泥潭，导致学生产生厌恶、反感甚至抵制等情绪。

（二）尊重真实

真实最具说服魅力。作为一门追求科学性的学科，思想政治教育一切工作开展的指导原则即尊重生活的"本真面目"，一切从实际出发。从生活出发就要尊重生活的真实性，尊重思想政治教育所处的整个真实社会生活环境，遵循事物的变化发展规律。不能否认，高校思想政治教育缺乏实效性的一个重要原因就是"假、大、空"，因此，高校思想政治教育在坚持"贴近生活、贴近学生、贴近实际"三原则的基础上，一方面要把生活的本来面目展现给学生，努力倾听学生在所处环境中的所惑、所思、所想，切实为学生解答现实问题，让思想政治教育走入学生心灵，温暖其精神生活；另一方面要尊重学生的真实情况，即思想道德素质和实践能力的层次性，确保教育的先进性和广泛性目标的有机结合，进而推动共同进步，让思想政治教育高效、灵活、可持续运转。

二、注重生活体验的原则

"个体的经验是教育、接受教育、学习和理解的基础，没有个体的人生经验，任何教育、任何知识、任何方法都找不到与人的联结点。"思想政治教育的生活化尤其注重理论教育与学生生活经验的对接，只有如此方能提高教育效果，培养出真正的生活者。高校思想政治教育注重生活体验的原则应尊重学生体验生活的主体性，培养学生的反思意识。

生活是由人来创造的，每个人都是生活的导演。在生活的大潮中，失去主体性的人将会因对生活失去积极主动思考、选择和筹划的意识与能力，而致使其生活变得随波逐流与机械循环，最终因迷茫和沉溺而难逃被葬送的命运。生活属于拥有主体性的人，而注重生活体验的原则正是尊重个体主体性的必然要求与体现。主体性既是人的本质性特征，又是大学生积极进行展示自我的核心。思想政治教育的生活化注重生活体验，并不是要使大学生与社会生活融为一体而迷失自我，失去独立性，而是要求大学生以价值主体的角色积极深入到现实生活实践中，体现主体意识。思想政治教育的生活化要塑造能够以主人翁的姿态充分享受和体验生活、有着丰富精神内涵和生活感悟的大学生。因此，高校思想政治教育生活化模式作为一种自主式体验的教育模式，在目标上追求大学生在生活体验中的人格完善与能力发展，即通过激发他们的主体性，引导他们主动去探索、去把握、去创造，以激发他们的内在创造力；在教育内容上，注重与大学生自身生活经验相联系，具有鲜活的人文气息和生动的情感色彩，能融入大学生的精神世界进而促进其健全人格的形成。思想政治教育生活化模式注重生活体验的原则体现了对大学生主体地位的认可和生命的尊重，体现了对大学生政治思想素质形成规律的动态把握，因而对提升高校思想政治教育有效性具有重要意义。

反思是在思维过程中的一个明显段落点或对一个课题的思维结果进行科学审慎地批判性地回顾、分析和检查。曾子曰"吾日三省吾身"，著名理学家朱熹也提出了"学、问、思、辩、行"的学习模式。反思性意识和习惯的养成是学生在生活中更好发展和完善自我的必然要求，培养大学生的反思性意识和习惯是高校思想政治教育生活化模式注重生活体验的内在价值和客观诉求。实践证明，在学习和生活过程中，关注学生的反思意识，通过多种途径培养反思的习惯，可以提高学生的自我评价和概括水平，提高其自主学习能力，让学生更为有效地学习和生活。"授人以鱼，不如授人以渔。"高校思想政治教育生活化模式注重反思意识的培养，关照大学生主体内心世界的积极构建，有助于大学生从感性认识上升到理性认识，由经验上升到规律，从而达到事半功倍的效果。

三、动态发展原则

教育的目的在于自身发展和成长的过程，生活本身就具有过程性。杜威对"过程"的强调源于一个基本认识："重要的是生长的过程，改善和进步的过程，而不是静止的成果和结局。"思想政治教育要想真正走进和融入灵活多变的生活之中，必然要求在教育过程中把握动态性和发展性原则。

（一）把握动态性

动态性原则是指思想政治教育在生活化教育过程中，根据学生自身的主客观因素，不断调整教育目标、内容、方法、途径和载体，以期在"与时俱进、因材施教"的动态教育中达到适宜的教育效果。世界具有永恒变动的特征，宇宙就是一个在永恒变化过程中不断创造新事物、新关系、新秩序的整体，世界、世界的各个组成部分以及世界与各个部分之间、部分与部分之间不但有着复杂的相互联系和相互作用的关系，而且在不断地运动变化着。纵观思想政治教育系统内部的各基本要素，它们作为动态性的变量，彼此之间以及与社会环境之间始终处于信息的流动过程中，可以说动态平衡是思想政治教育系统生机涌现的源泉。高校思想政治教育生活化模式的动态平衡性主要表现在两个方面：高校思想政治教育与大学生生活环境之间的动态平衡；高校思想政治教育自身构成要素，即教育目标、教育内容、教育方式及教育双主体之间的动态平衡。因此，在高校思想政治教育生活化模式具体实施过程中，教师应根据大学生生活环境的要求和条件，因人、因时、因地制定出一系列适宜的教育目标，利用一切可利用的生活教育载体，采取适当的教育内容和方式、方法，即多种有效途径，按照一定的程序和遵循相应的规律来塑造和提升学生的思想品德以及综合素质。

（二）促进发展性

发展性原则是指在思想政治教育生活化过程中，既要立足于维持大学生当前身心的和谐稳定状态，又要着眼于大学生身心的可持续健康状态，促进大学生身心及行为的积极变化。这里的"发展"是一种全面、协调、可持续的发展。思想政治教育生活化的根本任务在于发展和完善大学生的思想品质，促进每个学生在政治思想、知识技能、情感价值等方面的全面发展，维护每个学生在个性方面的充分完善，终极关怀是使学生过上有意义且美而善的生活。促进发展性原则要求高校思想政治教育生活化模式必须具备发展的眼光：首先，以发展的视角看待大学生生命整体的成长和发展，充分挖掘隐含在生活教育过程中的一切教育资源，合理、有机地实施教育，提高大学生领悟知识的能力，进而促进大学生素质整体结构的协调发展；其次，以发展的目光关照每一个正在成长的学生，善于发现和挖掘其发展潜质，关注每一个学生的个性特长，使每个大学生都学有所得、学有所长、学有所成；最后，以发展的视角对待自身，生活化模式的特色在于其灵活性，需要不断在生活实践过程中补充新鲜血液，汲取其他教育模式的营养，扬长避短，以便使自身保持生命活力和价值魅力。

四、在生活中展开的原则

从生活开始的思想政治教育不能从生活中走开，也无法从生活中走开。实践证明，从生活中走开的思想政治教育往往因无法完成对学生当下生活的指导、充实与丰富而失去吸引力，进而遭到学生的反感或拒绝。在生活中展开的思想政治教育是将生活作为完整而开放的载体，正确把握生活教育素材的全面性和延续性，注重生活教育"春风化雨、润物无声"的渗透性，让学生在现实生活中学会生存、学会生活、学会做人，享受人的尊严、人的幸福等权利，全面提升自身的生活质量和精神境界。

（一）坚持生活教育的开放性

生活教育的开放性是指让学生在生活中开阔视野，面向新事物、面向未来，时刻保持生活与外界的沟通和对话。开放永远是生活鲜活性的重要体现和要求，人为的封闭和禁锢只会让生活成为一潭死水，流动、敞开、更新才能让生活永葆生机与活力。21世纪让我们的生活在走向高科技、信息化的同时，越加开放和充满活力，而这也要求我们开展丰富多样的社会活动来加强学校、家庭和社会三者的互动关系，提供学生了解生活、实际参与生活实践的机会，让学生在实际的开放性生活中不断推进自身思想品德和实践能力的发展。

（二）坚持生活教育的完整性

生活教育的完整性就是指在生活化教育过程中要注重统筹协调好学生在空间和时间等各方面所经历的和正在经历的现实生活，防止各部分产生相互脱离甚至对立，即高校思想政治教育应坚持贯彻整体性教育的原则。

学生个体完整意义上的生活是学校、家庭、社会三位一体的结合，它们各自有着相应的教育意义并且是不可代替的。在生活中展开的思想政治教育可以把生活中发生的政治事件、存在的社会矛盾、价值冲突等诸多问题确立为教育素材，而无须太多假设或逻辑的东西。在生活中展开，坚持生活教育的完整性要求高校思想政治教育一方面要聚焦社会生活，准确及时地将时事政治、社会热点以及最新理论成果融入教育过程，让教育内容更具时效性、实用性和趣味性，增强思想政治教育的内在价值和吸引力；另一方面要协调好家庭教育和学校教育的同步性，巩固家庭教育的后方有力阵地。同时，还要注重教职工和党员的培训工作，充分发扬先进人物的精神，可以将其作为课程的一部分正式对待，但它们也渗透在非正式的或隐性课程方面，比如学校的组织机构和师生关系中。

（三）坚持生活教育的渗透性

生活教育渗透性原则就是让思想政治教育意识无时不有，让思想政治教育活动无处不在，即要将高校思想政治教育的触角深入到大学生学习、生活、工作和交往的各个角落，使之与大学生自身相关的事项有机协调起来，结合各种教育方法、中介及平台，通过潜移默化的方式循序渐进，以期达到"润物无声、春风化雨"的生活教育效果。日常的学习和生活让大学生产生了新思想、新见解，也产生了思想问题与困惑，这要求高校思想政治教育要有敏锐的嗅觉和洞察力，及时把握大学生思想跳动脉搏，及时答疑解惑、化解矛盾，寓点滴教育于大学生日常生活之中，在把握生活教育素材的基础上因势利导，增强生活教育的针对性，提高其实效性。

五、回归生活原则

"培养人的生活品质，完善人的生活状态，提升人的生存方式和生活质量，使学生学会过美好的生活。"这是高校思想政治教育生活化模式的出发点和落脚点。思想政治教育的生活化并非简单地迎合学生口味，投学生所好，而是为了在教育过程中引导学生领悟生活真谛、掌握生活技巧、提升生活能力，学会过更有意义的、美而善的生活。因此，高校思想政治教育必须要回归生活世界。

（一）教育引导生活

思想政治教育回到生活讲的不是离开生活的思想政治教育重新回到生活这样一种简单的回归，而是指"高于"生活的思想政治教育回到生活这样一种"能动"的回归。生活不会因为思想政治教育以自己为内容和目的而理所当然变成思想政治教育所指导的那个样子。在回归生活的思想政治教育中，不可否认存在着对回归生活把握失当致使思想政治教育简单化、随意化和技能化的隐患。过于亲近生活，思想政治教育就会失去与生活应有的距离，失去对生活的审视、批判和超越功能。在纷繁复杂、良莠杂合的现代社会中，尤其是在日常生活的方式已经发生改变的今天，这对人及其生活的发展所造成的影响将更为严重。思想政治教育生活化并不是无条件地迎合生活，而是在生活过程中引导生活。高校思想政治教育在回归生活世界时应引导大学生适应现有的生活，同时还应引导大学生超越现有的生活，不断提升自身。

（二）教育服务生活

教育的根本意义在于使人更好地存在和生活。同样，思想政治教育的最终归宿也是为了"生活"，为了促使人的生活向更美好的方向发展而服务于生活。追求美好生活是每个"活着"的人的毕生价值诉求，同样也是思想政治教育的根本出发点和最终落脚处。对学生进行思想政治教育的目的就在于让学生学会过一种健康、愉快、积极、负责、美而善的生活。高校思想政治教育生活化要积极引导大学生追求幸福、实现幸福、享受幸福，过一种真正有意义、和谐而友善的幸福生活；培养大学生学会过一种戒除浮躁的精神生活，从生活中获得应有的良好心态；培养大学生丰富、真挚，能催人奋发向上、积极进取的生活情感，如亲情、友情和爱情；鼓励和启发大学生去认识自我、反思自我、超越自我，鼓励他们努力追求符合自己天性和意愿的生活幸福观，并帮助他们提升自己生命的终极价值。

第四节　思想政治教育生活化的价值形态

高校思想政治教育的本质是促进高校学生心智的全面发展，为社会主义现代化事业输送人才。高校学生思想政治教育生活化的内涵是将高校学生的实际需求和情感需求放在各项工作的首位，强调关注高校学生生活世界的价值形态，从而实现高校思想政治教育从理论教育向实践教育的转型。思想政治教育最重要的作用是促进社会思潮的良性发展，并形成富有时代特征的道德规范和价值准则。高校思想政治教育的教育内容应取材于学生的实际生活，教育的途径应融入高校学生的日常生活，教育的评价方式应回归高校学生的生活实践活动。只有这样，高校的思想政治教育才能不断地推陈出新，紧跟时代的步伐，贴近学生的生活实践，社会的意识形态教育才能永葆生机。从传统思想政治教育的弊端中我们得出，高校的思想政治教育只有进行渗透教育才能使思想政治教育发挥实际效果，高校的思想政治教育只有摒弃传统思想政治教育中抽象化和政策化的单向教育方式，加深与学生的沟通互动交流，将社会的意识形态宣传理念转变为服务学生的生活理念，才能不断推进高校思想政治教育的创新，才能不断挖掘高校思想政治教育的新领域、新途径、新方法，才能在实践中不断提升高校学生的思想道德素质和人文素养，从而促进大学生的全面发展。

一、思想政治教育生活化是贯彻科学发展观的应有之义

科学发展观的本质和核心是坚持以人为本，其作为新时期社会主义现代化建设的指导思想，是党的社会主义理论的新发展。科学发展观也是思想政治

教育应该坚持的最本质前提。在全面建成小康社会的今天，思想政治教育生活化就是要把学生作为实践的主体，全面关注学生的价值追求，深入了解学生的实际利益，并且要积极调动学生的主动性和创造性，从而满足他们在生活中的物质需要、精神需要以及发展需要。学生是具有独立个性和特定观念的主体，只有将其作为思想政治教育生活化实践的主体，才能达到大学生思想政治教育生活化的要求，促进他们的全面发展，从而使他们真正成为合格的社会主义建设者和接班人。

二、思想政治教育生活化推动和谐关系的形成

以教师正确的主体意识和较强的主体能力为基础，以发挥大学生的主体性和主观能动性为关键着眼点，在教师和大学生两个平等的主体之间发展培育大学生的主体性人格，这才是现代化的思想政治教育应该有的认识，而这一过程只有在现实的生活世界里才能得以实现。社会发展的快速与多元，要求大学生思想政治教育从封闭走向开放，从书本理论转向现实生活，这意味着在思想政治教育的过程中，我们不能再将大学生看作过去意义上的单纯的被动接受影响的教育对象，而应将其看作教育过程中的主体。因此，在生活中要主动关注大学生的思想政治状况，促使其思想道德修养在生活实践中得到提升。

当今社会是多元与开放的，大学生在这样的环境熏陶下，具有个性鲜明、张扬等特点，他们有独立的思想、习惯、喜好，他们面临着多重价值观的考验，因而，通过思想政治教育引导大学生树立正确而健全的社会主义核心价值观就显得尤为重要。如果仍然采取传统单调而孤立的教育方式，势必会与现代社会的多样性相背离，可想而知，大学生的思想政治教育也达不到预期的效果。教育是人与心灵的接触与交流，建立在生活化基础上的思想政治教育有助于教师与学生和谐关系的形成。

三、思想政治教育生活化有利于推动人的全面发展

马克思、恩格斯从《德意志意识形态》开始，在一系列著作中正式提出并系统阐述了"个人全面发展学说"。个人全面发展是相对于个人片面发展而言的，它是指全体社会成员的劳动能力在社会生产过程中尽可能多方面、充分、自由、和谐地发展。马克思主义认为，个人的全面发展是未来社会发展的基本要求。这就是说，未来社会生产力的高度发展，要求青年迅速摆脱由于分工所造成的片面性，成为体力和智力多方面才能充分自由发展、个人社会关系高度

丰富和发展的人。"人越全面发展，社会的物质文化财富就会创造得越多，人们的生活就越能得到改善。"

近几年来，大学生犯罪事件频频出现，这使得社会各界开始将目光投向当代大学生的心理与精神世界。思想政治教育本应推动人的全面发展，然而，其现状是忽视了教育主体的生活质量，排斥了教育过程中的生活因素，这难免会影响到思想政治教育的发展，也阻碍了人的全面发展。思想政治教育的生活化需要通过生活和实践才能实现，即主张"生活即教育"。也就是说，思想政治教育应来源于生活，来源于实践，其创新与发展也应从生活和实践中来。思想政治教育应该成为个人生活、个人发展的必要手段。

大学生是一个特殊的社会群体，他们是社会知识和文化的最主要的传承者和创造者，因此，以全面发展教育为目标，促进大学生全面发展的教育具有特殊的重要意义。在人才的培养过程中，坚持知识、能力、素质的辩证统一和共同发展，坚持德、智、体、美、劳多方面、全方位提高大学生的素质，既是时代对大学生的迫切要求，又是大学生自身健康成长的内在需求，更是培养社会主义建设合格人才的现实需要。

四、思想政治教育生活化有利于提高大学生的素质

大学生是高校思想政治教育工作的主要对象，与此同时，大学生在年龄和社会地位方面的特殊性又使他们表现出某种独特的本质特性。他们在生理、心理、精神诸方面的变化与发展使其对社会充满了好奇和向往，而自身具有的不成熟的想法又导致他们轻易被社会现实所左右，在这种矛盾的情况下，他们在思想认识和行为选择方面呈现出极端性也就不足为奇了。

学生人格的逐步形成主要是在大学时期，面对瞬息万变的社会，很多学生会表现出前所未有的迷茫和困惑，因此思想政治教育者在这个阶段要给予大学生更多的关怀和帮助，引导他们树立正确的世界观、人生观、价值观。这个阶段的大学生已经有了独立思考、分析问题的能力，但相对比较单纯，与社会接触较少，感性思维在他们的思维模式中还占据一定地位，因此，一味地采用理论灌输式教育方式不适合大学生思想政治教育的现状。而思想政治教育生活化则为大学生思想政治教育提供了新的维度，我们应提倡运用生活化的教育方式贴近学生的心灵和思想，把思想政治教育与大学生的实际生活融合起来，从而达到促进大学生人格逐渐形成和完善的目标。

第五节 思想政治教育生活化的必要性

一、主观诉求：思想政治教育主体的需要

（一）思想政治教育自身的要求

思想政治教育作为建立在人与人交往基础之上的一种教育活动，应是一种顺应社会和时代发展变革的需要，从主体的客观生活实际出发，使教育者所扮演和承担的社会角色和责任能体现其对自身及社会发展的积极意义的过程，但高校思想政治教育的现状不尽如人意。只有思想政治教育的实效性得以实现，教育者的劳动才能体现出积极的社会意义，这是体现思想政治教育生活化必要性的主观因素之一。

1.由思想政治教育自身规律决定

思想政治教育是指社会或者社会群体用一定的思想观念、政治观点、道德规范，对其成员施加有目的、有计划、有组织的影响，使其形成符合一定社会或一定阶级需要的思想品德的社会实践活动。实践是思想政治教育的基本途径，也是人的思想品德形成的基础。在思想政治教育过程中，受教育者只有通过社会实践活动的体验，才能印证教育者传授的思想品德观念、形成自己的思想认识；只有通过多次思想品德实践的锻炼，才能强化自己的思想品德情感、信念和意志；只有在长期的行为实践中践行社会要求的思想品德规范，才能逐步养成良好的思想品德和行为习惯。

因此，品德各个要素的形成和发展是与学生的实际生活紧密联系在一起的，而道德观念的认知、道德情感的激发、道德信念的培养都是在实际经历或处理道德问题的过程中实现的。

思想政治教育回归生活世界，在德育方面会更加关注学生的生活世界。如果仅是在课堂上把脱离生活的、抽象的道德价值观传授给学生，这样的德育效果是虚化的、缺少实践性。实践的目的并不在于对每一课题的理论和知识的实践，而在于对德育的实践。对于德行只知道是不够的，还要力图应用或者以某种方法使自己变得善良。也就是说，不能仅仅局限于在课堂上让学生掌握思想品德理论，还需要关注他们的生活世界，使他们把理论转化为实践，把道

德认知转化为高尚的道德行为，真正达到知行的统一。

2.思想政治教育自身特性的要求

思想政治教育应该增强其社会性，扩展社会基础和社会影响力，成为社会沟通、社会管理的重要载体。而扩展社会基础和社会影响力的一个重要方面，就是在教育要求和内容安排上，更适应教育对象的政治发展需求和精神成熟需求，真真切切地从教育对象的生活实际需求出发。

一方面，思想政治教育的运行是在与个体密切相关的社会生活领域中展开的，旨在实现个体思想行为与社会生活的统一。因此，思想政治教育理应与个体的具体生活实际密切相连。另一方面，思想政治教育只有推向社会生活领域，才能打破其狭隘视角，让社会各个群体都参与到思想政治教育中，有效利用各种社会力量和资源，形成"全员育人"。

（二）受教育者自身发展的诉求

大学生正处于身心发展时期，一方面有着个体在青年初期对自我和对世界的迷茫，部分大学生信仰缺失、精神空虚、孤僻颓废、迷惘冷漠、心理压力大、以自我为中心、幸福指数偏低，因此，高校思想政治教育必须发挥出对大学生身心发展的引导功能，使他们正确地认识自我、他人和社会，满足他们对自由的向往和自我尊重的需要，引导他们树立起科学的理想信念，培养良好的生活情趣，成为社会化的个体。另一方面，大学生身心的变化促进了其心智的日趋成熟，表现为独立思考问题的能力和个体自主意识逐渐强化，被尊重的心理需求增强，对自主和平等的追求日渐强烈，不迷信权威，反感和排斥各种理论说教。传统的思想政治教育因此受到了挑战。

高校思想政治教育要发挥思想导向的功能，又要使教育活动真正取得成效，单纯地运用灌输方式显然已无法满足实际需要，因此教育活动必须融入大学生的实际生活，从内容、目标到形式等方面都符合大学生的身心发展需要。要以大学生为思想政治教育的主体，把他们作为需要理解、关怀和爱护的活生生的人，而不是被动接受教育的客体；关注他们在教育活动之外的现实生活中的心理需求，使他们在生活中体验和认知自我，内化各种思想政治教育信息。只有思想政治教育工作者重视学生的客观实际，充分尊重他们成长的需要，才能引导他们构建正确的世界观和人生观，使他们对思想政治教育的接受由认知与记忆转变为对社会和人生的理性反思。

因而，思想政治教育只有从大学生的生活、实践出发，从关注和尊重大学生的独立性、个性入手，从解答大学生的实际困惑着眼，充分引导他们发挥主观能动性，才能满足大学生身心发展的实际需要，并最终实现其价值、目标，这是实现政治教育生活化必要性的主观因素之一。

1. 大学生实现人的全面发展的内在要求

思想政治教育的本质是关注人的全面发展。马斯洛在需求理论中指出："人的第五层次的需求是自我实现的需求，即人的精神世界得到最高的发展。"思想政治教育的现状症结在于排斥教育质量中的生活因素，更多地注重了教育主体的外在工作性质，而忽视了其生活质量的主观感受，实质上降低了教育主体的生活质量，造成了一种善意的摧残，导致大学生与现实世界不能达到统一，所以他们得不到全面发展。卢梭说过："教育的手段就是生活和实践。"可以说，"生活即教育"，思想政治教育应成为个人生活的一部分，成为提高个人生活的手段。同时，过什么样的生活即受什么样的思想政治教育，生活成为思想政治教育创新发展的源泉。

2. 大学生提高实践能力的要求

对大学生思想政治实践能力的培养，客观上要求思想政治教育要回归生活世界。因为：第一，生活是人们赖以生存和发展的舞台，蕴含着丰富的思想政治教育素材。思想政治教育要充分挖掘和利用生活中的思想政治教育资源，让学生在生活中发现问题、认识问题、解决问题，树立正确的人生观和价值观。第二，丰富多样的生活世界和多姿多彩的生活实践能激发学生的政治热情，使学生树立坚定的政治信仰，增强对中国共产党领导的信心。第三，思想政治教育回归生活世界，意味着思想政治教育突破并跨出现代学校教育系统而向整个社会回归，形成家庭、学校、社会全员育人的合力。以上可以看出，生活世界为思想政治教育提供了实践的土壤，有助于大学生实践能力的提高。

3. 大学生不断追求幸福生活的需要

我们反对低级的、世俗的幸福观。真正的幸福应是一种良心的安慰，是一个丰富的精神世界。思想政治教育回归生活世界避免了这种不正确的观念，引导大学生过真正有意义的幸福生活。之所以这样说，原因有三：其一，生活化的思想政治教育可以为大学生解脱精神困境投入真诚与热情，以理想的光芒给他们的生活以慰藉与照耀，为他们创设一种温情、宽松、诗意的人性环境，为他们生活提供良好的人文氛围，这是走向幸福生活的基础。其二，通过生活中亲情、友情和爱情这种积极的生活情感，激发大学生奋发向上、积极进取，这是幸福之源。其三，大学生具有较强的独立自主意识，我们可以启发他们去认识自我、反思自我，鼓励他们努力追求符合自己天性和意愿的幸福生活观。

4.大学生不断超越自我的需要

人从不满足于自己当下的生活，也从不止步于生命已有的辉煌，总是在追求更理想的生活，不断思考生活的意义和价值，不断创造生活的完满与辉煌。正处于年少时期的大学生，思维更是异常活跃张扬，他们充满着朝气和希望，活力四射，总想有一番作为，总想超越前人，而在我国现行的教育体制下，教师在学生面前始终扮演着权威的角色，压抑着学生的创造性。要使大学生超越自我，超越前人，高校思想政治教育工作就应该摒弃以往那种总是以固定标准来简单判断大学生行为正确与否的陈旧教育方式，必须从他们的内在需求出发，实施生活化的思想政治教育，引导他们发挥出自身的积极性。

二、客观需求：适应现代社会发展的必然要求

（一）社会发展趋势的引领

思想政治教育作为一种旨在发展人、塑造人、促使人更好地成为人的活动，离不开社会发展进程中特定的时代背景。思想政治教育应紧扣时代脉搏、适应各个时期社会历史发展的需要，将时代精神融入当下的教育实践之中。

当前转型期的时代背景，即信息化社会，将给思想政治教育打上明显的印记。

一方面，科学技术的迅猛发展带来了人类知识的激增，通信与传播技术的发达使人们获取信息和知识的路径增多。在这种情况下，对于学生来说，在吸收知识的同时，需要增强选择和判断能力；另一方面，社会发展的趋势要求学生具有较强的学习能力和创新能力，以适应瞬息万变的社会。信息量的增大使得每个人所掌握的知识都存在局限性，教师传授给学生的知识也具有有限性，并且面临被淘汰、更新的局面。如果教师仍然以所谓的条条框框为指导，一味地对学生进行政治思想和道德观念的灌输，将使得学生既无法适应社会发展，又对现行的教育产生抵触。

信息化、价值多元化社会的到来，呼唤人的主体性解放，催发人的主体意识觉醒。思想政治教育应该从"教会顺从"转向"教会选择"，从"结论给予"转向"过程引导"。要实现这种转向，必须让人回到生活之中。20世纪70年代以来，从联合国教科文组织所发表的一系列报告中可以看出，世界各国都把教育回归生活、培养学生的实践能力作为学校教育改革的重点之一。比

如，20 世纪 70 年代的《学会生存——教育世界的今天和明天》指出，要在学校中进行卓有成效的政治生活、经济生活、文化生活教育，使学生掌握生活方面的知识，具备从事社会活动的能力。

（二）应试教育转向素质教育的需求

素质教育是一种深层次人格发展性的教育，是德育、智育、体育、劳育、美育等各种教育的高度融合。而实现这一融合，尤其是将这一融合的效果落实到学生的素质发展中，只能通过回归生活世界的思想政治教育。不通过这种教育，就不能将人的德才、知识、智能等各个方面协调和统一起来，而统一和协调的过程就是思想政治教育向生活世界回归的过程。思想政治教育通过加强生活理想和人生价值观的引导，培养人的非智力因素，为个人才能的发挥提供更为广阔的天地，促进人的全面发展。

21 世纪是一个充满挑战和竞争的时代，这种竞争不但是知识和技能的较量，而且是意志和心理的较量，非智力因素发挥着重要的作用。而我们当前关注的还是学生的学习成绩，对学生人格成长的关注往往轻描淡写。现代社会要求将来走出校门的学生，无论是创业还是就业，必须既知识全面、基础牢固、思维敏锐、富有创新精神，又具有健康的心理素质和良好的道德品质。有比喻说"有德有才是正品，有德无才是次品，无德有才是危险品，无德无才是废品"，形象地说明了德才兼备才是当代大学生应有的素质。如果忽视对这些素质的培养，必然会使他们在未来的社会竞争中失去优势。我们也可以从世界知名企业的应聘条件中看出当前竞争的趋势。鉴于此，我国提出了由应试教育向素质教育改革的重大战略决策。

思想政治教育是素质教育的灵魂，又是开发非智力因素的重要渠道。实施素质教育客观地要求思想政治教育植根于生活世界，从生活小事抓起，从对他人的礼貌、尊重做起，从诚信待人、处事做起，在鲜活的生活世界中去激发学习热情，陶冶高尚情操，磨炼坚强意志，提高学生认识、适应和创造生活的能力。

三、价值引导："以人为本"的政治教育改革的必然要求

思想政治教育是一项人为和为人的伟大事业，也是教育主体不断进行判断和选择的过程，它始终坚持一定的价值导向，自觉或不自觉地表达一定的价值诉求。马克思的生活世界观真正体现的是以人为本，思想政治教育回归生活

世界，必须坚持以人为本的价值取向。

（一）马克思生活世界观的价值诉求：凸显以人为本

"以人为本"的内涵与实质主要涉及三个方面，即"人""本""以人为本"。

1."以人为本"中"人"的科学内涵

"人"的问题是理解"以人为本"的关键，关于这一点，在学术界有许多不同的观点和不同侧面的理解。学者陈先达指出："以人为本可以是具有科学性的哲学命题，也可以是抽象的人本主义命题，关键是如何来理解人。"[①]而夏瓢陶则指出："以人为本与唯物历史观是否相容、是否具有统一性，问题在于如何理解人。"我国著名的人学理论专家陈志尚指出"以人为本"中的"人"，主要是指现实的人，而在社会生活中生活和活动着的人，则具有两层含义：一是指社会全体成员"以人为本"中的"人"字相当于英语的 human（being），是一个集合名词，这个"人"是一个系统概念，是个人、群体和类的有机统一。二是指人民[②]。人民是一个历史概念，但在社会发展的各个阶段，人民始终是以占人口大多数的劳动者为主体的，是在根本利益一致基础上形成的最大的人群共同体。对"人"的理解，包括这两层含义，而且只有从肯定第一层含义，进而肯定第二层含义，才是对"以人为本"中"人"的全面、准确的把握。李士坤认为，"以人为本"中的"人"应当是现实的人、具体的人。从一定意义上说，"以人为本"中的"人"就是指人民，"以人为本"就是以人民为本，这并非是歪曲了"以人为本"，而是抓住了"以人为本"最主要的实质。一般说来，"人"这个概念外延更宽，指社会中一切成员，在这个意义上，"以人为本"中的"人"包括所有的人。[③]但必须明确，"以人为本"中作为人的主体是人民，"以人为本"就是要亲民、爱民、为民。还有的学者提出，"以人为本"中的"人"有两个层次：第一个层次，人包括所有的人，是相对于物来说的，就是在人和物的关系上面，这个价值目标和价值取向是"以人为本"，以人为出发点和落脚点，而不是以物为出发点、落脚点；第二个

---

① 陈先达．陈先达文集（第9卷）：哲学心语[M]．北京：中国人民大学出版社，2015：65．
② 陈志尚．人学新探索：来自马克思主义哲学视角的反思[M]．北京：北京师范大学出版社，2016：75．
③ 李士坤，赵建文．哲学（辩证唯物主义历史唯物主义）[M]．北京：化学工业出版社，1982：60．

层次，所有人的主体是人民群众，"以人为本"这个命题的主要的、根本的含义，就是以人民的根本利益为本。著名学者张奎良进一步指出，"以人为本"的"人"是生而平等和独立的人，这种人摆脱了等级和人身依附关系，是在世界历史中形成的，今天世界上所有处于文明状态的人立足于人的现代形态，中国的"以人为本"不能脱离世界文明发展的轨道，它所指的人必须与世界相接轨、以平等和独立为内涵的人，而这也正是马克思所一再肯定和认可的。① 综合以上观点，我们对"以人为本"中的"人"做出如下的理解和界定。"以人为本"中的"人"是指"现实的人"，而不是作为自然科学研究对象的生物物种的人，这种"现实的人"是生活在社会现实生活中的人，是作为哲学社会科学研究对象的人。

马克思的历史唯物主义认为，"现实的人"是指在现实社会中生活与活动着的人，"现实的人"始终生活在社会之中，彼此结成一定的社会关系；"现实的人"都必须不断地从事生产和其他各种社会实践活动，唯有这样才能生存发展与延续下去。因此，真正"现实的人"是社会的人和实践的人，那种脱离社会和实践而独立地存在的所谓个人，只不过是一些人的主观虚构或幻想罢了，它完全是错误思维的结果，在现实中根本不存在，纯属子虚乌有。马克思"现实的人"的理论开辟了人学道路，是对前人关于人的思想的历史性超越，马克思"现实的人"的观点至少包含下列内容：①人是自然的存在物。"全部人类历史的第一个前提无疑是有生命的个人的存在。因此，第一个需要确认的事实，就是这些个人的肉体组织以及由此产生的个人对其他自然的关系。""人直接是自然存在物"，是"自然的、肉体的、感性的、对象性的存在物"。②人是有意识的、实践的存在物。马克思认为人是有意识的有主观能动性的存在物。正是由于人是具有意识的存在物，人才有可能现实地成为实际活动着的与实践创造着的主体，才能进行自由自觉的活动和不断地追求与塑造着理想的世界。③人是社会存在物。"人天生就是社会的生物，只有在社会中才能发展自己真正的天性，而对于他的天性的力量的判断，也不应当以单个个人的力量为准绳，而应当以整个社会的力量为准绳。""人的本质不是单个人所固有的抽象物，在其现实性上，它是一切社会关系的总和。"在马克思的人学视野里，人既不单是理性、观念和自我意识的化身，也不是只有生物肉体而没有精神内蕴与社会性、能动性和创造性的自然人，"现实的人"是现实的、感性的和历史

----

① 张奎良. 实践人学与以人为本 [M]. 郑州：河南人民出版社，2011：82.

的。因此，有生命的个人是"现实的人"的基本单位，人类或社会就是由亿万个人集合而成的，现实的个人总是从属一定的群体，是社会的一个成员。结合中国的现实，"以人为本"中所说的"人"是社会、国家的主体，只有对人做这样的科学界定才真正反映人的最基本的实际，并进一步把它贯彻到哲学社会科学有关人的问题研究中去，才能真正达到对人的充分全面的认识与把握。

2."以人为本"中"本"的含义与实质

著名学者袁贵仁指出：以人为本的"本"，不是"本原"的"本"，而是"根本"的"本"，它与"末"相对。这个"本"是一种价值取向、价值目标与价值标准当中的根本，也就是为了谁、相信谁和依靠谁，出发点只能从价值观的层面加以理解。还有的学者指出"以人为本"的"本"，不单单是价值观上的出发点和落脚点的问题，更为重要的是人民在社会中的地位问题，"以人为本"首先是当家做主的问题，第二步才是出发点和落脚点的问题。"以人为本"的观念要真正树立起来的话，就要把人民群众放在主人的地位，这就是根本，如果不这样看就是忘本，如果不提到这样高度的话，就没有超出旧的民本思想，从这个宏观角度来考量，"以人为本"在这里就完全解决了世界观、历史观和价值观的统一问题。著名学者张奎良指出，从哲学上说，"本"有三层含义：第一，人为世界之本，是本体论意义上创造世界的力量源泉；第二，人为人之本，人的本质不是存在于人之外，而是内化于人自身之中；第三，人为价值之本。人学理论研究专家韩庆祥指出，以人为本中的"本"，需要放在各种关系中来理解，主要有三层含义：一是相对于人对人的依赖、人对物的依赖而言，"本"是把人当主体；二是相对人被边缘化而言，"本"是将人看作一切事物的最终本质和根据；三是相对于手段而言，"本"是将人作为根本目的。

上述学者对以人为本中的"本"的理解为我们正确把握"本"的科学含义提供了丰富的理论资源，尽管对"本"的理解歧义丛生，但结合以上专家学者对以人为本的阐释，我们可以从世界观、社会历史观与价值观的统一上去把握"本"的含义。从宇宙观与世界观的意义上来看，"本"主要是指万物的本原、世界和人的命运的主宰、事物运动的主体等。马克思主义把辩证唯物主义的物质观贯彻到社会历史领域，在处理"人"和"物"的关系时始终做到：第一，承认自然界的优先性、社会和人的客观实在性；第二，在社会历史活动中承认人是主体，而人类存在周围的自然界、社会等作为人们认识和改造的对象则是客体，它们彼此构成矛盾的对立统一体。从主体这个意义上看，在社会领域中可以把人作为"本"，在世界的统一性在于物质性的前提下，自然界与社会则是基础，人是主导。人与自然、社会的关系主要是一种通过人的思想和实践构成的双向互动的辩证发展过程。从价值观意义上来看，使用以人为本的"本"主要指人在社会中的主体地位和主导作用，这个"本"是指导人们思想和行动的根本原则，也就是我们经常所说的出发点、落脚点或归宿，以及评价与人有关的事物和行为的尺度与标准。它的精神实质就是正确认识和处理人与自然、人与社会的关系，从而实现、维护和发展人的需要和利益，促进人的全面发展。

3."以人为本"的科学诠释

前面我们对"以人为本"中的"人"和"本"做了一番深入的探索，在理论和实践中，人们已把"以人为本"作为一项普遍认可的原则，但还是存在诸多不同的理解。

我国著名哲学家黄枬森认为，"以人为本"指的是人们处理和解决一个问题时的态度、方式、方法，指人们抱着以人为根本的态度、方式、方法来处理问题，而所谓根本就是最后的根据或最高的出发点与最后的落脚点。他特别强调的是，不能把"以人为本"简单地理解为以个人为本，或者以我为本。著名哲学家、教育家夏甄陶则认为，"以人为本"是人的世界之所以成为人的世界的根本原则，也是人之所以成为人的根本原则。"以人为本"不仅意味着人是人的世界，人是历史的根本与主体，还意味着人本身是人的根本、人是人的最高本质，所以，人本身就是自己独立人格的主体。这就充分说明，"以人为本"一方面体现了人与人的世界及其历史的统一，另一方面又体现了人与人自身的统一。所以，"以人为本"不应该也绝对不能被理解为某个凌驾于人的世界之上，或者一种处在人的世界的超人主宰的对象意识，而必须被理解为作为"类"存在物的人。自我反思与自我觉醒所要达到的自我意识，是人关于自己独立人格的自觉理念。中央党校副教授兼哲学部主任韩庆祥深入分析了"以人为本"，并提出了它具有的三方面含义：第一，它是一种对人在社会历史发展中的主体作用与目的、地位的高度肯定。一方面，强调人在社会历史发展中的主体地位和目的性地位，另一方面，又强调人在社会历史发展中的主体作用。第二，就当前中国现实社会来讲，"以人为本"是一种立足于解放人、为了人并实现人的现代化的价值取向。也就是在人与自然的关系上，"以人为本"就是提高人的生活与生命质量；在人与社会的关系上，"以人为本"就是不断促进人的全面发展，尊重与关怀人性发展的要求，使发展成果惠及全体人民；在人与人的关系上，"以人为本"就是强调公正公平，关注弱势群体；在人与自身的关系上，"以人为本"就是尊重人的合法权利，尊重人的能力差异、人的个性与人的独立人格，不断满足人的最基本需求。第三，"以人为本"既是一种思维方式，也是一种工作方式。就是对人的主体地位、目的地位和主体作用的充分肯定，把尊重人、解放人、依靠人、为了人和塑造人的价值取向落实到具体的社会实践中，要求人们在分析、思考和解决一切问题时，要确立起人或人性化的尺度，实行人性化服务。韩庆祥对"以人为本"的内涵做了比较科学的分析，具有十分重要的意义。而北京大学教授、中国人学学会名誉会长陈志尚则从更宏观的历史、现实层面揭示"以人为本"的科学内涵。他指出，"以人为本"并不是要否定"以物为本"，而是要求"既见物又见人"，并不是否定"以人民为本"，因为"以人为本"和"以人民为本"在本质上是完全一致的。在这里对"以人为本"把握的关键就是要坚持马克思主义的辩证唯物主义与科学社会主义的世界观、历史观和价值观三者的统一，在世界观上主张物是基础，人是主导。承认客观物质世界的优先地位，坚持世界的统一性在于物质性的原则，坚持一切从客观存在的事实出发，人的全部实践都必须严格遵循物质运动的客观规律。同时，在这个基本前提下，要充分发挥人的主体性和主导作用，争取实现人和自然、人和社会以及人与人之间的和谐。在历史观上承认社会存在的第一性，承认社会历史发展的客观规律性，同时还必须承认人的主体性和主导地位，人民群众是社会历史和社会财富的创造者，是社会主义社会的主人。在价值观上把人放在首位，确保人民在社会主义社会当家做主的主人翁地位，坚持一切从人民群众的根本利益出发，最大限度满足人民群众日益增长的需要，实现、维护和发展人民群众各方面的利益和权利，保证人民群众占有和享有他们自己劳动所创造的社会财富，促进人的自由全面发展的目的，而对党和全体党员来讲，则要始终信奉和自觉实行全心全意为人民服务的宗旨。

以上对"以人为本"理论的探讨归纳起来主要涉及几个层面的问题：一是发展观层面，二是价值观层面，三是历史观层面。从发展观层面上来看，"以人为本"主要是相对于物来说的，就是说我们的发展、所做的一切、所从事的事业是以物为中心，为了单纯追求经济增长、物质财富的丰盛，还是以人为中心，为了人的全面发展；从价值观层面来讲，就是我们要把关心人、尊重人、解放人与发展人作为各项工作的目的；从历史观层面来看，"以人为本"并不是人本主义的专利，唯物史观也可以理直气壮地讲"以人为本"，但是，"以人为本"绝不等于唯物史观。从这三个层面出发，我们可以把"以人为本"的内涵概括为以下几个方面。

第一，"以人为本"重视人的主体地位和主导作用，即一切依靠人，一切为了人，一切发展人。人是自我生成、自我完善和自我发展的社会存在物，人创造了自己的全部生活和全部历史，人民群众是历史的创造者，人在改造自然、创造历史的过程中，不断获得自己在世界或社会中的主体地位，逐渐成为世界的根本。人利用自由自觉创造性的活动，使自己的主体地位得到了充分的确证。对人主体地位的肯定，不仅深刻地表现人的存在的目的，而且也充分体现了"以人为本"原则的真正宗旨。

第二，"以人为本"强调对人的尊重、理解，包含深厚的人文底蕴和人性关怀。作为一个独特的生命体存在于这个世界上，每个人都是独一无二的，都具有人格上同等的价值和尊严，都需要被尊重并对他人尊重。"既缺少不了对人的生命的尊重，让人的生命价值高于一切，也缺少不了对人的利益、权利的尊重，让人行使自己的权利和获取正当利益；既缺少不了对人的个性的尊重，让人的个性得到健康培养与塑造，又缺少不了对人的自由的尊重，让人始终保持强烈的自主意识和自主能力……一句话，凡是涉及人性展示的方面，都是值得理解和尊重的。"每个人既要尊重自己，自尊自爱，也要尊重他人，因为人人都是人格的主体，每个人都有人格的尊严。一个人如果轻视、蔑视他人人格的尊严，也会贬低、损害自我人格的尊严。"以人为本"就是要把人当作人，要把他人当作人。理解人就是要从人的需要、愿望与价值诉求等诸多方面把握人的本质属性，"理解所要把握的是人的本质属性，即人的意义和价值，人与人之间的意义关联"。

第三，"以人为本"是马克思主义关于人的全面发展理论的新发展，包含人的全面发展的维度，重视人的生存境遇与发展命运，重视人的全面发展，把人的全面发展作为最终的价值追求。

"以人为本"的科学发展观，为马克思主义关于人的全面发展理论注入了崭新的时代内涵。在党的十六届五中全会上，党中央进一步把科学发展观作为统领我国社会主义现代化建设必须长期坚持的指导思想和哲学理念，把以人为本思想作为其核心理念，贯穿于党和国家建设的各项工作和各个方面。经过几年的研究和改革实践，以人为本思想已经日益深入人心，在科学发展的实践中得到了充分体现。

科学发展观中倡导的以人为本最基本的内涵，一是以人民群众的根本利益作为发展的出发点和归宿，二是以实现人的全面发展为目标。促进人的全面发展是体现社会主义本质的一个重要规定，是建设中国特色社会主义的根本目标。社会发展含义的最高层次是人的发展，"为了人"是造福人，提高人的生存水平、生命质量和幸福程度。"依靠人"是将以广大人民为主体的人作为发展的主体力量和根本动力，充分激发人的主动性、积极性和创造性，形成巨大的发展创造力和前进推动力。人的发展的最高境界是人得到自由而全面的发展，因此，就要造就人，把人培养造就成合格的、优秀的社会主义建设者和历史创造者，使每个人都各得其位、各尽所能、各展所长。

以人为本是一个价值命题，科学发展观中的"以人为本"赋予了中国现阶段社会发展以明确的价值内涵，从而实现了社会主义发展观中的科学性和价值性的统一。全面、协调、可持续发展强调了发展的科学性一面，这是社会主义发展的本质与根本目的。维护人的尊严，保证每一个人全面而自由的发展也是社会主义的本质体现，这正是社会主义的根本价值所在。科学性表征的是社会发展的客观性与规律性，价值性表征的是社会发展的主观性与目的性，合规律性是达到合目的性的基本前提，合目的性则是合规律性的意义所在。所以，一旦抛弃了合目的性而只片面强调合规律性，人就成了实现目的的奴隶与工具，这与社会主义的发展目标是格格不入的。只有坚持用合目的性——"以人为本"统帅合规律性，发展才具有真正的价值与意义，才能符合人的全面发展的要求。因此，我们在理解和实践"以人为本"的原则时，要牢牢把握它的价值性特征，"以人为本"为确立科学的社会发展观指明了基本的价值导向，这就是以人民大众的全面利益为本，强调尊重人、解放人、依靠人、为了人和塑造人。它也是一种思维方式，要求我们在分析思考和解决一切问题时，既要坚持运用历史的尺度，也要确立和运用人的尺度；既要关注人的生活世界，也要对人的生存和发展的命运确立起终极关怀；既要关注共同人性和人的个性，也要树立人的自主意识并同时承担责任。"以人为本"的科学发展观，一方面强调人在发展中的中心作用，"人"重于"物"，发展的目的是为了人、人的需求和人的发展；另一方面强调发展不应仅用经济增长来衡量，要追求经济和社会的全面、协调、可持续发展，这就要求发展必须体现以人为中心的人与自然、人和社会之间的和谐。

现代环境下的"以人为本"，一方面，要继承和发扬人类思想史上曾经提出的尊重人的价值和尊严、维护人格平等与重视人的个性发展这些优秀的文化成果；另一方面，要把人类的生存价值作为终极关怀纳入其中，人与自然、人与社会、人与人的关系问题才能得到合理的解决。

4."以人为本"的意义和价值

今天提倡的"以人为本"理念，不仅以马克思主义作为指导，而且汲取了欧洲的人本主义、人文主义和儒家的民本思想的精华，在理论上具有极大包容性、深刻性、时代性和先进性，并且与实践紧密地结合在一起，充分体现了实践唯物主义的"改变世界"和"人的全面发展"的哲学本性。"以人为本"体现了全人类共同的历史发展走向，它是当今世界呼唤人类价值和良知、谋划人类未来发展的最强音。此外，"以人为本"的独特意义还在于，它不仅针对群体价值，还可针对个体价值；它不仅包含着利益要素，同时又渗透着情感和精神要素；它可以体现在政治、经济与文化等单一价值及其相互关系上，又能集中体现在人的全面发展的综合价值上，成为对"物化"有效的解毒剂。"以人为本"反映了当代历史人性化发展的潮流，表达了当代人类最一般意义上的价值共识，更为重要的是，它也可以作为马克思主义的诠释。它是中国共产党全心全意为人民服务宗旨的传承，又是"三个代表"重要思想的具体实施与鲜明体现，更是作为长期执政的中国共产党对自身的要求和对人民的庄重承诺。

"以人为本"的科学发展观深刻地反映了人们对自然规律、社会发展规律、人自身发展规律和我国社会主义现代化建设规律认识的不断深化，把"以人为本"作为科学发展观的本质和核心是治国理念的重大突破，这对中国现代化事业的发展和中国历史的发展都将会产生巨大的影响，无论是在实践上还是在理论上都具有里程碑意义。

（二）思想政治教育回归生活世界：贯穿以人为本

思想政治教育回归生活世界，就是我们的教育要树立以人为本的科学理念，真正把这种理念落实到思想政治教育的各项具体要求和行动中去，而不只是空洞地说教，只有这样，思想政治教育才能收到实效。

1.树立"以人为本"的现代思想政治教育理念

思想政治教育是以人，尤其是以人的思想、精神世界为工作对象的社会实践活动，是人类社会实践的重要组成部分，其目的在于帮助人们形成符合社会发展要求的思想政治品德，培养大批有理想、有道德、有文化、有纪律的社会主义新人，激发人的积极性、主动性与创造性，不断提升人的主体性，从而促进人的自由全面发展，这与以人为本的内核和精神实质是完全一致的。以人为本的核心在于对人性的充分肯定，对人的潜能智慧的信任，对人的自由平等和民主的追求，最广泛地调动人的积极因素，最充分地激发人的创造活力，最大限度地发挥人的主观能动性。以人为本就是要以人为中心，突出人的发展。人是思想政治教育的对象，是思想政治教育的中心，也是思想政治教育的目的；人是思想政治教育的出发点，也是思想政治教育的归宿；人是思想政治教育的基础，也是思想政治教育的根本。以人为本，就是要把思想政治教育与人的幸福、自由、尊严、终极价值有机地联系起来，使思想政治教育真正成为人的教育，而不是物的教育，使思想政治教育成为人的一种必不可少的生存方式。思想政治教育中强调以人为本，饱含了以人为本的精神内涵和价值取向，这是现代思想政治教育的基本价值。长期以来，特别是在计划经济体制下，传统思想政治教育的工具理性与实用性得到彰显，价值理性被抑制，实用主义思想受到推崇、泛化，人的整体价值被冷落甚至被遗忘，导致了人的缺位。因此，我们必须在反思传统思想政治教育由于人性的缺失而造成的政治化、工具化、技术化、功利化倾向的基础上，以生活世界理论为借鉴，以马克思哲学视野中的生活世界所揭示的人学理论为指导，同时吸收西方人本主义教育思想的精华，立足于对时代精神的把握，倡导建构社会主义和谐社会中现代人本思想政治教育的理念和实践模式，呼唤传统思想政治教育向人本思想政治教育的转向，创建思想政治教育科学化的人本体系。

2. "以人为本"落实到思想政治教育的具体要求

"以人为本"成为思想政治教育的新理念，对进一步构建和完善思想政治教育学科体系，探索思想政治教育规律并提高其实效性，有着不可忽略的理论和实践意义。作为一项重要的原则，"以人为本"如何在思想政治教育的实践活动中具体体现和实现呢，我们认为应有以下几个方面的具体要求。

（1）尊重人是做好思想政治教育工作的重要前提。

尊重人就是要尊重人的主体地位、生命价值，就是对人格和尊严的尊重，是以平等平和的态度对待人，以礼待人，以理服人，对人权敬畏和尊重，对人的经济、政治、文化、社会等各项权利尊重，对人的自由和个性尊重。思想政治教育工作者要树立正确的主体意识，努力激发和培养受教育者的主体性。人的主体意识是人作为对象性活动的主体所具有的本质特征，它是人在处理外部关系时的能动表现。正确的主体意识就是人对自己作为主体所具有的主体地位、主体能力与主体价值等有着十分清醒的认识。人能够自觉地追求和占有人的本质，必须在主体意识的统摄之下才能实现。思想政治教育应充分体现教育这一核心理念，自觉地唤醒受教育者的主体意识，培养人的主体精神，从而提升人的主体能力，不断地激发受教育者的主体发展欲望和追求崇高目标的自觉性，使思想政治教育的过程成为引导受教育者自我认识、自我发展、自我完善的过程，最后达成自我教育，实现教育就是为了不教育。这就要求思想政治教育转变观念，强化人才意识，树立科学的人才观，不唯学历、不唯职称、不唯资历、不唯身份；要尊重人的民主权利和参与权利，激发和帮助人们树立权利意识。权利意识是法律意识的核心内容，它是一种特殊的意识，是指特定社会的成员对自我利益、价值和自由的认识、主张和要求，以及对他人认知、主张、要求、利益和自由的社会评价。权利意识之所以成为作为社会主体的人的自我意识，就是因为其是与人的自主地位紧密联系在一起的。权利作为社会主体的价值确认方式，是人的自主性的集中体现。那就是，人作为主体，首先在于能够在自己的思维中把握自身的存在，充分认识到自身的主体性价值，也就是自我确证的自我意识。"在人面前是自然现象之网。本能的人，即野蛮人，没有把自己同自然界区分开来。自觉的人则区分开来了。"人把自身作为主体与客体区分开来，清醒地认识到自己在活动中处于主体地位，并发挥主体作用，自我意识成为其前提和基础。这也就表明，人能够客观地认识到自身在客观世界所处的主体地位，并不是盲目而是自觉、有意识地调整自我与客观世界的关系，从而产生自尊、自信、自强的意识和心理，并努力实现自己的价值。自我意识还深刻意味着自我决定性，人作为主体不是盲目地趋同自己所属的客观世界，而是充分认识到自我本身的需要与客观世界的协调关系。当人一旦意识到自我的主体地位时，就必然产生一种自律性的价值趋同，以主体利益为本位的价值判断必然会激发主体，给主体的实践活动以巨大的动力和潜力，从而激发主体的创造活力，实现主体对现存世界的超越性。人的自我意识的存在及其价值追求是人的自主性的趋势之一，自我意识意味着人的活动是自由自觉的活动。在这样的活动中，作为主体的人充分确证了自己的内在价值，正是这种关于主体自身地位的自我意识，通过实现主体价值的社会活动的中介凝结为人的权利。所以，权利本身就是价值的天然确证，离开了自我意识、人的价值和尊严来谈人的权利是根本不可能的。既然权利被看作主体自身价值的天然确证，那么人对权利的追求也就成了人的价值目标和生活旨趣。人的独立自主的本性使得人在改造世界的同时，也在不断追求和获得新的权利，不断完善自己本身的存在。可以说，权利在人的历史活动中始终是推动人自身发展和完善的强大动力，因而成为人的价值和尊严的基础，因此，权利意识高度集中体现了人作为历史主体对自身价值、尊严、地位的执着追求。我们的思想政治教育要体现以人为本，要尊重人，就必须提高受教育者的主体意识、民主意识、平等意识、维权意识和参与意识，树立现代权利观念。在思想政治教育工作中，要尊重受教育者的知情权和参与权，倾听他们的意见，采纳他们的合理建议，让他们认识自己的主体性地位，激发他们的积极性、创造性，培养他们的主体性人格。

（2）理解人、信任人是思想政治教育的基础。

在思想政治教育的实践活动中，要做到以人为本，必须把理解人作为其前提和基础。在信息化、世界多极化、经济全球化的大背景下，在多元文化和多元利益格局并存的环境中，人们的思想观念、价值目标、思维方式、工作方式和生活习惯等都发生了深刻的变化，人们不可避免地发生各种各样的矛盾与冲突。思想政治教育重要和实际的任务之一，就是要化解这些矛盾与冲突。由于人与人之间存在着性格差异、文化差异和环境差异，人们的心理和思想是比较复杂的，这就要求在思想政治教育中要善于把握教育对象的言行，深入分析其真实的生活实际和思想状况，充分理解受教育者，与他们进行充分的思想沟通、情感交流。要善于换位思考，站在对方的角度考虑问题，去理解别人所处的真实境地，这样才能真正了解受教育者的内心世界、思想实际，确切掌握其需要解决的问题的关键，有的放矢、卓有成效地开展思想政治教育工作。

（3）赋予受教育者深厚的人文关怀，关心人是思想政治教育的切入点。

以马克思主义为指导的思想政治教育，本身就应该集中体现马克思主义的人文关怀思想。人文关怀是思想政治教育的本质特征，体现在最为现实的层面上，就是要关心人，关心人就是要关心人的现实需要。人的需要是一种人的发展内在必然性，它是人的生命存在、发展和延续的直接反映，它成为人的全部活动的原动力。因此，马克思深刻地指出："任何人如果不同时为了自己的某种需要和为了这种需要的器官而做事，他就什么也不做。"我们要了解和理解人们思想、行为产生的原因，并且能正确选择思想政治教育的内容、目标、方法，从人们的实际需要出发，从人们追求一定需要的对象化的利益着手。一旦人的合理和基本的需要得不到应有的重视与满足，不仅仅严重制约思想政治教育的有效性，也无法使受教育者形成健全的人格。思想政治教育要真正体现"以人为本"，最为重要的就是要承认与关注人们日益丰富多样的各种正当需要，在此基础上，通过适当合理的方式来引导人们追求合理需要的满足，进一步引导人们追求更高层次的需要。思想政治教育在引导人们追求物质需要的同时，还要引导人们实现从实用到精神境界的升华，使人们执着于崇高、真诚与友善的精神境界。在思想政治教育的实际工作中，建立关心人的工作制度、生活制度，做好关心人的工作，立足于现有的条件积极地创造条件，满腔热情地进行全方位的关心；要以关爱他人为起点，心中始终装着他人，动之以情，施之以爱，要对学生怀有深厚感情；要想学生之所想，急学生之所急，要为学生诚心诚意、实实在在办实事，尽心竭力为学生解难事，坚持不懈做好事；要做到关心人，还应该着眼于学生，解决学生迫切要求解决的共性问题，特别重视困难学生。针对不同学生的特点，深入细致地工作，努力解决好每个人的个性问题，把"学生利益无小事"的要求具体落到实处。

（4）思想政治教育全面发展的价值要求与精神实质。

完善人、发展人、开发人、提高人是思想政治教育推动人的全面发展的价值要求，也是以人为本科学发展观的精神实质。长期以来，思想政治教育总是以一种对人的外在改造、规范与约束力量的面目出现。人的发展、开发得不到重视甚至忽略不受关注，造成思想政治教育的许多功能缺位。思想政治教育的开发功能主要是指通过思想政治教育实践活动，能最大限度地调动人的主观能动性和积极性，从而最大限度地发掘人的内在潜能。思想政治教育之所以具有开发功能，原因在于，人在认识世界和改造世界的过程中，具有主观能动性。人的主观能动性是具有不同的层次和不同深度的，不可能由人自发地完全释放出来，必须进行深度开发。

思想政治教育要做到发展和开发人，首先，要充分尊重人的兴趣、爱好，发挥好人的所有感官优势。每个人的感官都具有其特殊的作用与功能，由于先天的遗传或者后天培养训练、发掘的程度存在差距，每个人的感官优势发挥作用的程度也是完全不同的，也就是说，有的感官得到充分发挥，优势特别明显，但有些感官发挥的程度与作用不是很明显。感官优势发挥的程度往往会影响人的兴趣爱好。我们常说，兴趣和爱好是最好的老师，它能引导人去学习、探索与创造。思想政治教育非常重视每一个人已经拥有的现有资源（包括感官），把它作为发展人、开发人的基础。其次，思想政治教育能够充分调动人的主动性和积极性，促进人的智力和各种能力的进一步发展。人的主动性和积极性是充分发展人、开发人的潜能的关键因素，但人的主动性、积极性主要来自远大理想、坚定信念的吸引与激励；来自对家国、社会、民族和他人的责任；来自对所从事的事业执着的追求；来自对物质需要和精神享受的追求。所有这些动因与根源也是思想政治教育的重要内容，因此，通过有效的思想政治教育，充分调动人的主动性和积极性，把生活理想、职业理想、政治理想、道德理想与事业理想、德行与智慧、物质利益和精神动力有机地结合起来，形成全面综合的目标价值体系、行为规范和远大追求，就会推动人的主动性和积极性向人的智能方向转化。再次，思想政治教育培养人的改革创新精神，这是开发人的最高层次。创造的过程是一个充满艰难曲折的过程，需要人内在的强大精神力量作为坚实的支撑。创造精神本质上是一种顽强的拼搏精神和艰苦奋斗的精神，要养成和达到这样高尚的精神境界，没有远大的理想目标、强大的精神动力与顽强的意志是不可能的。创新精神的培养需要大量的富有创造性的思想政治教育工作才能够实现，因此，思想政治教育的一项长期艰巨的任务就是要打破传统，清除守旧的文化积淀，努力创设有利于开拓创新的文化环境，为培养创造性人才扫清一切障碍。最后，鲜明个性的培养需要思想政治教育的深度开发。个性直接影响到人的创造性，个性不仅包括人的兴趣爱好、性格等基础性内容，也包括理想、信念、情感、意志等人的主观能动性方面的内容，此外还包括智能、思维等综合性内容，而人主观能动性的核心内容是决定个性特征的主要因素。个性特点鲜明突出的人一般都富有创造性，个性平淡、无鲜明特点的人就缺乏创造精神，个性与创造性的这种内在联系本质上是人的主观能动性的发挥与潜能发掘的关系。人的个性是在一定社会历史条件下，在个人固有的生理素质基础上，通过教育实践活动逐步形成的。思想政治教育尽管不是培养个性的唯一途径，但通过卓有成效的思想政治教育能够提高个性中主要因素的水平，从而塑造个性特色，激发人的创造活力。

四、方法论理解：传统思想政治教育走向生活化、科学化的必然要求

（一）思想政治教育的理论环节向它的现实环节回归：走生活化道路

思想政治教育生活化是对传统知性思想政治教育的超越，它是与脱离生活，特别是理想化、知识化、工具化的思想政治教育相对而言的。它强调生活对于思想政治教育的重要意义，认为不能忽视与脱离生活是思想政治教育的真实根基这一主体性的根本性规定。它是思想政治教育达到预期育人功能的重要途径。"生活本身就具有教育的价值，这是由教育、人和生活之间的关系决定的。"我国著名教育家陶行知指出："没有生活做中心的教育是死教育。没有生活做中心的学校是死学校。没有生活做中心的书本是死书本。"思想政治教育生活化就是使思想政治教育返回现实生活，以生活为基点来考虑思想政治教育中的所有问题。

长期以来，思想政治教育的收效甚微，很重要的原因就是远离生活，总

是表现为理想化和圣人化的特征，而不能贴近生活、贴近实际。例如，在思想政治教育的研究方面，在研究的方式上，不少思想政治教育工作者埋头于书本杂志之中，而疏于到生活中、到学生中去体验和调查研究，这种闭门造车式的研究方法得出的研究成果必然脱离学生的生活，或者营造一种假想的或过时的理论教育，因而对思想政治教育缺乏指导意义；在研究的内容上空洞、抽象，忽视学生的真实生活实践，不去接触学生鲜活的生活和生命，只是从单纯的理论到理论，完全脱离学生的生活和不断变化的社会生活。在思想政治教育的教学实践中，教师往往一厢情愿地用理论体系和概念建立起来的理想世界取代活生生的生活世界，不顾学生的生活实践而进行理想化的教育，思想政治教育的教学活动单一，背离生活的多样性；教学内容单一化，重视社会发展而忽略个人发展的多样性，过分注重思想政治教育的社会导向，追求政治价值、经济价值和文化价值，特别是把政治价值和政治功能放在突出的位置，缺乏对个体生活的关注，因而使思想政治教育停留于表层，成为虚假、形式和表面的说教。传统的思想政治教育教学活动以教师为中心，以教材为中心，以课堂为中心，这样的教学方法最后演绎成一种陈旧的灌输，教学效果当然不太好。

思想政治教育生活化已成为一种必然趋势。从根本上来说，思想政治教育生活化就是要彻底根除长期以来思想政治教育抽象化、空谈化与政治意识形态化的弊端，把思想政治教育奠基于多彩的生活之上，把生活作为源泉，坚决遵循"从生活中来，到生活中去"的路径，把生活作为原点去考察和描述思想政治教育的方方面面，使思想政治教育紧密围绕生活、融通生活并通过生活来展开，确立以人为主体，从而真正确立一种以生活为中心，以教育为导向的新的思想政治教育模式，最终达到教育的预期效果。思想政治教育生活化的发展走向，充分表明了它与传统思想政治教育特别是科学化的思想政治教育相比较，不仅仅在教育手段或教育策略的变化上，也不仅仅是为了挽救思想政治教育脱离生活的危机而采取的权宜之计。相反，它是思想政治教育的一种质的飞跃与变化，从高度形而上的层面对思想政治教育的本质予以审视而做出的深刻全面的观照。

1.思想政治教育要实现对生活世界的主体参与、全面渗透

要克服传统思想政治教育只把教师作为主体，而把学生作为客体的思维惯式，充分尊重学生的主体性地位，遵循在生活化过程中的主体性原则。马克思所理解的人的主体性，是人在处理外部关系时的能动性表现，也是人作为对象性活动的主体所具有的本质特征。非生活化的思想政治教育就是在现实的生

活之外设定一个目标，或者假想一个理想世界，完全忽视了人的主体地位与人的主体性，因此，这种教育培养出来的人大多数表现为盲目从众和循规蹈矩，异化了人和人的生活，最终导致人的生活的丰富性和现实性遭到消解，使人变成了纯粹的精神性的存在。因此，在思想政治教育的过程中，要始终贯彻"主体意识"，努力激发和培养学生的主体性，坚持"交互主体观"，即以教师正确的主体意识和较强的主体能力为基础，充分调动学生的主体性和主观能动性。平等的主体性必须要在现实的生活世界进行，因为生活世界是人的主观性与社会文化的结合，是人的主体性的本源，无论是教师还是学生，其主体性素质只有通过全面参与、深入社会生活才能得到提高。同时，教师必须用自己的主体意识来引导和培养学生的主体意识，使双方的交流不仅成为生活性的交流，也成为人性的碰撞与交流，使思想政治教育的过程构成一幅教育性与生活性相互融合的生动画面，从而开辟思想政治教育的崭新局面。

2.思想政治教育关注人的生活实际利益，满足人的合理需要

进行思想政治教育活动要以生活观念来开阔思路，从根本上说，人的思想问题是由实际问题引起的，而实际问题又是多种多样的，但都与人的生活实际利益有关，因此，我们的思想政治教育要紧紧抓住人的生活实际利益这一重要环节，在现实生活中，多分析学生的具体生活问题，努力帮助解决他们的实际问题，注意思想方法的正确引导。人性需要包括自然、精神和社会三个层面，在思想政治教育的过程中，除了关注和满足学生的自然需要之外，还要关注学生的精神性和社会性需要，深入学生的心灵和内心世界，理解他们的心理需求和情感需求，发挥心理咨询在思想政治教育中的作用，加强对学生欲望的科学疏导，充分把握学生的各种欲望层次，了解其物质需求和精神需求的基本状况，对欲望和需求加以正确区分，通过社会价值规范的引导，对正当、合理的欲望适当地加以满足，对不正当、不合理的欲望加以引导和限制，从而使学生的合理需求得到满足。

3.思想政治教育要采取融汇生活、尊重人性的教育方法

首先，改良思想政治教育的灌输机制。思想政治教育的教育过程，既是教师按社会要求积极组织、施教的过程，也是学生自我教育的过程。思想政治教育的灌输，就是运用充分的生活化的道理、话语，通过信息符号的传递去影响学生使之信服的教育实践过程，这一过程要以尊重学生的主体地位为原则，在教育过程中不以势欺人，不以理压人，给学生说话的机会，逐步提高学生的思想认识。

其次，在选择方法的时候要与思想政治教育的内容有机相融，充分考虑学生在内容方面的接受需求，教育内容要充实丰富，要有层次变动性，避免空洞乏味的教条式理论，把理论教育的内容融入学生的生活，使之变为生活的元素，让学生易于接受；要将思想政治教育内容的知识性、生活性与教育手段的人性化、丰富性有机结合起来，激活教育内容，激发学生学习兴趣，以寓教于乐的方式使教育达到目的。

最后，要努力建设互联网思想政治教育网络教育平台，使之成为现代思想政治教育的重要阵地，制造富有生活气息和人情味的网络教育情境，充分发挥思想政治教育的辐射力、吸引力和感染力。

（二）从科学世界的教育走向生活世界的教育，从现代学校教育体系向整个社会生活回归

在科学世界里，人在理性方面，严格地说，人在理智方面可以获得长足的发展，但人在科学世界里获得的理智的发展只有回溯到现实的生活世界中才能被赋予人生的意义，并且只有回溯到生活世界中，理智才能作为理性显现出来。正是基于这样的认识，我国学者项贤明在其专著《泛教育论》中，把教育划分为生活世界的教育和科学世界的教育。生活世界的教育具有以下几个特征：第一，它是一种自然的教育。它不采取研究的态度，一切都是在自然的态度下进行，"我们的教育是同我们的生命一起开始的"。第二，生活世界的教育是一种直观性的教育。在生活世界中人总是在具体的和感性的存在状态下受到教育，但这种直观性又决定了生活世界的教育在一定程度上表现出主观相对性，这种相对性给人的思维留下了必要的自由和想象空间，这也是生活世界所要求的。生活世界的教育由于其直观的感性的丰富性，从而成为人在情感、意志、直觉等非理性方面生长必不可少的土壤。第三，生活世界的教育是一种奠基性的教育。任何一个人在社会中生存，首先就要接受生活世界的教育，这是一切知识、情感、意志与能力等方面发展的前提，也就成为接受科学世界的教育的前提。生活世界的教育是"人成为人"的充分必要条件，在生活世界的教育中，把人引入社会生活，使"人成为人"的基本因素已经具备。

科学世界的教育是随着人类理性力量发展到一定历史阶段，从生活世界的教育中分化出来的一种特殊形态，它是把生活世界的教育作为基础的，以科学世界的形成为前提，并反过来促进科学世界的进化。科学世界教育的特征是：第一，它是一种体系化的教育。它扬弃了生活世界教育的偶发性和离散

性，表现出明显的目的性、结构性和有序性，它灌输的价值观念从属于整个社会价值体系，直接以教师作为一种专门职业的出现为外在标志。科学世界的教育从一开始就是作为一种组织行为而在特殊的社群中进行的，它要求人将自己的人格与认知发展置于这一特殊社群所建立的计划和控制之下，并为个人的发展设计预先提供了体系化的程序与方法。第二，科学世界的教育是一种技术化的教育。它表现为教育的内容、形式、方法多方面的技术化以及与这种技术化相关联的技术理性的文化霸权在教育领域的形成。第三，科学世界的教育是一种课题化的教育。作为一种课题化的教育活动，它从内容到形式和方法都不再是固定的、直接给予的，而是有待逻辑证明的。不仅内容课题化，而且方法也课题化，两者都是作为课题而被赋予意义，作为课题在人类追求自身本质力量完善的道路上不断被探究。

　　思想政治教育作为教育的特殊形态，同样在生活世界和科学世界中进行，同样包括了生活世界的思想政治教育和科学世界的思想政治教育。但以往的思想政治教育往往局限于学校的教育世界，即科学世界的教育中，把教育建立在高度制度化的学校教育体系中，而遗忘了生活世界的教育，断裂了生活世界教育与科学世界教育的内在关联。生活世界涵盖了人类自我生存与发展的全部意义，它是人类最为根本的生长家园，只有回溯到生活世界的教育中，科学世界的教育才能在人类丰富全面的生活世界教育活动中被赋予完整的意义。思想政治教育只有与生活世界的教育建立"意义"的联系，才能正确理解和把握思想政治教育的本质。"人不仅通过思维，而且是以全部感觉在对象世界中肯定自己的。"[1] 因此，思想政治教育回归生活世界，就要求从现代学校教育体系向整个广阔社会生活回归，就要求在生活世界的教育与科学世界的教育之间建立起意义的统一性，以弥合这两者存在的裂痕，回归到"共在"的生活世界中，我们的思想政治教育的根本使命是使人成为人，提高人的道德素质，促进人的自由全面发展，因此，教育应该是一种探索，使人理解人生的意义和目的，找到正确的生活方式。

---

① 畅广元 . 马克思主义文艺理论 [M]. 北京：高等教育出版社，2000：24.

第六节　思想政治教育生活化的意义

一、生活教育理论是当代科学的教育观

生活教育理论的最终目标是要构建一种合理化的生活，是要实现人的自由、全面发展。生活教育是一种大众教育、全民教育，是为广大人民群众服务的教育，目的是提高人民的生活水平，推动整个社会的发展进步。生活教育理论始终坚持实践第一的观点，要求教育一定要立足于现实生活实践，与时代相结合，适应社会的发展需要。生活教育理论同样强调终身教育，时代在进步，社会在发展，21 世纪是个信息时代，知识爆炸的时代。互联网的出现，使得人们足不出户便可知天下事，促进了知识的快速传播，人类文明也取得了很大的进步。

大学生思想政治教育生活化非常重视教育对象个体的发展特点，要求教学目标的制定不仅要来源于生活，更要立足于教育对象的现实生活，教学目标要体现大学生的实际生活需求。除此之外，大学生思想政治教育生活化还要求教学评估要立足于生活，贴近实际，即评估方式要多样化，克服过去以单一的知识理论考察作为评价的唯一标准，要注意调动大学生的积极性，采取多元化标准进行评估。生活教育理论要求教育活动的开展要围绕着生活来进行，以生活为中心展开。大学生思想政治教育生活化吸收借鉴了其精华成分，站在其根本立场上实施活动，同时发展创新了生活教育理论，为其提供了更加宽阔新颖的发展视角。

二、思想政治教育生活化丰富发展了马克思主义人本思想

马克思主义人本思想体现在马克思主义理论的整个发展过程中，贯穿于马克思主义理论的方方面面。实现人的自由全面发展是共产主义社会的最高目标，也是马克思主义人本思想的重要观点。

马克思说："历史什么都没做""创造这一切，拥有这一切并为这一切斗争的，不是'历史'，而正是人，现实的人、活生生的人。"马克思眼中的人，不是空谈想象虚拟的人，而是从事社会实践活动，处于一定社会关系中的人。人不能脱离一定的群体而独立存在。人类的一切社会实践活动最终目的就是为

了解放人类自己，为了实现人的自由全面发展。马克思指出，我们每个人来到这个社会上的义务与责任就是要全方位地发展自己的能力，不仅要发展体力实践能力，还要发展抽象思维能力。到了共产主义社会，私有制将不复存在，私有制的消灭就为每个人的自由全面发展创造了条件，扫清了障碍。人的自由全面发展是马克思主义人学思想的核心。

在马克思主义中国化的进程中，人学思想也随之带有了中国国情的印记。马克思主义人本思想中国化就是将马克思主义人本思想与中国所处的现实生活相结合，既有马克思主义人本思想的痕迹，又结合了中国的具体实际，并且根据当下所处的社会环境变化，不断创新，与时俱进。近几年来，马克思主义人本思想中国化取得了不错的成绩。这些思想都强调了关注人，以人为核心，最后达到促进人更好发展的目的。提到促进人的发展，就不得不提思想政治教育。思想政治教育作为培养人良好思想品德，促进人全面发展的教育，不管是对国家日后长远的发展来说，还是对每个人自身而言，都起着举足轻重的作用。提出大学生思想政治教育生活化的理论，有利于促进大学生这个特殊群体的全面发展。而且大学生思想政治教育生活化倡导无论何时都应该使教育立足于生活实际，从生活中找寻教育的原材料，使教育摆脱空洞、无趣与不切实际，要求大学生思想政治教育要贴近大学生的现实生活。此外，大学生思想政治教育生活化同样看重了大学生的主观能动性，提倡教育要关注个体的发展需要，克服传统教育"填鸭式"的教学模式，充分尊重大学生作为教学过程主体的地位。主张在教学过程中，充分调动大学生的积极性，发挥大学生的主观能动性，允许有不同的声音，引导大学生将所学原理知识运用到实际生活中去，充分展现出实践的作用。

实现人的解放，就要对人与人、人与自然的关系做适当的调整，使人们最终摆脱生活的统治和外来力量的命运，实现从必然王国向自由王国飞跃。马克思主义认为，当生产资料被整个社会占有后，人们将不再受生产力的支配，第一次成为自然界的自觉的和真正的主人，"只是从这时起，人们才完全自觉地自己创造自己的历史；只是从这时起，由人们使之起作用的社会原因才在主要的方面和日益增长的程度上达到他们所预期的结果。这是人类从必然王国进入自由王国的飞跃"。实现人的自由全面发展，是指每个个体的生理与心理都得到更好的发展，同时为人处世的能力也得到相应的提高。思想政治教育就是着眼于提高人们思想品德的社会实践活动，所以对大学生进行思想政治教育不仅可以促进其具备健康良好的心理素质，帮助其建立发展一个和谐、平等的人际交往关系网，还可以提高他们的知识文化水平。将大学生思想政治教育与生活紧密相连，能使教育工作的开展落实到大学生的实际生活中去，与大学生的实际相结合，从而促进大学生的全面健康发展。大学生思想政治教育生活化，主张教学立足生活实际，以人为本，以实践为手段去进行思想政治教育，丰富发展了思想政治教学理论，也拓展了马克思主义人本思想。

三、思想政治教育生活化有助于增强教育教学的实施成效

大学生思想政治教育生活化是提高思想政治教育实施成效的关键。当前在高校思想政治教育实施的过程中，过于重视政治理论观点的传输，轻视实践的作用。而大学生往往又对僵硬死板的政治思想、理论观点普遍不感兴趣，甚至有抵触的心理，从而阻碍了思想政治教育的实施，造成知与行相脱节。大学生思想政治教育生活化，是要以大学生的现实生活为中心去开展教育，充分考虑到了大学生的现实需要，这就为思想政治教育的实施创造了一个和谐愉悦的氛围，使大学生乐于去接受教育，并且能够激发他们的主动性与创造性，激发情感，推动了思想政治教育工作的落实，促成知与行相结合，增强了思想政治教育的实施成效。在教学过程中运用情感教学法则会增加师生之间的沟通与交流，更能让教师因材施教，根据个体差异去开展思想政治教育，提高思想政治教育的针对性。

四、思想政治教育生活化有助于培养知行统一的高端人才

人的全面发展是马克思主义提出的实现共产主义的终极目标。所谓人的全面发展就是人由自然王国向必然王国的转变。人的全面发展对人的思想道德修养有着极高的要求。思想政治教育作为一种社会实践活动，对人的思想品德有着重要的影响作用，其存在本身就是为了培养人的思想品德，提高人的思想素养。在这一过程中，思想政治教育需要与学生的实际相结合，遵循不同阶段不同学生的不同发展规律，考虑到学生的实际生活需要。过去的思想政治教育忽略了学生的主观感受，造成思想政治教育实施成效不显著，不利于学生的全面发展。思想政治教育生活化是尊重学生的主体地位，尊重学生的认知规律，尊重学生的主观情感，立足于其生活实际，满足其生活需求，激发学生的求知欲，激发其情感体验以及对学习、生活的热情，使其自觉主动关注并解决社会问题，从而不断提高自身素养，有利于实现其全面发展。

五、思想政治教育生活化有助于贯彻实践终身学习

大学生思想政治教育生活化从字面意思来看是指在教学的过程中立足的是大学生的现实生活，但是从长远的发展角度来看，这是对整个社会的一种教育模式。按照终身学习观念，我们要"活到老、学到老"，所以，没有永远的学生，也不会有永远的老师。孔子曾说过三人行，则必有我师，所以我们在社会中的角色既是学生，同时又是他人的老师。思想政治教育作为一个塑造人发展的实践活动，在这点上尤为明显。思想政治教育是可以无处不在的，不一定只发生在学校中，出了校园，在家里、大街上，都可以进行思想政治教育。所以，它应是全社会共同参与的一项社会实践活动，全民参与应该是它的诉求。

思想政治教育生活化提倡将教育落实到生活中去。这也启迪我们，对大学生的思想政治教育并不仅仅局限于学校中，每个家庭以及社会都应该为此贡献力量。大学生的生活圈子并不局限于校园之中，除了校园生活，还有社会生活，如实习生活以及家庭生活等。环境对一个人的影响就如同"随风潜入夜，润物细无声"般，在我们毫无察觉之时，周围的人或事物就为我们烙上了它的印记。所以，对于大学生思想政治教育这项工作，在学校教育之外，其他环境如社区环境、家庭环境等也要为推动大学生思想政治教育生活化的进程承担一定的责任，共同致力于大学生的思想品德建设。众人拾柴火焰高，当整个社会都朝着一个方向共同努力时，这项工作就会高质量快速地不断运转。强调家庭、社会与学校一起形成教育合力，强调整个社会的共同努力，这样不仅有利于推动大学生思想政治教育活动的开展，还有利于凝聚整个社会的力量，增强大家的集体意识，从而向世界彰显我们国家的民族凝聚力，提高我们国家的国际竞争力。

第三章 思想政治教育生活化的依据

第一节　思想政治教育生活化的政策依据

政策是国家或政党为实现一定历史时期的路线而制定的行动准则。我国依据不同历史时期的发展变化制定出很多关于思想政治教育和职业教育的政策，在不同的历史时期推动着思想政治教育和职业教育的发展。了解这些政策，有利于我们更好地把握我国思想政治教育及职业教育的发展脉络和趋势。同时，这些政策也是进行思想政治教育生活化问题研究的重要依据。

中华人民共和国成立初期，就非常重视思想政治工作。随着社会的发展、人类思想的进步及高等教育的需求，国家制定了许多发展高校思想政治教育的政策，特别是党的十八大之后，高校思想政治教育工作更是被摆在战略的高度，得到国家的特别重视。

一、初步发展阶段

1950 年 6 月，全国高等教育会议通过了《高等学校暂行规程》，其中第一条高等学校的具体任务第一目就是"根据中国人民政治协商会议共同纲领，进行革命的政治及思想教育，肃清封建的、买办的、法西斯主义的思想，树立正确的观点和方法，发扬为人民服务的思想"。

1987 年 5 月 29 日，中共中央印发《关于改进和加强高等学校思想政治工作的决定》，要求各级教育部门和高等学校充分认识加强思想政治工作的极端重要性。《关于改进和加强高等学校思想政治工作的决定》提出："进一步明确办学指导思想，坚持高等教育的社会主义方向。高等学校培养出来的大学生、研究生，应当有坚定正确的政治方向，爱祖国、爱社会主义，拥护共产党的领导，努力学习马克思主义；应当热心于改革和开放，有艰苦奋斗的精神，努力为人民服务，为实现具有中国特色的社会主义现代化而献身；应当自觉地遵纪守法，有良好的道德品质；应当勤奋学习，努力掌握现代科学文化知识。"该文件还指出："思想政治教育是一门以马克思主义理论为基础、综合性和实践性都比较强的科学。"

这一时期国家关于思想政治教育的政策重点是提出有理想、有道德、有文化、有纪律的"四有"人才培养目标，并确定思想政治教育的理论基础是马克思主义指导思想。

二、快速发展阶段

1994 年 8 月 31 日，中共中央印发《关于进一步加强和改进学校德育工作的若干意见》，其中指出"现在和今后一二十年学校培养出来的学生，他们的思想道德和科学文化素质如何，直接关系到 21 世纪中国的面貌，关系到我国社会主义现代化建设战略目标能否实现，关系到能否坚持党的基本路线一百年不动摇。必须站在历史的高度，以战略的眼光来认识新时期学校德育工作的重要性"。

1995 年颁布的《中国普通高等学校德育大纲》明确了素质教育是党和国家对高等教育的新要求，强调大学生思想政治教育是素质教育中的德育内容。

1999 年 6 月 15 日，江泽民在全国教育工作会议上发表重要讲话，指出："我们必须全面贯彻党的教育方针，坚持教育为社会主义为人民服务，坚持教育与社会实践相结合，以提高国民素质为根本宗旨，以培养学生的创新精神和实践能力为重点，努力造就有理想、有道德、有文化、有纪律的，德育、智育、体育、美育等全面发展的社会主义事业建设者和接班人。"

这一时期，思想政治教育政策强调学校德育工作的重要性。学生的思想道德水平影响着社会主义现代化的建设程度，是党和国家建设的重要保障，由此，学校的德育工作被提升到了历史新高度。

三、深入发展阶段

2004 年 8 月 26 日，中共中央、国务院印发的《关于进一步加强和改进大学生思想政治教育的意见》中提出"加强和改进大学生思想政治教育是一项重大而紧迫的战略任务"。文件强调，加强和改进大学生思想政治教育，提高他们的思想政治素质，把他们培养成中国特色社会主义事业的建设者和接班人，对于全面实施科教兴国和人才强国战略，确保我国在激烈的国际竞争中始终立于不败之地，确保全面实现建设小康社会、加快推进社会主义现代化的宏伟目标，确保中国特色社会主义事业兴旺发达、后继有人，具有重大而深远的战略意义。

党的十八大以来，以习近平同志为核心的党中央把高校思想政治工作摆在突出位置，并做出一系列重大决策部署。2014 年，中共中央办公厅、国务院办公厅印发《关于进一步加强和改进新形势下高校宣传思想工作的意见》，其中指出："意识形态工作是党和国家一项极端重要的工作，高校作为意识形态工作前沿阵地，肩负着学习研究宣传马克思主义，培育和弘扬社会主义核心价值观，为实现中华民族伟大复兴的中国梦提供人才保障和智力支持的重要任务。"

2015年，中宣部、教育部联合印发了《普通高校思想政治理论课建设体系创新计划》，指出实施高校思想政治理论课建设体系创新计划的基本原则是：坚持理论与实际相结合，注重发挥实践环节的育人功能，创新推动学生实践教学和教师实践研修。坚持教学与科研相结合，努力探索攻克教学难关，强化马克思主义理论学科和科研对教学的支撑作用。坚持教师讲授与学生参与相结合，注重师生教学互动，充分调动学生学习的主动性和积极性。坚持课堂教学与日常教育相结合，积极拓展思想理论教育渠道，创新发挥第二课堂的教育作用，等等。

2016年12月7日至8日，全国高校思想政治工作会议在北京隆重召开，习近平总书记出席会议并发表重要讲话。这篇讲话是中国特色社会主义教育理论的一个重大创新成果，是加强和改进新形势下高校思想政治工作、办好中国特色社会主义高校的纲领性文献。他指出，高校要把立德树人作为中心环节，紧紧围绕人才培养这个核心点，培养德才兼备、全面发展的中国特色社会主义合格建设者和可靠接班人，培养好这样的人，必须引导广大学生做到正确认识世界和中国发展大势、正确认识中国特色和国际比较、正确认识时代责任和历史使命、正确认识远大抱负和脚踏实地这"四个正确认识"；必须引导广大教师做到坚持教书和育人相统一、坚持言传和身教相统一、坚持潜心问道和关注社会相统一、坚持学术自由和学术规范相统一这"四个相统一"，必须紧紧围绕用好课堂教学这个主渠道、加快构建中国特色哲学社会科学学科体系和教材体系、更加注重以文化人以文育人、运用新媒体新技术使工作活起来这四个方面创新思想政治教育工作。

2017年2月27日，中共中央、国务院印发了《关于加强和改进新形势下高校思想政治工作的意见》，要求"做好高校思想政治工作，必须弘扬改革创新精神，使思想政治工作接地气、入人心。"提出，"一是贴近师生思想实际开展工作，建立健全联系师生、谈心谈话制度；二是加强互联网思想政治工作载体建设，运用大学生喜欢的表达方式开展思想政治教育；三是强化社会实践育人，提高实践教学比重，加强实践教学基地建设，广泛开展社会公益活动；四是在服务引导中加强思想教育，加强人文关怀和心理疏导，积极帮助解决师生的实际困难；五是积极发挥共青团、学生会组织和学生社团作用；六是健全高校思想政治工作评价体系，研究制定内容全面、指标合理、方法科学的评价体系，推动高校思想政治工作制度化"。

2019 年 8 月 14 日，中共中央办公厅、国务院办公厅印发了《关于深化新时代学校思想政治理论课改革创新的若干意见》，要求"全面贯彻党的教育方针，解决好培养什么人、怎样培养人、为谁培养人这个根本问题，坚持不懈用习近平新时代中国特色社会主义思想铸魂育人。"《关于深化新时代学校思想政治理论课改革创新的若干意见》就深化新时代学校思想政治理论课改革创新提出意见：整体规划思政课课程目标，调整创新思政课课程体系，统筹推进思政课课程内容建设，加强思政课教材体系建设。

2021 年 7 月 12 日，中共中央、国务院印发的《关于新时代加强和改进思想政治工作的意见》指出，新时代加强和改进思想政治工作的指导思想是：以习近平新时代中国特色社会主义思想为指导，全面贯彻党的十九大和十九届二中、三中、四中、五中全会精神，增强"四个意识"、坚定"四个自信"、做到"两个维护"，紧紧围绕统筹推进"五位一体"总体布局和协调推进"四个全面"战略布局，坚持稳中求进工作总基调，围绕巩固马克思主义在意识形态领域的指导地位、巩固全党全国人民团结奋斗的共同思想基础这一根本任务，自觉承担起举旗帜、聚民心、育新人、兴文化、展形象的职责使命，把思想政治工作作为治党治国的重要方式，着力固根基、扬优势、补短板、强弱项，提高科学化规范化制度化水平，充分调动一切积极因素，广泛团结一切可以团结的力量，为人民服务，为中国共产党治国理政服务，为巩固和发展中国特色社会主义制度服务，为改革开放和社会主义现代化建设服务。

在新的历史时期，特别是党的十八大之后，国家非常重视思想政治教育工作。这一时期，不仅将高校思想政治工作摆在突出位置，而且还提出了加强和改进新形势下高校思想政治工作的具体方案，高校必须将立德树人作为中心环节，探索具有实效性的思想政治教育改革体系，推动思想政治教育现代化。这些政策的提出，不仅是推动思想政治教育现代化的必然选择，更为思想政治教育生活化提供制度保障。

第二节 思想政治教育生活化的理论依据

走向生活，向生活回归是高校思想政治教育尊重学生主体地位，创新教育方式，转变教育理念，适应新时代社会发展要求的必然趋势，这不仅有重大的现实意义，更有强有力的理论基础作为支撑，即马克思的人与社会关系理论，陶行知的生活教育理论，杜威的现代教育理论，胡塞尔的相关理论等。

一、马克思的人与社会关系理论

马克思的理论对社会生活各方面的指导是全方位的，其中与生活实践密切相关的主要有辩证唯物主义实践论、人的本质理论、人与环境关系理论等。

第一，辩证唯物主义实践论。马克思在《关于费尔巴哈的提纲》中说："全部社会生活在本质上是实践的。"① 实践是理论之源，人的认识来源于实践并最终靠实践来检验。马克思认为："人的思维是否具有客观的真理性，这不是一个理论的问题，而是一个实践的问题。"②

实践是检验真理的标准，生活化的思想政治教育引导学生在生活实践中不断学习，不断进行自我教育，在实践中更新自己的观念，纠正错误思想，使学生不断深化对社会的认识，更好地融入社会生活，使学生在实践中深化认知、磨炼意志，形成符合道德规范的行为。"理论的价值不是为了理论而理论的抽象价值，理论的真正价值应该是其实践价值。"③ 要想检验学生所学理论知识对生活是否具有正确的指导作用，就必须引导学生将所学理论与生活实践相结合并加以"检验"，这样才能使知识更能入脑、入心。

第二，人的本质理论。马克思在《关于费尔巴哈的提纲》中说："人的本质不是单个人所固有的抽象物，在其现实性上，它是一切社会关系的总和。"④人一出生就处于一定的社会关系之中，人是现实的人，是活生生的人，是社会生活中的人，社会属性是人的本质属性，人离开其社会性，就失去了人的本质，也就和动物没有什么区别，正如马克思所说："人不是抽象的蛰居于世界之外的存在物。人就是人的世界，就是国家、社会。"⑤

---

① 中共中央马克思恩格斯列宁斯大林著作编译局.马克思恩格斯选集：第一卷 [M].北京：人民出版社，2012：135.

② 中共中央马克思恩格斯列宁斯大林著作编译局.马克思恩格斯选集：第一卷 [M].北京：人民出版社，2012：137-138.

③ 张耀灿，郑永廷，吴潜涛，等.现代思想政治教育学 [M].北京：人民出版社，2006：292.

④ 中共中央马克思恩格斯列宁斯大林著作编译局.马克思恩格斯选集：第一卷 [M].北京：人民出版社，2012：135.

⑤ 中共中央马克思恩格斯列宁斯大林著作编译局.马克思恩格斯选集：第一卷 [M].北京：人民出版社，2012：1.

人是一切社会关系的总和，人总是处于一定的社会关系之中，所以，这个"总和"不是各种关系的简单相加，而是各种关系的有机统一，是相互影响、相互渗透的。思想政治教育生活化，就是要引导学生置身于社会，与社会多接触，使学生成为一个"社会人"，在体验各种社会关系中感知社会，在处理各种社会关系中不断学习、不断成长，毕竟学生离开学校的归宿就是社会。另外，在对学生进行思想政治教育的过程中，要融入社会因素，使学生对社会有一个正确认识，避免步入社会出现"水土不服"的现象。

第三，人与环境关系理论。马克思认为："人创造环境，同样，环境也创造人。"① 环境是人类生活和发展的基础，同样人的主观能动性也进一步影响着环境，在这个相互影响的过程中实践起到了桥梁作用。同时，马克思认为人的思想、观念受环境的影响，"观念的东西不外是移入人的头脑并在人的头脑中改造过的物质的东西而已"②。"人们的观念、观点和概念，一句话，人们的意识，随着人们的生活条件、人们的社会关系、人们的社会存在的改变而改变。"③ 马克思在批判"人是环境的产物"的环境决定论时指出，"关于环境和教育起改变作用的唯物主义学说忘记了：环境是由人来改变的，而教育者本人一定是受教育的"。"环境的改变和人的活动或自我改变的一致，只能被看作是并合理地理解为革命的实践。"④

可见，马克思强调的是，人和环境之间的关系不是单向的，而是"相互"的，环境影响人的精神面貌、价值取向及行为规范，当然人也在发挥着自身的能动性，影响着环境。

从马克思论述的人与环境的关系中可以看出，一方面，人受环境的影响。环境为人的成长和进步提供了多种可能，并为人的成长提供了各种物质材料，这表明人的进步受到环境的制约和影响，所以高校不能仅通过课堂对学生进行思想政治教育，还应关注社会环境对学校教育的影响，将环境因素融入教育之

---

① 中共中央马克思恩格斯列宁斯大林著作编译局.马克思恩格斯选集：第一卷[M].北京：人民出版社，2012：172-173.

② 中共中央马克思恩格斯列宁斯大林著作编译局.马克思恩格斯选集：第一卷[M].北京：人民出版社，2012：172-173.

③ 中共中央马克思恩格斯列宁斯大林著作编译局.马克思恩格斯选集：第一卷[M].北京：人民出版社，2012：419-420.

④ 中共中央马克思恩格斯列宁斯大林著作编译局.马克思恩格斯选集：第一卷[M].北京：人民出版社，2012：134.

中，让学生更容易融入社会、适应多变的生活。同时，社会生活复杂多变，教师要有敏锐的洞察力，要根据环境的变化及时调整思想政治教育的内容，"因时而变"来进行教育教学。另一方面，人可以发挥能动性来影响环境，使教育与生活相融合，在生活中引导学生将头脑中的理论知识与生活相"匹配"，在此过程中找到理论知识与生活之间的张力，使学生在二者之间找到"平衡点"，促进学生能动性的发挥，融入并适应生活，更好地体会理论知识与生活的"微妙"关系。

二、陶行知的生活教育理论

陶行知的生活教育理论对我国教育事业的发展产生了深远的影响，"生活即教育"的教育本体论，"社会即学校"的教育领域论，"教学做合一"的教育方法论，是陶行知三大教育理论。

第一，"生活即教育"的教育本体论。什么是生活教育？陶行知说："生活教育是给生活以教育，用生活来教育，为生活向前向上的需要而教育。"[①] 在谈及教育与生活的关系时，他认为："生活决定教育""人生需要面包，我们就得过面包生活，受面包的教育；人生需要恋爱，我们就得过恋爱生活，也就是受恋爱的教育。"[②]

陶行知认为教育和生活是合二为一的，他打比方说就像一个人的小名和学名一样。从中可以看出，陶行知认为生活和教育是相互作用的，教育和生活形影不离。生活化的教育就是在教学过程中，改变以课堂为中心的传统封闭式教育模式，改变脱离生活的纯理论的"教条"灌输，使教育回归到生活本真中去，引导学生去体验生活，在生活中进行自我教育。

第二，"社会即学校"的教育领域论。陶行知认为"学校是小的社会，社会是大的学校。所以要使学校成为一个小共和国，须把社会上一切的事，拣选他主要的，一件一件的举行起来。不要使学生在校内是一个人，在校外又是一个人。"[③] 同时他还强调"不运用社会的力量便是无能的教育，不了解社会的需求，便是无目的的教育"。所以，我们高校的思想政治教育必须与社会相联系，而不是把学生保护在"安全"的教室里，见不到温暖的阳光。学校教育的

---

① 徐明聪.陶行知生活教育思想[M].合肥：合肥工业大学出版社，2009：96.
② 徐明聪.陶行知生活教育思想[M].合肥：合肥工业大学出版社，2009：52.
③ 方明.陶行知教育名篇[M].北京：教育科学出版社，2005：9-10.

目的是塑造学生的思想，使学生用符合社会要求的思想来指导自己的行为，使学生步入社会之后做一个合格的社会公民。生活化的教育就是要学生步入社会，去体验、去感受社会，用"社会"对学生进行思想教育。另外，也是要求教师不能"闭门造车"，在教学过程中应将社会"搬进"课堂，这样才不会出现学生校内校外判若两人的情况。

第三，"教学做合一"的教育方法论。什么是"做"呢？"所谓'做'是包含广泛意味的生活实践的意思。"① 陶行知强调"教学做是一件事，不是三件事"。"教学做"是生活法也是教育法："在做上教的是先生；在做上学的是学生。从先生对学生的关系说：做便是教；从学生对先生的关系说：做便是学。先生拿做来教，乃是真教；学生拿做来学，方是实学。不在做上用功夫，教固不成教，学也不成学。"②

生活化的教育就是要改变以往的为读书而读书的教育模式，引导学生去实践、去动手、去"做"，强调实践对学生的教育作用，学生亲身实践得来的知识自己才更能理解其内涵。生活化的教育，同样也要求教师"下基层"到学生生活中去，了解学生的"心思"，根据学生的"想法"来制定"教法"，这些都是生活教育的题中之义。

三、杜威的现代教育理论

约翰·杜威是美国著名的教育家，他一直在探索"现代教育"，呼吁民主的教育，对美国乃至世界其他国家的教育都产生了重大影响，他的"教育即生活""学校即社会""从做中学"等教育思想对本书的写作有重要的启示。

第一，教育即生活。杜威强调的教育即生活并不是把教育与生活画等号，而是要将学校变成一种较为特殊的生活，既要与社会生活相结合，又要与学生生活相结合，杜威在《民主主义与教育》中提出"教育是生活的需要""教育是生活的过程，而不是将来生活的预备"。③

由此可以看出，这里的生活指的是我们普通的日常生活，学校对于学生的日常生活应给予关注，就像杜威所说"学校必须呈现现在的生活，即对于儿童说来是真实而生气勃勃的生活，像他在家庭里、在邻里间、在运动场上所经

---

① 徐明聪.陶行知生活教育思想[M].合肥：合肥工业大学出版社，2009：105.
② 徐明聪.陶行知生活教育思想[M].合肥：合肥工业大学出版社，2009：20.
③ 赵祥麟，王承绪.杜威教育名篇[M].北京：教育科学出版社，2006：4.

历的生活那样"①。

杜威认为"学校环境的职责，在于尽力排除现存环境中丑陋现象，以免影响儿童的心理习惯"②，学校的环境需要加工改造来适应学生的特点，所以杜威的"生活"是经过"处理"之后的生活，这里的"生活"虽然是经过"加工"之后的，但是我们同样可以体会到教学不应全是死记硬背，还应有一个生活体验的过程，教学应与社会生活和学生个人生活相结合，高校对学生的教育应从讲授向体验转变，向生活"靠拢"，在转变教育方式的过程中增强教育效果。

第二，学校即社会。杜威认为："学校主要是一种社会组织。教育既然是一种社会过程，学校便是社会生活的一种形式。"③"现在教育上许多方面的失败，是由于它忽视了把学校作为社会生活的一种形式这个基本原则。"④他认为现代学校只是教学生知识的地方，而这些知识的价值在未来可以体现，现在无法成为学生经验的组成成分，所以不能算有教育价值。因此他认为"我们有了这样一个通常的教育概念：这种概念忽视教育的社会必要性……把教育和传授有关遥远的事物的知识，和通过语言符号即文字传递学问等同起来"。⑤

从杜威的观点中我们可以得出，学校一定要与社会相联系，把学校变成小的社会，使学生在学校中体会、体验和感受社会的要求、需要和价值观，引导学生与社会积极互动，在交互中积累经验、吸取教训、掌握生活技能，以提高学生适应生活的能力。

第三，从做中学。"从做中学"是杜威在教学过程中得出的重要教学方法，杜威反对学生坐在课桌前死记硬背式的僵硬学习，强调要从"做"中有效地学习。"所谓有效的学习，就是知识的获得是从事有目的的活动的结果，而不是应付学校功课的结果。"⑥而这个结果的获得是学生通过亲自"操作"获得的。杜威认为给学生现成的材料避免学生犯错是不对的，应给学生未经加工的粗糙的材料，这样"学生才能获得包含在完成了的材料中的智力"⑦。他认为如果学生活动的目的只是为了教学的特性，那么学生获得的知识只不过是技术而

---

① 赵祥麟，王承绪.杜威教育名篇[M].北京：教育科学出版社，2006：4.
② 杜威.民主主义与教育[M].王承绪，译.北京：人民教育出版社，2001：26.
③ 赵祥麟，王承绪.杜威教育名篇[M].北京：教育科学出版社，2006：3.
④ 赵祥麟，王承绪.杜威教育名篇[M].北京：教育科学出版社，2006：4.
⑤ 杜威.民主主义与教育[M].王承绪，译.北京：人民教育出版社，2001：14.
⑥ 杜威.民主主义与教育[M].王承绪，译.北京：人民教育出版社，2001：212.
⑦ 杜威.民主主义与教育[M].王承绪，译.北京：人民教育出版社，2001：215.

已。可见，杜威的"从做中学"理论是对传统教学注重知识本位，从而忽视学生兴趣的反驳，应让学生的知识和行为相统一，以达到预期效果。生活化的思想政治教育就是要学生在生活中接受教育，亲身感受生活之美，让学生亲自去实践，从"坐中学""听中学"变为"做中学"，并把所学理论与生活结合，从而转变学生思想，提高其道德水平。

四、胡塞尔的相关理论

埃德蒙德·胡塞尔在反思欧洲科学危机的背景下提出了"生活世界"理论，他认为生活是科学的基础，科学最终应回归到生活。另外，胡塞尔的"交互主体性"理论对于本书的写作也有重要的启示。

第一，胡塞尔的"生活世界"与科学世界相对应。胡塞尔对生活世界没有给出一个明确的概念，他只是对"日常生活世界"进行论述："最为重要的值得重视的世界，是早在伽利略那里就以数学的方式构成的理念存有的世界开始偷偷摸摸地取代了作为唯一实在的，通过知觉实际地被给予的、被经验到并能被经验到的世界，即我们的日常生活世界。"[①]

倪梁康对胡塞尔的"生活世界"概念做出了解释："生活世界"是"在自然态度中的世界"，基本而言，"生活世界"是指"我们个人或各个社会团体，生活于其中的现实而又具体的环境"[②]。通过倪梁康的解读我们可以看出，生活世界是可以被感知的多彩的世界。生活世界是科学世界的基础和源泉，生活世界孕育着科学世界；科学世界是通过生活世界发展起来的，是从生活世界中抽象出来的，是生活世界的一部分；科学世界和生活世界又是历史的、统一的。思想政治教育生活化也要立足于学生的生活世界，关注学生充满无限可能性且具有教育意义的生活世界。在教育过程中不能只把理论知识的"条条框框"教授给学生，要想使学生健康成长就必须使教育立足于生活，关注生活，充分利用生活中的多种资源，开展丰富多样的教育活动，促进学生的全面发展。

第二，胡塞尔的"生活世界"是我们相互交往的世界。胡塞尔认为人们在生活世界中的交往是相互的，经过探索确立了在哲学史上具有开创意义的"交互主体性"理论，他认为人的交往是主体间的交往，通过主体间的互识和共识

---

① 胡塞尔.欧洲科学危机和超验现象学[M].张庆熊，译.上海：上海译文出版社，2005：64.
② 倪梁康.现象学及其效应——胡塞尔与当代德国哲学[M].北京：生活·读书·新知三联书店，1994：130.

两个方面决定了科学世界的"客观性"。这种交往打破了传统的"主体—客体"交往模式，开启了"主体—主体"式新的交往模式，在这种交往模式下人与人之间的交往是相互平等、相互影响的。思想政治教育的生活化就是要突出学生的主体地位，改变以往的教师和学生"主体—客体"的传统教育模式，强调教育的"双主体"。双方在平等的基础上进行交流对话，这样可以让教师认识到学生的独特性，同样也会使学生感受到自我存在的价值。

第三节　思想政治教育生活化的现实依据

当前的高校思想政治教育，存在着脱离生活实践、背离生活多样性的问题，导致思想政治教育收敛甚微。实现思想政治教育与学生生活的结合，推进高校思想政治教育生活化，既是促进人的自由全面发展的必然要求，也是适应高校学生自身发展特点、提高高校人才培养质量以及推动现代职业教育发展的必然选择。因此，高校思想政治教育生活化具有必要的现实诉求。

一、培育担当民族复兴大任的时代新人的诉求

党的十九大报告指出："培育和践行社会主义核心价值观，要以培养担当民族复兴大任的时代新人为着眼点。"这就为中国特色社会主义进入新时代后，破解"培养什么样的人，如何培养人，为谁培养人"这一历史重大政治课题和人才培养战略议题指明了方向。

（一）培养担当民族复兴大任的时代新人的思想内涵和价值内涵

党的十九大总结了十八大以来的各项成就，鲜明提出并系统阐发了习近平新时代中国特色社会主义思想的理论，表明了我国社会主义发展进入了一个崭新的阶段，也预示着中国由站起来到富起来到强起来的伟大转变。新时代理论的创新不是终点，而是一个更高层次的起点，新的起点即新的征程，在前进的道路上我们一定会面临新的挑战和新的困难，也一定会战胜挑战和困难。培养担当民族复兴大任的时代新人是最核心、最关键的要素，其具有深刻的思想内涵和价值内涵。

首先，担当民族复兴大任的时代新人应是习近平新时代中国特色社会主义思想的信仰者和追随者。这当中的逻辑关系是习近平新时代中国特色社会主

义思想以坚持和发展中国特色社会主义为核心要义，以实现民族复兴的中国梦为新时代的总目标，时代新人就要承担民族复兴的大任，坚决捍卫党的领导，坚决走中国特色社会主义道路。当今社会开放程度高、信息发达，西方国家的价值观念已经伴随着经济的发展、文化的引入而渗透进我国的方方面面，对人民大众特别是对青年人的理想信念产生了巨大的冲击，所以，能够担当民族复兴大任的时代新人在理想信念上应是中国特色社会主义的追随者、共产主义的信仰者，这是我们党执政稳定的根基，而且这个群体的覆盖面越大，我们党的根基就会越稳，这个群体的年龄越轻，我们党永葆青春的时效就会越长。时代新人是自由全面发展的人，对习近平新时代中国特色社会主义思想的信仰和追随是根基、是根本，这也将是一个长期艰巨的培养任务。

其次，担当民族复兴大任的时代新人应是中国特色社会主义现代化的创新者和建设者。民族复兴大任的实现不是靠敲锣打鼓、喊喊口号就能实现的，它是一个长期的系统工程，是经济、政治、军事、外交等方面齐头并进发展后综合实力的集中提升，它需要几代人的不懈努力。中国近代史的发展历程表明：国家强大了才有话语权，落后就会挨打。所以，提升我们实力的关键是建立以创新型精英人才培养为龙头和数以亿计的社会主义现代化建设者为根基的人才培养体系，团结一心、众志成城，立足全面建成小康社会，第一个百年奋斗目标，向实现第二个百年奋斗目标奋勇前进。

最后，担当民族复兴大任的时代新人应是中国传统文化的继承者和发扬者。民族复兴即重回巅峰，再造辉煌。中华民族有五千年的文明史，孕育出以自强不息的爱国主义为精神内核的优秀中华传统文化，滋养着一代又一代的中华子孙不断前行。中华民族的鼎盛时期是在唐宋，当时吸引了世界各地的人员前来学习和朝拜，至今还有很多国家的文化中有着明显的中华民族文明的符号和印记。习近平总书记指出，中华优秀文化传统是我们民族的"根"和"魂"，丢了这个"根"和"魂"，就没有根基了。所以，担当民族复兴大任的时代新人必须脚踏实地，深深扎根于中国传统文化的土壤中，继承传统文化中的自强不息、爱国敬业、见义勇为、尊老爱幼、乐于奉献等品质，同时，培养超前的预见能力和辩证思维，用创新意识、创新精神、创新能力演绎优秀传统文化，使它与时代接轨、与国际接轨、与未来接轨，做传统文化的发扬者。

（二）高校培养担当民族复兴大任的时代新人实践路径

新时代、新理论、新梦想、新青年。担当民族复兴大任的时代新人的培养应覆盖到全体中国大众，覆盖到各个年龄，各种职业。但是，青年是祖国的未来和希望，是培养的重点，大学生作为青年中的中坚力量，更是重中之重。高校作为高等教育的重要组成部分，承担着中国由制造业大国向制造业强国迈进的重任。习近平总书记，党的在十九大报告中明确提出："建设知识型、技能型、创新型劳动者大军，弘扬劳模精神和工匠精神，营造劳动光荣的社会风尚和精益求精的敬业风气。"

这为高校人才培养指明了方向，即以工匠精神为切入点，打造新时代的劳动者。工匠精神在个人层面上是一种爱岗敬业、精益求精的职业素养，在国家层面上是全体劳动者不断创新、执着向上的精神特质。工匠精神的培育对推动中国制造向中国创造、中国速度向中国质量、中国产品向中国品牌转变具有重要意义。工匠精神的培育对高校的学生十分重要，主要体现在以下两个方面：其一，要做好顶层设计，工匠精神的形成不是随机的，是有目的、有计划的训练过程，从入学开始就要树立浓厚的导向氛围，将精益求精的严谨态度渗透进学生学习和生活的每一个环节。其二，要推进工学结合、德能并进的技能培养模式。工匠的技艺是工匠精神的物质灵魂，在实践中要求做好专业设计、人才培养计划、设计现代学徒制的课程模式，组建名师工作坊，通过提升专业技能，养成良好的职业素养，为培养大国工匠奠定基础。

二、实现思想政治教育育人目标的诉求

思想政治教育不仅是重要的实践活动，还是人的一种存在方式。思想政治教育在人的不断生成和自我完善过程中，起着至关重要的作用。促进人的生存与发展，实现人的自由全面发展是思想政治教育的人才培养目标。

（一）人的自由全面发展的马克思主义界定

人的自由全面发展是马克思思想中非常重要且论述较多的问题，它包含着"自由"和"全面"两重规定，这两重规定最终归结于"人的发展"。

马克思把"每个人的自由发展"看成是人的发展目的，并在《共产党宣言》中明确提出"每个人的自由发展是一切人自由发展的条件"。在马克思看来，自由是人以自己占有和享受自己的全面本质为出发点，而非出于生存的逼迫和社会的强制，人的本质得以充分发挥，在这一过程中，人的个性差异得到充分肯定，人性得以丰富多彩得展现出来。

马克思对于人的全面发展的要求，包含着人的全部本质的发展，在《1844

年经济学哲学手稿》中，马克思指出，"通过实践创造对象世界，即改造无机界，证明了人是有意识的类存在物，就是说是这样一种存在物，它把类看作自己的本质"。人的本质，正是在人们能动的实践过程中得到发展的。马克思发现，资本主义的私有制使工人处于异化的不利地位，只有扬弃了私有财产之后，才能使人的本质得到解放，此时，人才能真正地全面发展。这样看来，人的全面发展并不是过往学派所阐述的抽象的发展，而是具体的、带有社会规定性的发展；人在一定的社会关系中通过生产劳动发挥人的本质的全面发展，并以一种全面的方式占有本质，这就是马克思关于全面发展的内涵。

在人的自由全面发展中，自由发展与全面发展是相辅相成、辩证统一的。一方面，人只有得到全面发展，能力具有一定的全面性，才有可能具备自由选择的基础和条件，才能适应职业发展和社会变化，按照个人的兴趣、爱好自由地发展；另一方面，人只有具备自由发展的条件，不受外在条件和目的的束缚，才可能真正实现全面发展。在未来的共产主义社会，人自由发展的充分实现必然会带来人的全面发展，因为共产主义社会是一个"以每个人的全面而自由的发展为基本原则的社会形式"，它的本质特征就是"建立在个人的全面发展和他们共同的、社会的生产力成为从属于他们的社会财富这一基础上的自由个性"[1]。人的自由全面发展实质上就是指人的自由、自觉的活动及在这种活动中所展现的人的本质价值的全面复归。实现人的自由全面发展，就是要使人真正成为自然和历史的主人，成为社会的主体，充分发挥人在社会发展中的主导作用。

（二）人的自由全面发展是思想政治教育的人才培养目标

依据马克思的观点，实现人的自由全面发展，需要消灭旧式分工，扬弃异化劳动，还需要全面的教育。全面的教育是实现人的自由全面发展的重要途径，"教育将使年轻人能够很快熟悉整个生产系统，将使他们摆脱现在这种分工给每个人造成的片面性。这样一来，根据共产主义原则组织起来的社会，将使自己的成员能够全面发挥他们全面发展的才能"[2]。教育与生产实践的紧密结合能够使人在劳动过程中培养和提升自己的才能，而不是沦为生产的机器。"未来教育对所有已满一定年龄的儿童来说，就是生产劳动同智育和体育相结合，它不仅是提高社会生产的一种方法，还是造就全面发展的人的唯一方法。"

---

① 马克思.资本论[M].何小禾，编译.重庆：重庆出版社，2014：71.
② 恩格斯.共产主义原理[M].林若，译.民间出版社，1949：24.

全面的教育是包含德智体美劳的教育，思想政治教育是其中一个重要的方面。教育与生产实践的紧密结合，促进了人的自由全面发展，而人的自由全面发展包含着人思想道德素质和政治素养的提升，这就必然离不开思想政治教育。社会主义的本质就是解放生产力，发展生产力，而发展生产力的落脚点就是人的自由全面发展。因此，对人的关注是思想政治教育的根本，人的自由全面发展是思想政治教育的目标。只有促进人的自由全面发展，才能使人们更积极地投身于中国特色社会主义建设中，也才能为共产主义的实现准备更充分的条件。

思想政治教育的人才培养目标，不仅仅要使人遵守社会所倡导的价值规范，成为一个能够适应社会需要的人，而且要尊重人的本性和现实需求，使人在自由全面发展中过一种有价值、有意义的生活。将人的自由全面发展作为思想政治教育的培养，主要的原因归结为：第一，实现思想政治教育个体价值的要求。个体价值是指思想政治教育作用于个体而孕育的内在价值。思想政治教育是一项专门做人的工作，把人作为研究对象，通过对个体思想和行为的导向、精神动力的激发、个体人格的塑造、个体思想和行为的规范等方面塑造人的全面素质（包括思想、道德、政治素质等），促进人的自由全面发展。第二，实现思想政治教育社会价值的要求。社会价值是指思想政治教育作用于政治、经济、文化和生态等所呈现出的政治、经济、文化和生态价值。思想政治教育的社会价值最终要通过人的实践来体现，通过培养自由全面发展的人，提高人的物质文化水平，提升人的综合能力和素质，才能熔铸一个民族的生命力、创造力和凝聚力，进而推动政治、经济、文化、生态文明建设。

（三）思想政治教育生活化对实现思想政治教育人才培养目标的重要性

2016 年 12 月，习近平总书记在全国高校思想政治工作会议上指出："思想政治工作从根本上说是做人的工作，必须围绕学生、关照学生、服务学生，不断提高学生思想水平、政治觉悟、道德品质、文化素养，让学生成为德才兼备、全面发展的人才。"[①] 习近平总书记在党的十九大报告中指出，要加强和改进思想政治工作。思想政治教育不仅仅是使人适应并服务于社会，更重要的是关照人的现实生活，实现人的全面发展。实现思想政治教育的目标，关键是充

---

① 董杰 . 新时代高校思想政治工作突出要点分析——习近平总书记在全国高校思想政治工作会议上的讲话学习体会 [J]. 思想理论教育导刊 ,2018(6):126–129.

分发挥思想政治教育的育人作用，提高实效性，其重要途径就是实现生活化。

思想政治教育生活化有利于实现人的自由发展。传统的思想政治教育以"灌输式"的课堂教学为主，教育内容"知识化"倾向突出，学生多是被束缚在课堂上进行被动的理论学习，从这一层面上看，思想政治教育不但没有促进人的自由，反而束缚了人的自由。要摆脱这种困境，实现生活化是其唯一出路。思想政治教育生活化面向每个人的生活世界，关注每个人的现实生活，课堂教学引入生活化元素，课堂之外的生活实践融入思想政治教育的内容，将思想政治教育与生活真正融合，学生才能在自由发展中提升自身的思想水平、政治素养、道德标准，且更有利于具备自由发展的基础和条件。

思想政治教育生活化有利于实现人的全面发展。随着时代的变迁和社会的发展，思想政治教育的内容不断丰富和扩展，不仅包含思想教育、政治教育、道德教育，还包含法治教育和心理教育等内容，涉及人的全方面的素质要求。实现人的素质的全面提高，就必然要使思想政治教育与人的生活实践、现实需求相结合，让人们在现实生活中享受到人的尊严、自由与权利，不知不觉中提高人的道德素质和精神境界，实现人的全面发展。

总之，思想政治教育生活化是实现人的自由全面发展的必然选择，从生活中来，到生活中去，思想政治教育只有与生活紧密融合，才能真正发挥其应有的教育作用，才能实现思想政治教育的人才培养目标。

三、提升高校学生思想素养的诉求

习近平总书记在 2016 年 12 月 7 日至 8 日出席全国高校思想政治工作会议时强调："高校思想政治工作关系到高校培养什么样的人、如何培养人以及为谁培养人这个根本问题。要坚持把立德树人作为中心环节，把思想政治工作贯穿教育教学全过程，实现全程育人、全方位育人，努力开创我国高等教育事业发展新局面。"

推进高校思想政治教育生活化，使思想政治教育贴近实际、贴近生活、贴近学生，是由高校学生的特点及社会发展对"准职业人"的新要求所决定的，是提高高校学生人才培养质量的必然诉求。

（一）立德树人：社会发展对高校学生的新要求

近年来，职业教育为社会培养了大规模的技术技能人才，为经济社会持续健康发展做出了重要贡献，但同时高校人才培养过程中也存在一些问题。例如，学生文化基础薄弱、职业精神欠缺、可持续发展能力不强等。为此，教育部印发的《关于深化职业教育教学改革全面提高人才培养质量的若干意见》中特别指出："以增强学生就业创业能力为核心，加强思想道德、人文素养教育和技术技能培养，全面提高人才培养质量。"

国家对职业人才培养的要求是针对社会经济发展的新变化而提出的。现代社会对员工工作素质的要求在变化，企业对人才的要求也不再是满足上岗要求的岗位技能，而是更加看重其是否具有适应社会发展的综合素质，企业看重的不仅仅是员工的专业方面的能力，职业道德素养方面的能力也是他们选择员工的一个重要因素。因此，高校学生应该是以全面素质为基础、以能力为本位，既能顶岗又具有发展潜力的复合型人才，"德"和"能"并进的技术技能人才成为社会的必然需求。其中的"德"具体到职业精神当中，就是"工匠精神"，正如在2016年的职业教育现代化座谈会上，李克强总理在批示中所说，要加快培育大批具有专业技能与工匠精神的高素质劳动者和人才。

"工匠精神"是为适应社会经济发展而对技术技能人才提出的新要求、新标准。"工匠精神"是指工匠对自己的产品精雕细琢，精益求精的精神理念。"工匠精神"是职业道德和职业操守的最高境界，涉及职业道德、职业理想、职业行为规范等方方面面。作为即将走向工作岗位的高校学生，要成为合格的"工匠"，应当具备如下精神：一是应当具有高尚的爱国主义情感和高度的民族责任感，具有强烈的民族自尊心和自信心及为民族振兴而不懈奋斗的精神；二是应当具有诚实守信、服务群众、奉献社会的职业道德；三是应当具备对待工作精益求精的敬业精神，严谨、耐心、坚持，充分发扬专注的职业精神。习近平总书记指出："我国高等教育发展方向要同我国发展的现实目标和未来方向紧密联系在一起，为人民服务，为中国共产党治国理政服务，为巩固和发展中国特色社会主义制度服务，为改革开放和社会主义现代化建设服务。"[①]

高校学生是实现"中国制造2025"伟大目标，推动中国动能转换和产业升级的重要力量，因此，以立德树人为目标，满足学生自身发展需求，实现社会和国家的期待，成为高校推进思想政治工作的必然要求和趋势。

（二）思想政治教育生活化对提高高校学生人才培养质量的必要性

高校学生的特点为高校思想政治教育指明了方向。思想政治教育应当从

---

① 姚岱虹.高校思想政治工作聚焦主体的变化解析——学习习近平总书记在全国高校思想政治工作会议上的讲话[J].四川职业技术学院学报,2018,28(2):10-15.

学生的特点出发，在分析学生实际情况的前提下与学生需求相结合，因材施教，将思想政治教育的内容、理念与要求融入学生丰富多样的生活中，引导学生真学、真信、真懂、真用，做到入耳、入眼、入脑、入心，以达到思想政治教育育人的目的。

首先，高校思想政治教育生活化使学生在实践中提高能力。当前高校非常重视社会实践，大力开展实训教学，思想政治教育生活化是就在遵循高校实践教学模式的基础上，突出学生实践动手能力和技能的培养，强调理论联系实际、学以致用，使学生在实践中开阔眼界，增长见识，提高能力。思想政治教育生活化除了理论课教学之外，还通过加强实践环节，来丰富教育内容。通过党团活动、班级活动、公益活动、社会调查、军事训练等实践活动，与课堂教学建立互补联系，使思想政治教育面向学生的整个生活世界。学生在实践过程中能够积极参与其中，在实践活动中领会到知识的功能，在亲自感受和体验过程中培养发现问题与思考问题的能力，激活分析问题与解决问题的潜能，提高运用理论知识指导实践的能力。

其次，高校思想政治教育生活化使学生在校企融合的文化氛围中养成职业道德观念。高校教学目标旨在培养学生的职业能力，培养目标更强调贴近企业，贴近经济发展的需要，努力面向基层，面向生产第一线。高校的思想政治教育要体现出教学培养的目标要求，以学生的职业发展为核心，培养合格的"准职业人"。思想政治教育生活化强调充分开发企业文化资源，将企业文化与校园文化相结合，使学生在校园中就能感受到校企融合的文化价值。思想政治教育利用文化熏陶的作用，不断加强对社会主义合格职业人才思想意识的塑造。在理论引导与社会实践的过程中，让学生积极树立正确的世界观和人生观；让学生主动了解世界和中国，了解国家的发展变化，提升民族自豪感；引导学生关注社会的焦点和热点，正视自身的社会价值，树立正确的职业道德观念。

最后，高校思想政治教育生活化使学生在人文关怀中健康成长。大学生具备自身独特的身心特点，具有较强的自我意识，乐于接受新事物、新思想，但是他们也存在一定的逆反心理、自卑心理、矛盾心理等问题，这些问题如果处理不好，很有可能会诱发更多的问题，既不利于学生的身心健康，也不利于学生的长远发展。高校思想政治教育生活化强调思想政治教育要与学生主体相贴近、与社会现实相贴近、与真切的生活相贴近，坚持以人为本的原则，将大学生的思想特点、心理特点等研究透彻，使教育从有可能引发学生各种困惑的思想、心理、生活、情感、学习、就业等方面的不和谐因素展开。坚持一切教育都要以切实解决学生成长和发展中的问题为切入点，坚持一切教育都要从学生的实际需求出发，一切教育都是为了学生的健康成长和持续发展。

第四节　思想政治教育生活化的学科依据

思想政治教育学科经历了从建立、发展到深化、繁荣的过程，在这个过程中，积累了重要的经验，并随着社会的变化和实践的发展，呈现出新的发展趋势。

一、思想政治教育学科发展的历史进程

思想政治教育学科，大致经历了"创建—发展—繁荣"的发展历程，具体体现在以下三个阶段。

（一）学科创建阶段（1984—1995 年）

20 世纪 80 年代初，一场关于思想政治工作科学化的讨论在全国范围内开展，提出了"思想政治工作要成为一门科学"的论断，同时还第一次提出关于思想政治教育学科名称的设想。思想政治教育学科创立的标志是 1984 年思想政治教育学科本科专业的建立，自此，思想政治教育学科建设有了基本保证和依托，学科建设进入系统化、规范化时期。这一时期，高校系统及高校以外的社会研究力量成为思想政治教育学的教学和研究力量，推动着思想政治教育理论和实践的发展。另外，这一时期此学科的研究领域不断深化和扩展，如在学术界兴起的思想政治教育环境研究、思想政治教育评价机制研究、思想政治教育价值研究等。

（二）学科发展阶段（1996—2005 年）

思想政治教育学科在 1996—2005 年获得了积极稳步的发展。主要表现如下：一是实现了学科融合，这一阶段实现了马克思主义理论与思想政治教育的有机融合，在学科建设过程中，思想政治教育学科始终坚持以马克思主义理论作为思想政治教育的指导思想与核心内容，同时又注重探索思想政治教育的特点与规律，推动了马克思主义理论的发展；二是实现了学科升级，在这一阶段，不仅建立了马克思主义理论与思想政治教育的博士点学科，思想

政治教育研究的专业化和科学化水平都有了显著提升，还建立了马克思主义理论与思想政治教育的国家重点学科，进一步提升了思想政治教育的学科层次和地位。

（三）学科繁荣阶段（2006年至今）

2006年以来思想政治教育学科从原来的隶属于政治学一级学科改变为隶属于新设立的马克思主义一级学科，学科门类有了转变，由此获得了更大的发展空间和平台。另外，这一阶段，思想政治教育与教育学、政治学、哲学、社会学、党的建设、文化学等学科交叉，为思想政治教育建设夯实了理论基础，形成颇具特色的研究领域，如思想政治教育管理学、隐性思想政治教育研究、思想政治教育心理学等。

经过30多年的发展，思想政治教育逐渐发展成为学科结构比较合理、学科层次显著提升的新兴学科，为促进思想政治教育实践的科学化与实效性提供了重要的科学支撑。

二、思想政治教育学科发展的基本经验

历经30多年的发展，思想政治教育学科积淀了许多宝贵的经验，为今后的深入发展奠定了基础。

（一）坚持马克思主义为指导

思想政治教育学科是一门体现我国政治优势，具有中国特色的新兴学科。这一学科从一开始就以马克思主义特别是中国化的马克思主义作为指导思想。思想政治教育学科始终把马克思主义科学理论的指导贯穿于学科建设的全过程，既注重立足我国国情，在实践中总结基本经验；又注重以马克思主义为指导，在探索其他国家的思想政治教育优秀经验的同时，揭示思想政治教育的普遍本质。同时，思想政治教育学科始终把马克思主义作为思想政治教育的核心内容，注重引导学生提高马克思主义理论素养，自觉运用马克思主义的立场、观点、方法，分析和解决实践中的突出问题，帮助大学生确立正确的价值取向和政治方向。

（二）坚持实践发展为依托

思想政治教育学科是以实践为基础而形成的一门应用性学科，它在实践中诞生，并在实践中发展。思想政治教育实践是社会实践的重要组成部分，通

过加强思想政治教育，提高人们的思想道德素质，促进人的全面发展，是思想政治教育的根本任务。思想政治教育实践是检验思想政治教育学科建设成效的根本标准。通过实践检验，思想政治教育学科建设过程中的发展成果及呈现的问题得以彰显，进而为思想政治教育学科的改善和发展提供依据。

（三）坚持服务育人为根本

思想政治教育学科建设坚持以服务育人为根本，就是通过思想政治教育提高人的思想道德素质、科学文化素质和身心健康，促进人的全面发展，进而为社会发展提供重要的人才支撑。

思想政治教育学科注重满足大学生的思想道德和精神文化发展的需要，从大学生的道德和精神需求出发来开展思想政治教育，通过千方百计地满足大学生思想道德和精神文化发展的需要，从而实现自己的学科价值，把促进全社会成员思想道德素质和综合素质的提高作为实现自身价值的有效途径。

三、思想政治教育学科发展的现实要求

思想政治教育实践及其赖以产生的社会实践是思想政治教育学科产生和发展的基础。由于实践不断产生问题并提出问题，进而需要思想政治教育学科进行回应和解答，在这一对实践的回应和解答过程中，思想政治教育学科获得了发展的不竭动力。

思想政治教育学科虽发展较为迅速，但毕竟是一门新兴学科，仍然有许多问题需要深化研究，随着社会的快速发展和人的全面发展，还会不断涌现新的研究课题。因此，牢牢把握社会实践发展趋势，才能把握思想政治教育学科前沿，从而推进理论创新。思想政治教育生活化作为思想政治教育研究的一个新的视角，将思想政治教育与生活相结合，关注人的生活世界，为思想政治教育的现代发展提供可能的路向，尤其是从研究范式和方法论层面对思想政治教育的有效性进行了现实的观照。

思想政治教育生活化研究，是当今时代思想政治教育发展的趋势，有利于促进思想政治教育学科的创新发展。思想政治教育的研究视域只有适应思想政治教育学科创新发展的要求，不断推进思想政治教育的理论创新和实践发展，才能逐步建构富有中国特色的思想政治教育科学体系，不断发展思想政治教育的学科优势，开创思想政治教育学科建设的新局面。

通过对思想政治教育生活化依据的深入分析，可以得知，使思想政治教

育走进生活，实现与生活的紧密结合已经成为一种必然选择。然而，实现思想政治教育生活化并非轻而易举之事，只有了解当前思想政治教育与生活相疏离的现状和原因，并进行深刻的反思，才能找出解决问题的关键。

第四章 思想政治教育生活化实现的可能性分析

第一节　思想政治教育与生活的相关性

生活世界与思想政治教育具有的同构性，是指生活世界和思想政治教育在人的对象性活动中，在本质方面具有相同的结构和性质，对人的本质存在来说具有一种内在的相关性。无论生活世界还是思想政治教育，在人的存在和发展中无时无刻不保持着彼此的信息交换，从而使每一方都有属于自己的性质，又有着归属于对方的特征。人的生存状态、生活方式与生活质量都是意识反思的对象。正是通过反思活动，人才从原有生活或曾经经历过的生活那里获得了启发，生活成为建构新的生活方式的原型。生活世界中人在生活过程中的各种行为方式，如认知、理解、唤醒、陶冶、体验、感悟、交往等，往往就是极具发展性的教育方式，这些生活方式是生活主体体现主体性特征的活动方式，而生活世界中的各种生活性资源就成了思想政治教育的基本性资源。生活世界发展人，也教育人，思想政治教育也教育人、发展人，因而两者具有相关性。在生活世界中人人都是教育者和受教育者，到处都是生活世界传承与教育的场所，生活世界的生活性资源为人的发展提供了接受全面教育的条件与机会，使每个人都能全面地占有与分享社会生活的丰富经验，因此，生活世界的教育意义充分体现在人的生活的全过程，体现在这个过程中的每一个要素和每一个侧面中。

从生活世界的视角观照思想政治教育，生活世界不但以思想政治教育的方式展开活动，而且在一定意义上是思想政治教育本身。生活世界不仅是一种静止不变的构成，更是一种动态不断变化的生成过程。思想政治教育本身也是一种生活世界与生活世界行为，它是生活世界的动态生成和展开。思想政治教育的目的与价值诉求包含主体的内在尺度，反映客观对象外在固有尺度的生活世界的存在，是思想政治教育过程中根据客观规律去实现人的意志，把对象改变为符合人的需要而存在的社会的生活世界凝结物，因而具有生活世界的意义。思想政治教育的结果是在外部环境对象中，以客观的形式（教育实践活动）实现的主观目的（思想政治教育的目标）。它既不是一种思维的产物，也不是一种自然的产物，而是凝结与体现了人的本质力量的产物。思想政治教育的结果作为人的本质力量的外化，不但是生活世界的存在物，而且构成了生活世界最根本的内容，因此，思想政治教育的过程在一定意义上又是一个生活世界的过程，是一个生活世界生成和展开的过程。思想政治教育成了人的一种存在方式。所以，思想政治教育唯有根植于生活世界并为生活服务才具有强大的生命力。正如陶行知指出的："过什么生活便受什么教育；过健康的生活便受健康的教育……我们可以说，好生活是好教育；坏生活是坏教育；高尚的生活是高尚的教育；下流的生活是下流的教育；合理的生活是合理的教育；不合理的生活是不合理的教育；有目的的生活是有目的的教育；无目的的生活是无目的的教育。"① 正是由于生活世界与思想政治教育具有同构性，所以，人们可以通过对生活世界的结构和功能的把握来理解和把握思想政治教育的结构与规律。反过来，通过对思想政治教育活动过程与规律的把握，人们可以从更为深刻的层面来理解和把握生活世界以及生活世界中人的生成、生活、生长与发展。

一、思想政治教育需要生活世界的策动

思想政治教育不仅把生活世界作为重要的根基，把一切活动建立在生活世界之上，其顺利开展也需要生活世界的现实策动，因而，生活世界成为思想政治教育的动力源。

第一，生活世界是人的德行的源泉。人的德行是人在生活世界中进行实践活动和交往沟通的一种理性表达，也是人的一种理想诉求。人的社会关系是一种十分复杂的关系，它实质上反映的是社会生产和社会生活中人们所形成的一种交往关系、权益（利益）关系和道德关系，从根本上反映了人的社会生产和生活的基本方面和要求。只有通过人的社会生产和生活才有道德的内容与德行的要求。从表面看，思想政治教育似乎以教来形成人的德行，但是，德行本身表现的是一种现实活动的关系。正如杜威指出的那样："道德同存在的事实性密切相关，而不是同脱离实际的理想、目的和责任相关，作为道德基础的事实，来源于人们相互之间的密切合作，来源于人们在愿望、信仰、满足和不满的生活中相互关联的活动结果。"生活作为道德的基础，是和道德连为一体的，如果脱离了现实的生活，道德就必然变成死板的条文和肤浅的原则。此外，人的生活过程就是道德规范不断习得和道德形成的过程，这个历程本身就有教育的作用。所以说，人的德行、思想品行是在人的生活实践活动和交往行动中形成的，也就是在人的丰富多彩的生活世界中形成的。

---

① 焦金波.多元文化中"生活认知"道德教育研究[M].徐州：中国矿业大学出版社，2019：34.

第二，生活世界是人的价值实现的直接的原生性基础。生活世界中人的生活过程就是人的价值生命实现的积极动态的因素，在人的生命价值实现的过程中，生活世界是最生动、最富有感染力与生命活力的。它能够让人通过人类特有的意识行为去反思人的生命历程、生存样态、生活方式和生活质量，从而获得深刻的生命感悟、丰富生活领会与情感体验，并且把不断发展变化的社会历史条件作为依据，不断更新和改变个体和整个人类的生存条件与生活方式。人的生活过程就是生命成长、丰富和完善的过程，因此，人在生活世界之中，身心的每一部分、每一个侧面和每一个元素都充满了情感和生命固有的活力。思想政治教育是推进人的价值生命实现的重要途径，思想政治教育的价值目标就是满足人的身心发展的需要，使人生过得更加辉煌灿烂，促进人的价值的实现，推动人的全面自由发展。

第三，生活世界是思想政治教育建构可能生活的基础和依据。思想政治教育的目的与指向不是使人保持现有的生活状态，不是使人一成不变。思想政治教育具有鲜明的超越性本质，努力推动人去超越、构建，实现人可能的、应有的、理想的生活。不同的生活方式、生存状态和生活理想，都要求有不同层面、不同深度的思想政治教育与之相适应，因此，生活世界制约着思想政治教育对可能的、理想的生活方式与生存状态的追求。除此之外，生活世界蕴含丰富的思想政治教育价值，它作为人类赖以生存和发展的舞台，在直观的形式上尽管表现为琐碎、平凡，甚至有许多的不经意，但人类的许多优秀道德内涵、人生的意义和价值泛化其中。无疑，生活世界中一切优秀的物质文化、精神文化为思想政治教育奠定了坚实的物质基础，提供了重要的物质保证，我们的思想政治教育绝对不能离开生活世界中丰富的物质基础而去建构人类的可能生活、理想生活。生活世界为思想政治教育提供了丰富多彩的教育资源，展现了一个广阔的教育舞台。

二、思想政治教育是精心组织的生活世界

思想政治教育是一种生活形式，而且是一种特殊的生活形式，是一种生活世界。生活是"人为了生存和发展而进行的各种活动"。思想政治教育与政治、经济等社会生活领域一样，属于有组织、有计划的非日常生活形态。"生活事件构成了整个思想政治教育过程，成了思想政治教育存在的真实根基。"思想政治教育之所以是一种特殊的生活形式，主要表现在它不同于自在的、自发的日常生活形态，它是有组织、有计划、有十分明确的目的性和价值导向的

生活过程，它的每一个细节都经过精心的设计，包括内容与方法。从某种意义上来说，它超越日常生活，是严格按照思想政治教育学科特有规律运行的生活形式。思想政治教育是意识形态与非意识形态相互统一的生活形态，思想政治教育始终坚持以意识形态中的意识形态性因素为主导内容，同时又要把意识形态中对全社会具有普遍意义的非意识形态性因素作为辅助内容，它是这两者的有机统一，是对现实生活世界复杂性与整体性的真实写照。此外，思想政治教育追求真善美的艺术化的生存。思想政治教育授人以真理，使人追求人性的美好，以创新的精神来改造自身，在实践中不断地生成和发展。"人在这种自由境界中肯定自己、复现自己、观照自己，感受到自己的创造力量，即引起了人的美感。美感实际上是一种创造的满足和愉悦，是由于人的自由的创造力得到肯定而获得的一种精神上的自由感。"① 思想政治教育正是要走向这种使人成其为人的自由自觉的类生命活动，使人诗意地生活。

第二节　思想政治教育的逻辑起点

在现实生活中，人们一直把思想政治教育所具有的社会功能看作是其存在的根基，而忽略了生活世界中现实的个人。其实，在思想政治教育这一社会现象中，作为个体的人是不可缺少的，马克思指出："人们的社会历史始终只是他们的个体发展的历史，而不管他们是否意识到这一点。他们的物质关系形成他们的一切关系的基础。这种物质关系只不过是他们的物质的和个体的活动所借以实现的必然形式罢了。"在马克思看来，现实的个人是历史唯物主义研究的逻辑起点和价值归宿，同样，生活世界中现实的人也是思想政治教育的逻辑起点。

一、思想政治教育逻辑起点

探究逻辑起点是什么，怎样确立逻辑起点，用恩格斯的话说，就是指"科学应该从何开始"的问题，这也就说明了逻辑起点是指范畴体系的起始范畴。"从最简单的基本的东西出发……因为这里，在这些基本东西那里，'全部发展就在萌芽中'。"② 逻辑起点应该是什么范畴？它不能靠主观猜测或臆断来确

---

① 王向峰. 老庄美学新论 [M]. 北京：人民教育出版社，1999：64.
② 马克思. 资本论 [M]. 何小禾，编译. 重庆：重庆出版社，2014：67.

定，主要是看它是否在客观上符合科学的逻辑起点的基本要求。就一般情况来说，要成为逻辑起点必须具备以下几个基本要求：第一，逻辑起点是一门学科中最常见、最简单，也是最抽象的范畴，这样的范畴标志着事物的直接存在。例如，列宁曾把马克思的伟大著作《资本论》的逻辑起点（商品）称为直接的"胚芽""细胞"与"存在"等，研究对象的"纯存在"范畴是以逻辑起点作为明显标志的，它充分体现了"存在论—本质论—概念论"动态的逻辑结构。第二，逻辑起点是事物全部发展的最初形态，它涵盖着一切矛盾或一切矛盾的"胚芽"。当研究对象从低级形式到高级形式运动发展时，逻辑起点以这种"胚芽"的形式包含着一切矛盾中最基本、最主要的矛盾运动。第三，作为一门学科，它的起点和终点应该是辩证统一的、相互呼应的，不能人为地把它们割裂开来，从整个学科体系构建和发展来考察，它是以学科的逻辑起点及其对本学科基本问题的抽象回答作为起点的。第四，以基本问题在实践运行中表现出的诸多具体问题的回答作为学科的终点，在回答具体问题中，逻辑起点本身在从起点到终点的演变过程中得到越来越具体明确的解释，从而达到起点和终点的辩证统一。任何一门学科的构建与发展都必须建立在某一逻辑起点之上，并且依照科学的方法论，展开思维而形成符合逻辑推理的概念和原理的理论体系。"学科的科学理论体系，一般认为首先应当确定它的逻辑起点，从逻辑起点出发，借助逻辑手段，按照学科的内在规律，层层推导，科学地逐步展开，构成严谨的逻辑体系。"[①] 逻辑起点不仅是整个学科体系形成和发展的关键，更是准确反映该学科赖以存在和发展的核心要素，它是一门学科产生的源头活水。逻辑起点就好像构建学科理论大厦的基石，如果不存在逻辑起点或者没有确定它的逻辑起点是什么，很显然，这门学科的体系或结构一定是松散与无序的，它的理论一定缺乏科学性，从而经不起推敲和实践的检验。因此，思想政治教育的逻辑起点不仅是构建思想政治教育学科体系大厦的坚固基石，也是增强思想政治教育实效的关键，它会直接制约和决定思想政治教育的理念、教育目标、教育内容以及教育方式。

近十几年来，思想政治教育和思想政治教育学科得到了长足的发展。关于思想政治教育的逻辑起点问题的争论与探索，引发了学术界包括思想政治教育领域不少思考，也得到了不少的研究成果。这些研究成果对推动思想政治教育学科的发展产生积极的作用，但目前对于思想政治教育逻辑起点的科学界定

[①] 马克思. 资本论 [M]. 何小禾，编译. 重庆：重庆出版社，2014：21.

还没有形成统一的观点。关于现代思想政治教育逻辑起点的研究，我们梳理出以下一些主要观点。

（一）以思想政治教育的研究对象为思想政治教育的逻辑起点

"人"作为思想政治教育的逻辑起点，包括现实的人、现实的具体的人、现实的个人、实践的人，这方面的研究以刘瑞平教授的观点最具代表性。他在《思想政治教育的逻辑起点》一文中，把"现实的人"作为思想政治教育的逻辑起点。他明确指出，确立"现实的人"作为思想政治教育的逻辑起点，就可以克服长期以来思想政治教育过分强调人的社会性，轻视人的自然性、个体性，把思想政治教育内容政治化、意识形态化和工具化的局限。此外，他还认为，思想政治教育要促进人的全面发展，充分激励人的积极性与创造活力，不仅要注重人的社会关系、社会属性及社会价值，更要十分重视人的自然属性和自然价值，从而实现自然性与社会性的双向建构，因此，必须把人的主体性置于空前的高度。最后，刘瑞平教授指出："以'现实的人'作为思想政治教育的逻辑起点，决定了思想政治教育的教育理念人本化、教育目标具体化、教育方法隐蔽化。"蔡瑞燕教授在其文章《现实的人：大学生思想政治教育的逻辑起点》中，同样把"现实的人"作为大学生思想政治教育的逻辑起点，那就是思想政治教育要从历史的，具体的，整体、个性差异的和不断变化的人出发①。蔡瑞燕进一步指出，教育是由教育者有意识地创设一定的环境，通过一定的教育方式对受教育者施加影响，而受教育者有选择地吸收各种影响因素并不断地内化、外化达到自我成长、自我发展的过程，因此，任何教育都只能是针对"现实的人"起作用。所以，大学生思想政治教育要真正落实以人为本的教育理念，促进大学生的不断发展，必须以"现实的人"作为逻辑起点，提高思想政治教育的针对性与有效性。雷骥教授在其论著《现代思想政治教育的人性基础研究》中，把"现实的个人"作为现代思想政治教育人性基础研究的逻辑起点，他从共时态与历时态两个不同的视角来把握"现实的个人"的哲学内涵，认为"现实的个人"是思想政治教育学科体系最基本最重要的范畴，它就是全部思想政治教育（包括思想政治教育学科）的逻辑起点。"从现代思想政治教育的人性基础研究自身来说，'现实的个人'不仅是现代思想政治教育研究的逻辑起点，也是现代思想政治教育人性基础研究的逻辑起点。"他把"现

---

① 蔡瑞燕.现实的人：大学生思想政治教育的逻辑起点 [J].高等农业教育,2007(4):25-27.

实的个人"作为逻辑起点的根本理由在于：马克思强调现实的具体的历史的人是研究人类社会历史的出发点，而其他必然成为研究人性、人权、人学等内容的出发点、历史起点和逻辑起点。所以，"现实的个人"构成了现代思想政治教育中最基本的一对矛盾，即教育主体与客体之间的矛盾，也就是施教主体与接受主体之间的矛盾。"现实的个人"包含着现代思想政治教育学科理论体系中一切矛盾的"胚芽"，此外还构成了现代思想政治教育基本规律、具体变化与发展的现实基础。

（二）以人的某一属性或特性作为思想政治教育的逻辑起点

学者徐志远等在《思想与行为应是现代思想政治教育学的逻辑起点》一文中，从逻辑起点的规定性入手，把思想与行为作为思想政治教育的逻辑起点，并且分析了思想与行为这一对范畴完全符合逻辑起点的四个基本要求：一是思想与行为是现代思想政治教育学中最常见、最简单、最抽象的范畴；二是思想和行为与现代思想政治教育学的研究对象相互制约与规定；三是思想与行为所固有的内在矛盾蕴含以后思想政治教育学科发展过程中一切矛盾的"胚芽"；四是思想与行为是思想政治教育形成和发展的历史的起点，充分体现了逻辑与历史的有机统一[①]。徐志远等在论证把思想与行为作为思想政治教育逻辑起点的基础上，结合思想政治教育的现实，深刻地阐明了把思想和行为确定为现代思想政治教育学逻辑起点所具有的意义。王东莉在其文章《人文关怀：当代学校德育的逻辑起点》中，从人文关怀价值的独特视角出发，认为学校德育的本质是一种塑造人、转化人、培养人、发展人、完善人的社会性教育活动，同时也是一门人文色彩很浓的学科，它应该具有广泛而深厚的人文关怀内涵，它的人文关怀价值是统领价值系统的核心价值，因而成为发挥德育功能的逻辑起点。王学俭教授在其论著《现代思想政治教育前沿问题研究》中，把"人的需要"作为思想政治教育的逻辑起点，他指出：思想政治教育的主体和客体都是人，思想政治教育的重要目标就是满足人的需要，因此，思想政治教育只有从人的需要出发，满足了价值主体最广泛和全面的需要，才能充分实现其存在价值[②]。高岩教授在其文章《论学校道德教育的逻辑起点》中分析指出：学校思想政治教育的逻辑起点是指学校教育可能性、有效性的起始点是什么，着手点

---

① 徐志远，宾培英.思想与行为应是现代思想政治教育学的逻辑起点 [J].当代教育论坛（学科教育研究），2007（11）：53-57.

② 王学俭.现代思想政治教育前沿问题研究 [M].北京：人民出版社，2008：34.

是什么。学校思想政治教育的基础逻辑概念包括德行、人性、家庭伦理、活动和交往，由此得出学校思想政治教育的逻辑起点是由这四个逻辑概念在合乎演绎条件下构成的一种教育活动，即德行可教是学校思想政治教育的立论基础，人性论是学校思想政治教育的方法论基础，家庭伦理是学校思想政治教育的根植基础，活动和交往是学校思想政治教育的有效性基础。张敷荣、和学新在《试论德育实践的逻辑起点》一文中，从道德发生学、德育心理学和我国儒家的德育思想及其实践的证明着手，认为培养良好的人际关系是德育实践的逻辑起点，确立这个逻辑起点将有助于正确认识道德的社会制约性和个体道德的超越性之间的关系①。王浩则从军队思想政治教育的实际出发，明确指出，思想政治教育本质上是教育者和受教育者互动的接受教育过程，教育施加的任何教育影响唯有经过受教育者的接纳，才能真正实现内在的思想转化和外在的行为改变，因此，"受教育者的接受心理特点及其规律"不仅是思想政治教育的逻辑起点，也是不断增强思想政治教育有效性的实践需求。除了上述研究成果较为深刻地论述了思想政治教育的逻辑起点之外，还有人提及把公德教育、善、幸福等范畴作为思想政治教育的逻辑起点，尽管没有进行明确的逻辑分析与理论论证，缺乏应有的科学性与说服力，但为今后对思想政治教育逻辑起点的探索研究与确立提供了一种可能。

二、现实的个人：思想政治教育的逻辑起点

在思想政治教育学科建构的过程中，要充分认识到这门学科是由概念、范畴、命题、命题的推论等基本要素构建的知识结构和知识体系。整个思想政治教育理论体系的基本命题是对思想政治教育基本问题的解答，它是导出一切思想政治教育理论论断的基本前提，因此，确立以什么作为思想政治教育的逻辑起点，它直接影响到基本问题的回答，进而影响整个思想政治教育理论体系的构建和发展。马克思以"商品"作为《资本论》的逻辑起点这一经典案例，为我们界定和确立思想政治教育的逻辑起点提供了借鉴，正是基于上述思考，我们认为生活世界中"现实的个人"可以被确立为思想政治教育的逻辑起点。思想政治教育既要依靠现实的个人来具体实施，也要依靠现实的个人来接受，通过受教育者个体的内化来实现，整个思想政治教育离不开现实的个人的现实

---

① 张敷荣,和学新.试论德育实践的逻辑起点[J].华东师范大学学报(教育科学版),1998(2):35-39.

活动。现实的个人既构成了思想政治教育的施教主体，也相应构成了思想政治教育的接受主体，因此，现实的个人是思想政治教育理论研究的立足点、出发点，也是归宿。现实的个人构成了现代思想政治教育中最基本的一对矛盾，即教育主体与教育客体之间的矛盾，也就是施教主体与接受主体之间的矛盾，具体形成了施教主体主体性与接受主体主体性之间的矛盾，施教主体的为我性、自主性、能动性和创造性与接受主体的为我性、自主性、能动性和创造性之间的矛盾，这一基本矛盾贯彻于思想政治教育活动的始终。

第一，从思想政治教育的价值层面看，"现实的个人"是思想政治教育价值生成的客观载体，现实的个人的种种需要构成了思想政治教育存在、发展的必要性和合理性的基础。"现实的个人"是有物质需要和社会需要的人。首先，他作为自然的存在物，为了生活必须要从事实践活动，从而获得自身生存发展的基本条件。人的思想与行为都是在某种需要的支配下产生的，而人的需求是人发展的出发点和内驱力，真正的社会发展必须把人的发展作为前提，现代社会发展最终也把人的需要的满足与发展作为落脚点。其次，"现实的个人"既是生活在社会中的人又是社会存在物，人的自然存在要成为人的属人存在，必须在社会中进行，孤立于社会之外的真正意义上的"人"是根本不存在的，人的发展不可能在真空或虚无中进行。思想政治教育从人和客观世界的主客体关系中认识需要。"所谓需要，是人对客观外在事物的渴求或欲望，是人的生命存在、发展、延续的客观要求，是对客观的生理条件和社会条件的主观反映。"需要的产生直接表现了人与自然、人与人、人与社会的关系，表现一切对象物对于人的有用性。马克思指出："凡是有某种关系存在的地方，这种关系都是为我而存在的。"[1]

人的存在样态、思想政治教育主客体的作用关系以及思想政治教育价值的关系结构都从不同的侧面确证了受教育者作为现实的个人在思想政治教育关系中具有极其重要的能动作用。在思想政治教育的过程中，作为主体的人和作为客体的人都有其不同层次的需要。主体的人的需要产生于主体自身的结构、规定性和主体同周围世界的不可分割的联系。思想政治教育的教育者所代表的是社会或社会集团的需要和目的，其主体需要最主要反映的是社会或社会集团、组织的需要，在思想政治教育的实践中，表现为社会主体的、群体主体的和个人主体的需要。而社会主体的需要反映了一个社会最高层次的需要，从思

---

[1]　李成旺.《德意志意识形态》导读 [M]. 北京：中国民主法制出版社，2012：91.

想政治教育的视角来看，社会主体代表了在社会中占统治地位的阶级，社会主体的需要也就代表了国家的需要，带有国家意志的色彩和十分广泛的普遍性。从历史的发展看，思想政治教育的价值更多的是反映社会主体的需要或者主流价值。思想政治教育的主客体是人，但其存在的形态有很大的差异性，时为作为集团的阶级、政党、社会集团，时为作为其成员的个人。思想政治教育只有满足了价值主体最广泛、最全面的需要，其存在的价值才能得到充分体现。人的现实需要的存在是客观的，其满足程度会直接影响到人对于思想政治教育的选择。"德育主体若要使自己发起、组织和实施的德育活动达到预期目的，使德育成为有效劳动，就必须以深切把握德育客体的实际需要为基本前提。也就是说必须清醒明晰'客体需求理念'的自觉意识。坦白讲，就是德育主体以一定社会的、通常占统治地位的价值观念体系为参照，自觉确认德育对象的德行修养需要什么，需要到什么程度，为什么需要，以及通过怎样的方式或途径满足这些需要，从而完成德育的目标和任务。简而言之就是'读懂对象'及其需求。"这说明，在思想政治教育的过程中，要尊重现实的人的需要，除了尊重教育者的主体需要，更要尊重受教育者的主体需要，想办法满足他们的合理需要，因为受教育者在思想政治教育中也表现出其主体特征。"在接受、实践思想政治教育内容的过程中，教育对象则以主体的身份出现，他自觉能动地以主体的视角体察教育者的实际活动及其所表达的意义，以自己的认知图式诠释、选择、内化教育者所传递的思想政治教育内容，并通过自己的实际活动来实践思想政治教育所具有的行为指令意义。"教育对象只有成为主体，思想政治教育过程才能获得其完整性，只要受教育者具有了主体特征，也就具有了需要的可能性。在价值关系中，需要是主体的属性，价值是客体的特征。思想政治教育关系中主客体的统一性，决定了受教育者在接受思想政治教育过程中的主体性，这也就实现了作为现实的个人，也就是教育者在思想政治教育关系中的需要。

受教育者的需要与社会的需要是一对既对立又统一的关系。社会需要来源于受教育者个人的需要，是受教育者需要的集中体现，对社会需要的满足也就包含受教育者需要的满足。受教育者需要和社会需要也存在对立的一面，社会需要是受教育者需要中共同性的、根本性的需要，而不是每个受教育者需要的总和，必然存在部分受教育者的需要被排除在外，所以，社会需要不是每个受教育者都能清醒理性地意识到和达成同一认知，但同时必须要求个体的需要服从社会、国家需要，二者的需要矛盾对立就不可避免出现。思想政治教育的价值能否真正实现，一方面取决于它能否正确地反映社会需要，另一方面也取决于能否正确合理地解决社会需要和受教育者需要的矛盾对立。正是从这一点出发，思想政治教育必须把落脚点放在社会需要和受教育者需要的统一性上，通过卓有成效的思想政治教育，化解二者矛盾，把社会需要转化为每个个体的自觉行动。思想政治教育的基本矛盾使我们必须从教育者和受教育者两个方面来审视思想政治教育的客观必要性，同时要深刻反思和注重受教育者的主观需求性。从教育者的角度看，长期以来我们的思想政治教育只强调从社会需要出发，以社会为本体，突出强调的是维护社会稳定和完成各种社会政治任务，把人们的思想高度统一到国家意识形态层面上来，忽视了对个体物质、精神需求的满足，忽略了对个体的心灵的安抚、精神家园的构建，使思想政治教育偏离了"现实的个人"这一逻辑起点、立足点、出发点和他们的价值取向，从而陷入了只见社会不见人的误区。从受教育者角度来看，"现实的个人"是自然存在物、社会存在物和精神存在物的统一体，具有自然性、社会性及其在实践基础上的强烈的主体性；而人的自然性是不断进化和提升的自然性，社会性是不断丰富发展着的社会性，精神性是不断提高和饱满的精神性，总之，"现实的个人"具有不断提升和超越的特性，这种特性包括物质生活的不断丰富、社会关系的日益丰富和精神境界的不断提高。针对现实的个人进行的思想政治教育，无论是促进现实的个人的发展，还是对于现实的个人的提升都具有重要的意义。正是由于现实个人的提升需要，才使思想政治教育获得了不断发展的向前动力。

第二，从教育者实施思想政治教育的过程来看，现实的个人是现代思想政治教育活动过程中的实施主体，具有主体性。思想政治教育的主体可区分为个体性主体和群体性主体：个体性主体主要指承担、发动、组织和实施思想政治教育活动的"现实的个人"；群体性主体主要指承担、发动、组织和实施思想政治教育活动的社会组织，它们都是由"现实的个人"组成的思想政治教育主体。思想政治教育主体最根本的特征是具有主体性，表现为思想政治教育主体的为我性、主动性、主导性、创造性、前瞻性等属性，即主体的能动性。思想政治教育的施教主体力求在施教活动中充分发挥自己的积极性、主动性和创造性，以主导和支配整个思想政治教育活动，对受教育者（也是"现实的个人"）施加教育影响，使他们养成符合教育主体需要的思想品德和行为。思想政治教育离不开现实中的一个个具体的活生生的人，任何教育活动都需要一定的"现实的个人"去实施，没有"现实的个人"的行动，思想政治教育活动就根本不存在。思想政治教育内容和目标的设置都要依靠现实生活中的每一个从事思想政治教育的理论工作者来制定，思想政治教育工作要靠一线的思想政治工作者进行具体的传授、鼓动和言传身教，只有这样才能将思想政治教育的内容和目标落到实处，才能实现思想政治教育的价值。此外，思想政治教育的有效性需要教育者个人的观察对比以及每个受教育者收获体验的证明，因此，整个思想政治教育的过程一刻也不能离开"现实的个人"。

第三，从受教育者接受教育的过程来看，受教育者不仅是施教过程的客体，也是接受过程的主体。作为教育客体，受教育者由"现实的个人"组成，具有作为客体的客体特性，这种客体特性主要表现为思想政治教育客体的能动性、受控性、可塑性、发展性。客体受到教育主体施加的影响，在思想、观念和行为上受到教育者的引导和调控，产生符合特定社会或社会组织要求的思想、观念和行为。作为受教过程的主体，每一个人都是有血有肉、有情感的活生生的"现实的个人"，这些"现实的个人"在接受施教主体的思想政治教育时，不是被动地接受和服从，而是积极发挥自己作为接受主体的能动性，对思想政治教育的内容进行有鉴别的、批判性的吸收。实践证明，只有受教育者充分发挥主观能动性，实现教育者与受教育者双向互动，思想政治教育才能最大限度地收到实效。没有一个个具体的思想政治教育的接受个体，思想政治教育就会失去教育对象，就会丧失其存在的必要性；没有"现实的个人"主体性的发挥，思想政治教育的功能与价值就无法实现。一切思想政治教育的直接目的都是为了影响受教育者的思想和观念，端正其动机和行为，培养一定阶级或集团所需要的那些思想政治素质。思想政治教育能否产生预期效果，还要依靠思想政治教育接受主体主观能动性、积极性和创造性的发挥；思想政治教育的实现效果如何，需要通过现实中的一个个受教育者自身的思想和行为表现出来。

思想政治教育活动从开始实施到效果体现，一刻也离不开现实中具体活动的"现实的个人"。"现实的个人"作为思想政治教育的受教育者，是否积极配合和参与思想政治教育这一现实活动，决定着思想政治教育活动的成败。

所以说，"现实的个人"是思想政治教育活动和思想政治教育研究的立足点和出发点。思想政治教育从本质上看，就是做人的工作，它的主体是"现实的个人"，客体也是"现实的个人"，因此，从主客体的关系和矛盾上看，它贯穿整个思想政治教育活动，无疑，"现实的个人"成了思想政治教育的逻辑起点。

马克思哲学视野中的生活世界，是"现实的人"的世界，这就要求从"现实的人"出发去说明社会，而不是把社会当成现成的东西去说明个人。从"现实的个人"出发，是马克思主义观察社会历史现象的根本性方法，因此，思想政治教育应以"现实的个人"为本位。思想政治教育与社会的关系基本上可以还原为思想政治教育与社会"现实的个人"的关系，思想政治教育的社会价值不是直接的，而是要经过"现实的个人"这个中介才能实现。因此，思想政治教育所体现的社会功能并不能完全为思想政治教育的必然性存在提供最后的支撑，这就要求我们必须透过社会，揭开思想政治教育的神秘面纱，看到思想政治教育与"现实的个人"结合这一秘密，这样才能对思想政治教育的存在与发展做出合理的解释。正因为如此，"现实的个人"成为思想政治教育的逻辑起点。

第三节　思想政治教育的根本：生活中人的实践活动

一、思想政治教育的实践性取决于生活世界的实践性

思想政治教育是作用于人的思想、心灵的一项社会实践活动。现代哲学研究表明，实践活动是人的存在和发展的基本方式。人在本质上是实践的，是作为活动的主体而存在的，能动性、现实的感性与理性活动是人存在的根本标志。正如马克思指出的那样，一部人类历史就是人有意识地通过自己有目的的对象性活动创造的历史，是一部随着人的实践发展而发展的历史。从人的实践活动的视角来看，思想政治教育之所以能够使人获得思想的提高、品德的发展，是因为思想政治教育是人的一种活动方式与生存方式，是人的思想政治品质获得发展的重要方式。总之，思想政治教育是人的思想品德发展的一种生动的实践活动，也就是作为实践活动主体的受教育者与作为实践活动客体的社会思想政治相互作用，从而获得社会的各种规定性，并不断提升与发展自我的思想品德的活动过程。在这个活动过程中，受教育者的思想品德构建活动又是通过与教育者的相互作用，进行交往和对话来实现的，教育者、受教育者以及作用于受教育者的社会思想政治文化，通过共同的实践活动客体结成"主体—客体—主体"的主体间关系。

人的实践活动对思想政治教育的决定关系，首先表现为人的实践活动决定思想政治教育的产生和发展。阶级和国家产生以后，统治阶级在维护自己统

治的过程中，逐渐认识到对社会成员进行一定的思想观念、政治观念、道德观念以及宗教意识的教育，能够从思想上影响社会成员的行动，达到稳定社会的目的。正是从这一目的出发，统治阶级在进行教育活动中，逐渐有目的、有计划地对本阶级的政治思想和道德规范加以宣传，这样，思想政治教育就在统治阶级维护自己的统治的社会实践中产生了。同时，思想政治教育随着社会的发展而不断发展和完善。它主要表现在：第一，人的实践的发展能够使思想政治教育的理论知识不断得到深化。人们在社会实践活动中会不断产生对客观世界真理性的认识，并随着实践活动范围和领域的不断扩大而使自己的认识视野随之不断扩大，得到的真理性认识也不断增多，从而使思想政治教育的理论知识得到不断深化。第二，人的实践发展能够不断增强人类思想政治教育活动的自觉性。思想政治教育实践的发展会使思想政治教育工作者不断发现思想政治教育活动的内在规律，能够不断从思想政治教育的必然王国向自由王国迈进，从而增强思想政治教育活动的自觉性。第三，人的实践的发展能够不断给思想政治教育活动的顺利进行提供新的工具和手段。人通过实践活动不断提高社会生产力水平，随着生产力发展水平的提高，人类改造自然、改造社会的工具会不断地更新和改进，进行思想政治教育活动所需的工具和手段也会随着生产力的不断发展而得到更新和提高。

二、思想政治教育在交往实践活动中完成

思想政治教育主要发生在主体与主体之间的交往实践活动中。交往实践活动不仅是人们相互作用的手段，也是一种人们普遍存在的发展方式。人的本质根源于交往实践活动，它是在交往实践活动中得到展现与确证的。思想政治教育的直接目的是促进人的发展，但是，人的发展离不开交往，思想政治教育正是借助于个人的存在及交往，把个体带入社会之中，帮助其健康地成长、有效地发展和快乐地生活。交往实践活动成为思想政治教育的本源性依据，从而成为思想政治教育的需要，可以说，没有交往实践活动，思想政治教育就难以收到实效和获得成功。离开人的交往需要，思想政治教育也就失去了其存在的合理性，因为人的交往实践活动是影响人自由全面发展的关键因素，"一个人的发展取决于和他直接或间接进行交往的其他一切人的发展"[①]"交往是社会生活的开端，也是社会生活的基本内容"。交往实践活动是

---

① 姜爱华.马克思交往理论研究[M].北京：知识产权出版社，2009：76.

思想政治教育的重要基础。

　　思想政治教育活动主要是教育者与受教育者之间的交往实践活动。思想政治教育作为一种社会实践活动，无论是作为培养人的一种实践活动，还是人自我建构的实践活动，它最终目的都是指向作为"现实的个人"完满与整体构建，而这种构建必须置于一定的"关系"和"互动"之中才得以进行和完成。思想政治教育并不属于一种工具性行为范式，它是一种主体与主体之间频繁交往的行为范式，具有多因素间的相互沟通与交流的特质，交往被赋予了思想政治教育深刻的内涵，暗含着"授"与"受"的互动、主客的统一和人文的双构的可能性。交往实践活动对于思想政治教育来说并不是一种外在的手段，而是一种目的和手段的统一。思想政治教育活动是教育者和受教育者之间通过交往而展开的实践活动，它是一种平等对话的活动。教育者和受教育者通过平等对话，在交流与沟通中共同创造意义和发展个体的德行。如果没有交往的实践活动，思想政治教育活动就无法实现其最终的目的。"没有交往，教育关系便不能成立，教育关系便不可能产生。一切教育不论是知识教育还是品格教育都是在交往中实现的。"思想政治教育活动的目标指向的是人的灵魂、人的心灵与人的精神世界，因此，我们不能简单地用丰富物的方式去丰富人的精神世界，"人的精神只有在人与人之间的相互交往中才能产生"。在思想政治教育过程中，受教育者精神的成长与精神家园的构建决不能离开与周围人的交往而自我孤立地进行，因此，教育者与受教育者之间的交往在受教育者的发展中占据重要地位。人的思想道德品质在交往实践活动中形成，又通过交往实践活动表现出来。思想政治教育是一种特殊的交往实践活动，它表现出以下几种特性：第一，思想政治教育是一种精神性交往实践活动。马克思把交往分为物质交往与精神交往两种类型。物质交往主要是指在现实生活中，"现实的人"之间以其不同的活动为中介而实现物质和能量上的交换，它是其他一切交往实践活动的基础；精神交往是指人与人之间以言语符号或非言语符号为媒介而进行的包括思想、意识、观念、情感、价值、态度、信仰等方面的对话、交流和沟通。思想政治教育交往实践活动正是教育主体之间以言语和非言语为中介在心灵、精神世界上的相互作用和相互沟通的过程，是教育主体之间的精神交往实践活动，包括思想政治品德的生成，情感和人格的陶冶，人生观、价值观和世界观的改变和提升，并通过文化传递，将人类创造的精神财富转化为个体的生命精神能量，使他们成为具有自由个性的个人生活主体和社会生活主体。可以说，思想政治教育交往实践在本质上是一种以人的精神世界为对象的特殊的精神性交往，指向的是人的思想、灵魂深处，人的精神生活领域，其直接的目的是塑造、培养和完善人的精神世界和独立人格。第二，思想政治教育活动是一种生成性交往与反思性交往的统一。它是思想政治教育主体围绕特定的活动主题，并在特定交往的情境或环境中，通过互动式交往进行的建构性的教育实践活动，也是教育要素（主体、客体、环体等）之间交互作用的变化和发展过程。在这一交往实践活动过程中，受教育者在信息沟通、情感沟通与思想交流的基础上，其思想政治观念、情感态度、价值取向和行为选择等发生质的飞跃，从而实现各种意义与价值的生成。因此，从一定意义上看，思想政治教育交往实践活动的过程就是最大限度地追求"现实的人"的生成过程，生成性成了思想政治教育交往实践活动的重要特征。除此之外，在思想政治教育的交往实践活动中，教育主体之间通过真诚平等的对话，不断地认识自己、评价自己与反思自己，最终发现自身的不足，确定今后努力的方向，从而形成受教育者的自我意识和主体意识，并且培养与提升自我认识、自我调控与自我评价能力。在交往实践过程中，个体在与他人交往的同时，也与自己结成了一种自我反思交往的关系，进而协调和促进自己德行和人格的不断生成和发展。第三，思想政治教育交往实践活动是一种教育性的交往实践活动。思想政治教育交往具有强烈鲜明的教育特性，明确的目的与价值取向是思想政治教育应然的功能属性。思想政治教育，一方面是为了实现占统治地位的阶级或社会集团的政治目标和政治任务，另一方面则是为了培养受教育者完满的精神世界和高尚的人格，促使其全面自由发展。而鲜明的政治性是思想政治教育的本质属性，它集中与突出地反映了思想政治教育的本质，因而必然会深深地打上阶级烙印。如果忽略和抛弃这一点，就不能称为思想政治教育。从思想政治教育的内容上看，其不可能是中性、价值中立或与价值无涉的，它必须反映统治阶段的政治意志、社会的主流意识和统治阶级的根本利益。思想政治教育的交往实践活动始终以不同的方式传播、宣扬统治阶段的社会政治意识形态，在思想政治教育交往实践活动中，虽然增加诸如生命教育、公德教育、人文教育的内容，但是，思想政治教育的意识形态功能并没有淡化。相反，越来越得到强化。因此，只要阶级存在，思想政治教育的意识形态功能就始终存在，在思想政治教育的交往实践活动中，教育者要时刻把握和保持思想政治教育的意识形态功能，弘扬社会主旋律。

三、思想政治品德在实践体验中生成

以往的思想政治教育模式，只是过多地注重教育要求和教育对象这两极，而忽视了这两极能否发生联系和发生作用，这种教育模式在实践上必然导致强调知识学习的思想政治教育。我们以往的德育是知性德育，思想政治教育变成了对各种抽象的知识、规范的识记、背诵与理解，往往忽略了思想政治教育过程中个体的体验。它将人的思想政治品德的形成过程完全等同于思想政治道德知识的学习和掌握的过程，从而把思想政治教育的过程当作工厂中的生产流水线，将人当作机器进行训练，将人性仅仅理解为理性，从而对人进行理性化、技术化的管理，使人模式化、程序化，这样的思想政治教育模式很难培养出具有鲜明个性和主体性人格的人。

心理学证明，人的思想品德的形成与发展，必须经过体验这个重要的环节，受教育者通过真切的实践体验去感悟、生成和发展。思想政治教育作为一种生活、一种生存方式，离不开人的现实生活体验。体验是指个体的身心与外部世界交往并生成感受、领悟、情感和反思等的认识和实践活动，它具有丰富的内涵。体验是一种个性化的生命活动，它存在于个体的精神世界之中，是一种在与世界交往实践过程中产生情感、生成意义的活动，是一种主体性认识和反思性的实践活动，是包含感受、情感、理解、联想与领悟等诸多成分在内的复杂心理活动。这样的心理活动具有图景性，并不是以单纯语言文字符号的逻辑转换为主的逻辑思维活动，而是以图景转换为主的非逻辑思维活动。体验具有许多教育价值，在思想政治教育中具有十分重要的意义。它的教育价值主要体现在以下几个方面：第一，体验具有意义建构的教育功能。体验的实践活动通过主体的意识和心理世界来进行，通过体验活动，思想政治教育的知识得以生命化、个性化和人性化，思想政治教育的学科知识真正成为受教育者的知识。此外，体验是人进行认识和实践活动的平台，它支撑着人的显性知识，并通过亲身体验的实践活动使受教育者建构起意义系统，在体验活动中所得到的体验成分具有丰富性、关联性，是人进行创造性活动的动力和源泉。第二，体验具有增强受教育者自我意识的教育功能。受教育者能通过体验真切地感受到自己意识的存在，并逐渐产生自我认同感，从而不断增强自我意识，提高受教育者的思想政治品德。通过积极组织和促成受教育者参加社会实践活动，思想政治教育由封闭不断走向开放，使受教育者获得对各种思想政治品德要求的真实体验。在社会实践活动中，受教育者通过亲身的体验，产生和发展自己的思

想政治品德。第三，体验具有动力调节的功能。在思想政治教育实践活动中，体验是认知内化的催化剂，它将受教育者已有的认知与新知进行衔接和贯通，并帮助受教育者完成思想认识的升华，可以说它是认识主体与认识客体之间的通道，使主体更加深刻地理解与把握事物。同时，体验可以激发主体情感，通过主体参与思想政治教育实践活动的全过程，激发和产生积极的情感体验，催人向上。

四、思想政治教育理论与实践统一于生活世界

生活世界所包含的实践哲学的思想，主张以实践哲学范式主导人的社会生活，实现理论与实践的高度统一。思想政治教育实践活动是一种"为己"向善的活动，思想政治教育本身就是一种生存方式、一种生活，本身就不是为未来的生活做准备。作为受教育者，获取知识是必要的，但更为重要的是培养自我选择的能力和批判精神，在不断发展变化的环境中实现自我构建。思想政治教育的本质是受教育者自我实现、完善自己的生活，可以说，思想政治教育的理论与实践统一在现实的生活世界中。思想政治教育是内在生命目的本身不断展开和实现的过程，是人的本性从潜能到现实的实现过程。思想政治教育并不是枯燥的说教，它是一种生命体验活动，是教育者与受教育者双方心与心的交流，而不是脱离实践的大而空的东西。在实践哲学范式下，思想政治教育理论与实践是具体的、历史的统一，也就意味着思想政治教育必须不断联系生活世界中的各种实际问题，把握时代脉搏，解决人的实际生活问题，关注和不断推动人的全面发展。

前面的分析论述中，从人的实践活动视角揭示人与思想政治教育的内在关系，思想政治教育是作为主体的人与社会思想文化发生动态作用的新模式，是对制约人的思想品德发展的各方面矛盾关系的一种全新综合与整合。通过人的实践活动这个中介，"人的存在"与"思想政治教育的存在"有机地联系起来，联系起来的模式为思想政治教育实践活动与人的思想政治品德建构活动的动态契合。思想政治教育是以"现实的个人"为教育实践对象的活动，它的出发点和归宿都只能是生活世界中从事实践活动的人。从思想政治教育的出发点看，思想政治教育不能脱离"现实的个人"的思想实际和生活实际，去针对所谓"抽象的人""虚幻的人"进行思想政治教育，只能从"现实的人""具体的人"的实际出发开展教育。现实的具体的个人就是实践活动的主体，也就是每个人都要担任实际工作，都有自己的生活实践，都要面对不断发展变化的客观

环境。人的思想、意识虽然是一种主观形态的东西，但它产生的基础和根源、发展变化的动力，归根结底只能是人的实践活动和客观实际。因此，从"现实的个人"的思想实际出发进行思想政治教育，必须仔细分析思想形成、发展、变化的实践基础和客观实际，决不能脱离人的实践活动、客观条件以及客观规律，空洞抽象地进行思想政治教育。

从思想政治教育的落脚点来看，思想政治教育的价值目的是要帮助人形成一定的思想品德，提高思想境界和政治素质，而社会实践和社会发展的需要是思想品德形成和思想政治素质提高的动因，人的思想政治素质的提高最终要用来指导人的社会实践活动。离开丰富多彩的社会实践来谈论思想品德、思想政治素质和人的解放与全面发展等，只能是坐而论道，空谈无聊。因此，思想政治教育一定要从客观实际出发，从受教育者的思想实际出发，不断引导和帮助人实现思想认识、人生观、价值观和世界观的飞跃，同时还要积极引导和帮助人把思想和理论化作强大的物质武器，以此推进自身的实践活动，完成从认识到行动的质的飞跃；思想政治教育不仅引导人正确地认识世界，更为重要的是引导人积极能动地改造现存的客观世界，实现革命性的变革，并在认识和改造客观世界的同时，改造自己的主观世界，提升自己的精神境界。因此，思想政治教育遵循的知行统一、认识世界与改造世界统一、改造主观世界与改造客观世界相统一的原则，体现了作为人的一种存在方式的思想政治教育的实践性本质属性。除此之外，思想政治教育的价值、实效性也只能通过实践来实现。思想政治教育是有效还是无效，是正效果还是负效果，效果是大还是小，都不能凭主观猜测和主观认识来检验，而只能用社会实践来检验，人的实践是检验思想政治教育效果和价值实现的唯一标准。因此，综上所述，生活世界中"现实的人"的实践活动是思想政治教育存在的基点。

第四节　思想政治教育的目标定位和价值取向

在马克思的生活世界观中，人的存在是生成性的，"人们的存在就是他们的现实生活过程"。人的存在方式是人本真存在的现实表现和确证，"由于人感性地和实践性地确证和阐释自身存在的过程，人的'感性实践活动'的确切所指乃是人'本源性'的生命存在和活动方式，因此实践是人的根本存在方式"。人成为一种未完成意义上的生成性存在，随着实践水平的不断提高，不断地占有自己的本质，也必然走向自由全面发展。理想的生活世界——共产主义就是一种人走向全面发展的实践运动，它是人的本质的现实生成，是人的本质作为某种实在的东西的实现。因此，人的自由全面发展也是人的生成、解放，是全面地展开人生存的内在丰富性的实践过程。思想政治教育是一种重要的实践活动，也是人的一种存在方式，"它是人类应答其生存困境的产物，也是为了能够创造更好的生存方式"。从本源和最高意义上来说，思想政治教育是人走向自由的生存方式，是人不断生成的重要环节，它不断推动人自我构建和完善，因此，促进人的生存与发展，实现人的自由全面发展是思想政治教育的终极目标和价值诉求。

一、人的全面发展的含义

在马克思恩格斯的理论当中，人的全面发展首先是作为人类的一种理想、一种人的终极关怀而存在的。人的生存和发展不是单纯依靠物质来维系，而是靠某种理想信仰来作为支撑，因此，人的全面发展就体现了人对人类社会历史发展最高目标的一种理想和追求。恩格斯指出："推动人去从事活动的一切，都要通过人的头脑……外部世界对人的影响表现在人的头脑中，反映在人的头脑中，成为感觉、思想、动机、意志，总之，成为'理想的意图'，并且以这种形态变成'理想的力量'。"这种理想信仰来源于人类文明积累，来源于人类思维方式更新的不断内化与沉淀，进而又渗透到人类新的发展历程之中。因此，人的全面发展的含义的厘清以及对其价值的规定，意义不仅在于其指向的内容具有完美性与目标具有终极性，而且它能给人类带来内心感觉的稳定性和文化性。作为一种人类社会的理想和目标，人的全面发展充分体现了事实判断与价值判断的统一，体现了真、善、美的高度统一。"真"是社会发展和人的发展的必然要求，来源于人的内心追求，有着不可抗拒性；"善"是人的发展状态的最高价值取向和原则；"美"包含着人与自然、人与社会、人自身身心内外的协调统一，同时，它又是对人与外部世界关系破缺与失衡的否定和批判。人类的求真、向善、求美理想在人的全面发展思想中达到了统一，因此，人的全面发展就是"构成人性之美和价值的所有能力的和谐发展，这是文化以完全不带偏见的态度研究人性和人类经验所构想的完美。某一种能力过度发展，而其他能力则停滞不前的状况，不符合文化所构想的完美。在这一点上，文化超越了人们通常所认识的宗教"。人是社会历史的必然产物，人的发展也必然随着时代的变迁逐步走向完美，人最终走向的目标和理想境界就是人的全面发展，所以，人的全面发展标志着物与人的最高融合、人与自然的最优整合、人与人的完美关系以及人自身的最佳和谐。人的全面发展绝不仅是物质上的日渐丰富和精神上的逐步提高，而且还意味着人的臻善臻美的精神感觉最终找到了归宿，人类的心灵最终有了一个依靠的港湾。

个人能发展到什么程度，人的能力的形成、体现与发展一刻都离不开社会关系和各种社会交往实践活动。正是通过这种交往，人们在心理、情感与信息等方面得到了充分交流与分享，从而促进个人逐渐摆脱个体的、地域的和民族的狭隘性，不断丰富、充实和完善自己，促使社会关系的丰富性和处在社会关系中的人的丰富性都得到全面的实现，人的社会关系得到全面发展。人的社会关系的发展主要体现在以下几个方面：一是人的对象性关系的全面生成。人能够按照"任何一种的尺度"进行生产，把整个自然界变成人的无机的身体，同自然、社会和人自己本身生成着全面的对象性关系。但人同自然、社会和人自己本身的关系也存在一个"狭窄""片面"到比较"全面"的过程，并在这个过程中，不断完善自己，促进人本身的发展。二是个人社会关系的高度丰富。随着人类历史不断发展进步，个人越来越积极地参与各个领域、各个层次的社会交往，同无数其他个人也就是同整个世界的物质生产和精神生产活动的个体进行普遍的交换，使个人摆脱个体的、地域的和民族的狭隘性，开阔人的视野，更新人的观念，使人全面地塑造自己，发展丰富多彩的个性，充分地显示自己的才智，服务他人和社会，实现自我，并由此得到社会和历史的尊重。三是人对社会关系的共同控制。人的社会关系的发展不仅表现在人的社会关系的丰富性上，而且表现在人对社会关系的全面占有和共同控制上，人能够使自己成为衡量一切社会生活的尺度，按照自己的本质去估价这些社会关系，真正依照人的方式，根据自己的需要来安排世界。

四是人的全面发展是人的个性的自由而全面的发展。自由个性的充分发展是人的全面发展的根本内涵、综合体现和最高目标。人的能力的发展、社会关系的发展都是与人的个性发展分不开的，在一定意义上甚至可以说能力和关系的发展都是为自由个性服务的。"现实的个人"是从事实践活动的现实存在，因此，人的全面发展必然要落实到每个人个性发展的现实物质基础上。社会的政治结构、精神文明状况、社会意识形态的构成，是人的个性发展的政治、思想和文化前提。人的身心发展程度和活动方式，是人的个性发展的内在条件。因此，人的个性要得到自由全面的发展，必须创造合理的社会结构、良好的人际关系、和谐的生态和社会环境，克服各种物化和人性异化。人的个性发展主要体现在：一是人的独立性的发展。马克思主义经典作家所追求的新人不是资本主义分工表上的平均数，也不"只是作为阶级的成员"，而是作为人的"人"，作为个人的"人"。马克思在批判"粗陋的共产主义"时指出"这种共产主义，由于到处否定人的个性，只不过是私有财产的彻底表现"。马克思在这里提到的"个性"，就是指人的独立性。人不仅是社会的一员，他还保持着自己与他人所不同的独特性，在未来的共产主义社会，人都是作为个性的个人而确定下来的①。列宁指出："全部历史正是由那些无疑是活动家的个人的行动构成的。"② 二是人的自主性的发展。只有自主的人才可能是真正有个性的人，正如马克思指出的，人的发展在一定意义上就是"有个性的个人"逐步代替"偶然的个人"。"有个性的个人"就是社会关系、交往的条件与个人相适应，个人对社会关系有自主性；"偶然的个人"就是社会关系、交往的条件与个人不相适应，个人对社会关系没有自主性。人的自主性不仅表现在人对社会关系的控制方面，还表现在对自己的能力的控制，"使这种力的活动受他自己的控制"。

二、人的全面发展理论在我国的新发展

在我国社会主义建设的过程中，人的全面发展理论得到了新发展，正成为我们建设有中国特色社会主义的强大动力。促进人的全面发展是"马克思主义关于建设社会主义新社会的本质要求"，实现了人的全面发展的手段意义与目的意义的统一，揭示了社会主义本质与人的全面发展的内在关联，一方面既进一步深化了对社会主义本质的认识，另一方面又丰富了人的全面发展的内涵，这是对人的全面发展含义的一种更为高远、更为宽广的阐释。社会主义社会人的全面发展具体化为人的内在发展和外在发展。内在发展就是人的各种素质的全面发展，特别是人的思想和精神生活的全面发展，也就是要从心理和生理、物质与精神、存在和本质来全面看待人的自由个性的生成、培育、构建和获得。针对现代社会人的关系的丰富性与复杂性，特别是环境污染、生态失衡导致人的生存和发展危机。人的外在发展，即人与自然、人与社会的和谐发展，发展了马克思主义关于人的全面发展的理论。社会主义社会人的全面发展

---

① 张国顺. 马克思主义平等哲学的历史叙事及其现实逻辑：马克思恩格斯平等理论研究 [M]. 南京：东南大学出版社，2018：102.

② 列宁. 什么是"人民之友"以及他们如何攻击社会民主党人？[M]. 莫斯科：外国文书籍出版局，1950：113.

是人与社会互动共进的永无止境的过程。在党的十六大报告中，中国共产党根据全面建成小康社会的实际，在确立了社会发展的全面目标的同时，也提出了人的全面发展要求。在全面建设社会主义社会的伟大历程中，我们党与时俱进，又提出了以人为本，全面、协调、可持续发展的科学发展观，更加丰富了人的全面发展的时代内涵。

三、思想政治教育与人的全面发展

（一）人的全面发展是思想政治教育的价值目标

人的全面发展的问题是社会发展的根本问题，是教育的根本目的和价值取向，以德、智、体、美等诸多因素构建的社会主义教育旨在培养全面发展之人。马克思的生活世界理论已正确地揭示了人的全面发展深刻内涵，它应该成为我们正确理解和阐释人的全面发展是思想政治教育最高价值目标的理论基础。

思想政治教育的价值目标是与教育对象相互联系的，关注人、尊重人、关心人与发展人是思想政治教育的根本所在，人的不断生成、成长与全面发展是思想政治教育的根本价值与最终目的。之所以说人的全面发展是思想政治教育的价值目标，主要的原因归结为：第一，培养高素质的人才，培养全面发展的人是思想政治教育发展先进生产力的根本体现。人是社会主义的价值目标与归宿，社会的一切实践活动（政治、经济、文化等）的根本目标都是满足人的各种合理需要，推动社会的进步，从而促进人的全面发展。我们目前从事的中国特色社会主义的各项事业，一方面，既要着眼于人的现实物质文化需要，另一方面，又要努力促进人的素质提高，归根结底，就是要不断促进人的全面发展。把人作为研究对象与工作对象的思想政治教育，自始至终以其独有的方式注重人的发展，推动人的发展，把提高人的各方面素质（包括思想、道德、政治素质等）、促进人的全面发展作为自身的根本目标，推动人的全面发展是发展先进生产力的重要途径。第二，满足人的精神需要，构建人的精神家园，提高人的文化底蕴，是思想政治教育代表先进文化前进方向的体现。当今的世界，文化、经济和政治相互交融，文化软实力在综合国力竞争中的地位与作用越来越凸显，先进的文化深深熔铸着一个民族的生命力、创造力和凝聚力，人不能仅仅满足于眼前的物质生活需要，还要追求与充实高尚的精神生活。因此，对人类的整体发展进步来说，不断满足精神的需求，争取和实现人自身的发展和全面进步是最高的价值。人是要有点精神的，思想政治教育正是满足人的精神需求，丰富和提升人的精神世界的重要方式。

（二）思想政治教育推动人的全面发展

思想政治教育可以通过对社会心态的正确引导调节，帮助人们克服不合理的个人或社会诉求，进一步激发人们充实和发展自己的愿望。在思想政治教育的实践活动中，要充分体现关心人、尊重人、发展人的以人为本的原则，不仅要关注人的物质生活与生活质量的提高，更要关注人的精神生活需要，帮助人解决各种思想困惑与烦恼，用科学的方法去把握人自由全面发展面临的各种机遇和挑战，以一种积极的心态面对社会现实，以无畏的勇气参与社会竞争，不断推动人的全面发展。此外，思想政治教育推动人的全面发展的目标，最为根本的一点就是要尊重和关注人的个性化、多元化发展，它是对过去突出社会化发展目标而忽视个性化发展目标的反思。由于每个人所处的家庭、生活与社会环境、个体素质等的差异，人与人之间的个性发展必然存在一定的差异，思想、政治等方面也存在高低强弱等不同，因此，思想政治教育在进行全面和整体教育的基础上，要善于洞察、发现、开发和发挥每个人的优势，使每个人各方面的合理诉求，特别是思想政治道德诉求得到充分的尊重和最大限度的发展。

第五章 微时代背景下思想政治教育生活化

第一节　微时代思想政治教育概述

一、微时代

关于微时代的定义，目前学术界没有统一的标准，学者根据自己不同的研究视角给出的定义略有不同。高校思想政治生活化教育要在微时代的背景下进行研究，必然要对微时代的概念进行界定，以推动其创新研究。从微时代的起源来看，其是以互联网发展为背景，在信息通信技术兴盛时期，与互联网结合和碰撞而产生的新网络时代。

从微时代的传播途径及载体来看，其是基于互联网技术和信息通信技术，通过平板电脑、智能手机等终端设备，以文字、图片、视频等形式，依托微博、微信、短视频等微媒体平台，实现瞬时、高效、互动的传播活动。从微时代的传播内容来看，其内容较为广泛，涵盖国家、社会、个人等各个层面的不同内容，可以说人们生活中各个层面的事件都可以用微内容表现出来。微内容集中表现为内容短小精悍、传递的信息碎片化、信息发布者编辑发布时间短、受众浏览信息时间短的特征。

从微时代的传播特征来看，微媒体呈现出与传统媒体相异的新特征。微媒体与传统媒体相比，其不同之处不在于传播介质，而在于传播技术。传播技术的革新，使得微媒体呈现出与传统媒体不同的特征。比如，传播信息的碎片化，微媒体中传播的信息内容简短、精炼；传播速度的瞬时性，当前5G科技的发展，实现了超低延时和超高通信速率；传播活动去中心化，信息传播的起点不再是单一的主流媒体，受众也成了信息传播的节点，从此人人都能成为信息传播的中心，呈现网状传播结构；传播范围的广泛性，网状传播结构使得信息传播的范围更广；传播主体的草根化，在"人人都有麦克风"的微时代下，普通民众也能通过微媒体发声。

从微时代的影响来看，既有机遇，也有挑战。一方面，微时代在信息传播上为我们开创了一个新网络时代，信息的传播和接收速度更快了，接收的信息更丰富了。另一方面，微媒体上价值的多元化消解了主流价值观，可能导致高校学生的价值取向混乱、微时代下泛娱乐化现象严重等问题。

综上所述，微时代是指在互联网和信息通信科学技术迅猛发展的时代背景下，依托移动通信技术、大数据、云计算等科学技术，以手机、平板电脑等移动智能设备为显示终端，以微博、微信、微视频等为信息传播载体，以即时性、碎片性、广泛性等为主要特征，对人们的思维方式、工作方式、人际交往方式、生活方式等产生巨大影响的信息传播时代。

二、微时代给高校思想政治教育带来的机遇

微时代的到来，给高校思想政治教育工作带来了新的机遇。

（一）微时代的到来，将思想政治教育的显性载体与隐性载体糅合在了一起

（1）在微时代产生的虚拟世界里，思想的交流争锋、政治观点的个人思考以及价值观的大讨论可以通过微博、微信等方式表达出来。

（2）在开放与虚拟的空间里，大学生可以就某些尚存争论的理论表达个人意见和观点，自由分享个人的见识。

（3）微电影也成为大学生传递社会思考的新途径。

（4）微公益则为思想政治的内核与现实社会的状况相融合提供了最佳的社会实践载体。

微时代已经充分把思想政治教育的显性载体与隐性载体成功地糅合在一起。

（二）微时代信息领域广泛、知识丰富，形成了庞大的网络体系

（1）在网络体系中，信息量以爆炸性的方式不断扩充，信息内容包罗万象。

（2）微时代信息传播特征为覆盖面大、内容丰富、传播速度快，可以为大学生提供生动活泼、全方面、多角度的深度知识交流和思想碰撞。思想理论中抽象难懂的部分，因有了微博、微信信息的充分补充而变得丰富和饱满。

（3）以强调微民参与为特征的微时代，大学生可以在多媒体终端上随时发挥自己多学科的知识优势，做到多领域、泛知识的广泛交流。通过微博、微信等方式达到知识交流、信息共享，思想政治理论课教师可以及时帮助学生解除思想政治方面的困惑。

（4）领域不断拓宽，知识大量覆盖，积极地改变着高校思想政治教育的方式。

（三）微时代背景下，师生互动、平等的教育理念落到实处

（1）交流的单向性已自动变为互动双向性、多向性。

（2）平等地交流与探讨成了高校思想政治教育创新的时代潮流。在微博、微信等平台上，无论是教师还是学生，都是以平等的地位进行互动的，双方可以畅所欲言，摆事实，解剖事实真相，探讨真理。

（3）通过平等、良性的互动，教师可以及时了解当代大学生的思想状况；大学生也能及时从教师的点拨中，纠正自己的认知误差，阐述自我的情感诉求和加强个人的意志磨炼。

微时代的平台，缝合了师生之间的交流裂缝，克服了传统思想政治教育方式的缺陷，营造出一种平等和谐的思想政治教育新氛围。

（四）共同参与微公益，充分发挥大学生的社会责任感

（1）在传统的思想政治理论教学上，公益和志愿活动也在不断地开展，但微时代的微公益克服了传统上的不足，如组织力度上，微公益只需在微博、微信上发表公益事件的缘由、网络地址链接和银行账号，而事件本身即可由普通民众自发链状传播，以几何级数速度迅速地传达给爱心人士，整个过程简单有效。

（2）大学生通过微公益，既奉献了爱心，也实现了价值。

（3）高校师生共同谋划微公益活动，在献爱心的实践中提升他们的道德修养。

（五）微时代创新了思想政治教育新载体

平面载体的移动手机媒介和平板电脑、立体载体的微公益和微课、混合载体的微电影和微论坛都成为微时代背景下思想政治教育的新载体。它们冲破了传统思想政治教育教学大多停留在以课本为主载体的局限，从另一方面扩展了思想政治教育的形式。

思想政治理论课的教学模式已演进到理论联系实际的阶段，如微电影的制作，它要求大学生对现实问题的理解、影像艺术表现的把握以及思想政治意义的提炼。微时代思想政治教育甚至可超越实践的层面，如微公益的组织者不仅仅是在帮助别人，同时从某些角度上讲，它加速了大学生的成长速度，提升了大学生的思想境界。

第二节　微时代思想政治教育生活化的必要性分析

微时代下大学生思想政治教育生活化不仅有坚实的理论依据，而且从现实角度思考，应对新时代思想政治教育环境变革、提升高校思想政治教育实效性、适应当代大学生对思想政治教育新期待都成了思想政治教育生活化的必要要求。

一、应对新时代思想政治教育环境变革的需要

21 世纪最显著的特征莫过于信息化的时代特质，随着移动互联网和各类智能终端的不断发展，网络已经成为人们获取信息的重要渠道。在经济全球化、政治多极化、文化多元化背景下，网络世界进入了微时代，以微信、微博为典型的社交软件成为人们日常生活必不可少的一部分。微时代作为新时代的一个代名词，加强了人们之间的交流沟通，更得到了大学生群体的青睐。微时代下，沿用传统的课堂教育方式，已经不能适应和满足大学生的学习需求，随着时代的变化，大学生的生活发生了重大变化，他们可以通过各种途径获取信息，不受时间、地点、内容的限制。随着需求的增加，新技术、新功能不断被研发应用，各种微视频、微阅读、微讲堂 App 应运而生，短小精悍、生动形象的内容和表现形式深受大学生的喜爱。为顺应时代发展的潮流，高校开展思想政治教育工作应进一步发挥日常生活的育人功能，在稳抓课堂教学的基础上，拓展新的教学途径。

目前，高校教师充分利用新媒体技术和载体，突破传统教育课堂，将马列经典著作引入"微讲坛"栏目，并设置话题开展学习讨论，将国家大政方针、政策理论通过微电影、微短片、理论微宣讲、微信公众号、微情景剧展演等方式呈现给学生，带动每一个学生参与其中，在理论基础上"嫁接"现代"微技术"，融入学生的"微生活"，达到理论与实践相结合的目的。教育主阵地向新媒体平台延展，实现了课上与课下、虚拟与现实的无缝对接。"微平台"既是意识形态传播的工具，又是意识形态话语权争夺的场所。新媒体新技术的发展提升了马克思主义意识形态与表达对象沟通交流的渠道和平台，可以说在网络微时代谁能够在信息传播中掌握主导权，谁就控制了意识形态的话语权。

二、提升高校思想政治教育实效性的需要

随着网络技术的迅猛发展，新媒体的不断兴起，思想政治教育的重要性逐渐凸显。面对当前信息传播方式多样、信息爆炸的时代，思想政治教育务必要与时俱进，走在时代的前沿，实现思想政治教育功能的"转换"。积极探索微时代背景下思想政治教育生活化的新特点，即坚持以显性灌输教育为主要方式的同时，积极开展隐性教育，发挥微时代微媒体的作用，运用日常生活中有利于思想政治教育的元素，实现潜移默化教育学生、影响学生。总而言之，如果脱离了大学生的日常生活，那么高校的思想政治教育工作就很难收到成效。目前，高校大学生思想政治教育方式在不断改善，不断探索进步，而生活化教育路径正是针对思想政治教育中的弊端和问题进行解决的有效方案。高校思想政治教育工作必须主动回归日常生活，用生动活泼、喜闻乐见的方式展现在大学生的面前，才能促成马克思主义意识形态作用的最大效应。可以说，思想政治教育向生活世界回归是大势所趋，更是提升思想政治教育实效性的迫切要求。

第三节　微时代大学生思想政治教育生活化的特点

微时代改变了大学生的生活，对思想政治教育产生了重要影响，因此，微时代下思想政治教育生活化也有其相应的特点。

一、主体间性

在现代西方哲学中，主体间性也称交互主体性，是对主客体的对立性的批判。在思想政治教育生活化中，主体间性是指教育者与受教育者都是思想政治教育中具有独立人格的主体，二者的地位是平等的，只是二者的具体任务不同而已。在微时代思想政治教育生活化中，教育者与受教育者之间相互理解与沟通、互相认同、达成共识，实现了二者在主体上的融合。"主体间性是在人与人的交往中得以体现的。"①

在微时代下，思想政治教育者的地位不再高高在上，大学生拥有了自主

---

① 张耀灿.思想政治教育学前沿[M].北京：人民出版社，2006：377.

选择学习方式和内容的权利，有了话语权，能够以一个平等的身份跟教师进行对话，大学生的主体地位得到了进一步提高。比如，学生可以通过微媒体选择自己感兴趣的话题或者对象进行关注；自由发表自己的想法和见解，与网友讨论感兴趣的话题，师生与生生之间的情感交流进一步加强；可以通过微媒介与人进行单独交流，加深彼此之间的了解；等等。微时代的大学生思想政治教育生活化的主体是大学生，其作用有二，一是对大学生（具体现实的人）的思想情况有准确的把握。如今，网络微生活的变化和大学生的发展，使得大学生思想时刻发生着改变，而教师必须对不断变化的大学生思想状况有一定的把握。每一个大学生个体都是独特的，所以教师要注意掌握好每一个学生的差异性，将学生的实际情况，与网络微生活和社会环境相结合，选择合适的教育目标、教育方法与教育内容。二是大学生可以通过网络微生活锻炼其自我教育能力。教师应将微媒体作为一个工具来传播正能量，引导大学生进行自我教育。借助微媒体的互动功能，将其自我教育延伸到群体的互帮互助上，让教育力量更加持久，教育辐射的范围更加广泛。

二、渗透性

微时代思想政治教育生活化的渗透性特征是由其无痕性特征来决定的，是指思想政治教育充分利用新媒体的优势深入大学生的日常学习、工作、人际往来等生活的方方面面，使其在无明显察觉的情况下自然地受到教育熏陶，达到"春风化雨、润物无声"的教育效果。这主要体现在：第一，淡化思想政治教育内容的说教性。微时代丰富多彩的内容、平易近人的语言风格、多样的传播形式淡化了思想政治教育说教、灌输的痕迹，容易被大学生接受、认可、吸收、内化。例如，教育者可以借助音频、视频、GIF 动画将思想政治教育的内容更加具体、形象、生动地表现出来，使教育内容更具丰富性、趣味性和感染力。教师可以借助大学生喜闻乐见、广泛使用的微博传递教育内容，提高教育的渗透性。第二，将思想政治教育无孔不入地渗透到大学生的生活中。其一，建立教育网络，形成教育合力。微时代思想政治教育生活化要充分整合教育资源，通过建立官方微博、微信公众平台将有效的人力资源和环境资源、知识资源、生活资源加以整合，形成强大的教育网络，渗透到大学生的德、智、体、美、劳各方面的教育中。其二，潜移默化，寓教于无形。大学生思想的困惑往往来自日常生活，教师可以通过微博、微信关注学生的思想动态，及时把握大学生的思想动态，在生活教育素材上因势利导，及时答疑解惑、化解矛盾。

三、开放性

生活并非孤立的，每个生活要素都和其他要素之间有一定的联系；生活也并非永恒不变的，而是一直处于变化当中，所以生活是开放的。在微时代，网络拥有的传播功能极其强大，这使得生活里的各个要素在时空上的相互融合与对外传播速度都变得越来越快，进而导致生活变化速度加快。人们的思想、理念等可以在微时代得到迅速传播，人们只需要通过微信、微博等平台就可以了解到他人的生活，和他人进行交流沟通，可以说，在微时代人和人之间的生活距离变得越来越近。现实生活是开放的，大学生的生活也同样如此。微时代使得学校的"围墙"被打破。大学生在微时代拥有了开放的生活，而大学生思想政治教育生活化的教育形态也不再狭隘守旧，而是变得更加灵活、丰富、开放。在微时代，大学生思想政治教育生活化可以随着生活的发展面向未来，面向各种新鲜事物，让思想政治教育落实到现实生活当中，范围从校园扩展到社会，扩宽学生的视野，为学生提供更加广阔的交往范围，让学生拥有一个生活实践的空间，为培养大学生的个性化发展与全面发展提供良好的环境。微平台还可以促进学校、家庭与社会三者的良性互动，让学生在不同场合之下都有被教育的机会，让学生可以在开放的生活中根据思想政治教育学习机制反思自己，从而在面对现实世界时保持更好的理性，了解到社会中多姿多彩的生活方式以及价值观念，不断提高自身的实践能力，培养自身的思想品德。

四、社会性

人是生活在社会中的人，需要融入社会，需要在社会中历练、提升自己，大学生思想政治教育要搭建大学生与社会链接的桥梁，促进大学生由生物人向社会人转化。在微时代下，大学生的视野、生活不再被局限在大学校园这个象牙塔里，社会生活无孔不入地渗入大学生的生活中，使得思想政治教育不只局限于课本知识，而是被置于更为广阔的社会，加快了大学生的社会性进程。微时代大学生思想政治教育生活化的社会性特征主要体现在：第一，微时代拓宽了大学生的社会性思维。微时代具有强大的传播功能，它就像一面强大的镜子，照射在世界的每一个角落，将生活百态展示在人们面前。在微时代中，大学生可以通过微博、微信等平台了解社会生活以及网民对社会事务的观点和看法，在这个过程中大学生的思想观念也会受到相应的影响，促进他们形成对整个社会的认知，从而拓宽大学生的社会性思维。第二，微时代丰富了大学生的社会知识。微博为大学生开启了广阔的世界，在这里大学生可以时时关注社会信息，了解人间百态和各行各业的发展，有助于大学生更加真实地了解现实社会的发展状况、活动规则和人才需求。第三，微时代促进了大学生更多地参与社会生活。在没有网络的时代，大学生经历的主要是学校日常生活。微时代到来，打破了校园的局限，大学生可以更为广泛地参与社会生活。例如，借助微媒体了解国家大政方针，参与网络民主评议，参与政治生活；借助微媒体了解国家、社会、地区经济形势，开展兼职创业活动，参与经济生活；借助微媒体传播文化知识，参与文化生活；借助微媒体开展网络微公益，参加社会爱心互助活动；等等。微时代有利于大学生参与社会各类活动，体验社会生活，具有鲜明的社会性特征。

第四节　微时代大学生思想政治教育生活化的原则

微时代思想政治教育生活化的路径涵盖的范围广泛，要更好地实现思想政治教育生活化，首先要把握原则性问题。

一、主导性与多样性相结合

辩证唯物主义认为物质世界是多样性与统一性的有机统一，物质世界丰富多彩、千差万别，具体事物有不同的规定性，有不同的价值和地位，同时，多样的物质世界有其共性。二者是辩证统一的，统一性是多样性的统一，统一性离不开多样性；多样性是统一性的多样，受统一性制约、规范。根据物质世界的多样统一性原理，微时代大学生思想政治教育生活化应当坚持主导性与多样性相结合的原则。

微时代下高校思想政治教育向生活世界的回归，不能离开意识形态教育。当前我国的基本经济制度和分配制度要求思想政治教育在回归生活的同时，要坚持社会主义、集体主义的价值取向。随着多元文化进一步发展，人们思想活动的选择性、独立性、差异性、多变性明显增加，特别是微时代网络的无界性，以及西方文化、意识形态对大学生的思想产生重大影响，这就要求思想政治教育将马克思主义意识形态与大学生熟悉的方式、关心的问题相结合，体现主流意识形态的亲切性和感召力。习近平总书记指出："做好网上舆论工作是一项长期任务，要创新改进网上宣传，运用网络传播规律，弘扬主旋律，激发正能量，大力培育和践行社会主义核心价值观，把握好网上舆论引导的时、度、效，使网络空间清朗起来。"① 因此，从思想政治教育本身和现实社会生活发展来看，微时代大学生思想政治教育生活化应当坚持主导性原则。

我们要坚持马克思主义在意识形态领域的主导地位不动摇，社会主义、爱国主义、集体主义始终是文化战线应当高扬的主旋律，但在教育过程中切忌过度地抽象化、理论化，千篇一律、一个模式，应当通过丰富多彩的文化和多姿多彩的生活丰富主导文化，运用生动活泼、多种多样的形式表现和宣传主导文化。当前，随着市场经济体制的完善和对外开放的扩大，西方文化、思潮涌入中国，我国的思想道德文化空前活跃；网络信息技术的发展加速了多元文化的融合，丰富了文化的传播形式和表现形式；微时代学生的主体性得到进一步发挥，大学生可以通过微媒体自由地选择思想观点文化。因此，思想政治教育生活化要尊重客观规律，尊重多样性文化的发展，并引导大学生在实际生活中辨析各类社会思潮，理性看待不同文化。

总之，微时代思想政治教育生活化既要发挥马克思主义主导作用的制约和支配地位，不能在多元文化、多种思潮中迷失方向。同样，文化的多样性、层次性、独特性丰富了主导性的发展，主导性不能脱离多样性，而应带动、促进多样性的发展，否则思想政治教育就会陷入形式主义、教条主义。

二、动态性与前瞻性相结合

物质世界一直处于永恒的运动和变化发展当中。生活世界的不断变化诞生了一个又一个新事物，而每个生活要素相互之间存在的相互影响、相互作用的关系是生活变化发展的动力，所以生活具有过程性。人自身也是一个成长过程，家庭、学校和社会生活都会对这个成长过程产生影响。杜威对"过程"的强调源于一个基本认识："重要的是生长的过程，改善和进步的过程，而不是静止的成果和结局。"教育是一个促进人自身发展和成长的过程。微时代，科技进步带来的便捷性，进一步激活了生活的各要素以及人的思想。思想政治教育要真正融入灵活多变的生活中，使思想政治教育的各要素与生活教育素材之间发生有机联系，必须坚持动态性原则。这里的动态性原则主要指思想政治教育在微时代生活化的过程中要根据科技进步、社会发展状况以及大学生的主客

---

① 习近平．把我国从网络大国建设成为网络强国 [J]．信息安全与通信保密，2014（3）：45．

观发展状况不断调整教育目标、内容和方法，实现高校思想政治教育与大学生生活环境、教育双主体主客观发展状况之间的动态有机平衡，从而在与时俱进、因材施教的动态教育中达到最佳的教育效果。

微时代对大学生生活和思想的影响十分巨大。在微时代，对网络舆情的控制难度进一步增大，危机事件可能仅仅源于人们对某件事情的误解或者对一句话语的曲解；网络环境错综复杂，大学生的生活阅历又比较有限，没有成熟的理性判断能力，因此在面对网络中的负面内容时很容易产生压力或者困惑，进而导致危机事件出现，思想政治教育也会因此陷入被动当中。所以，在微时代，思想政治教育生活化既要坚持动态性原则，也要将视线放长远，坚持前瞻性原则，占领网络阵地，为可能发生的危机事件做好紧急预案。比如，高校可以通过建设校园网、微信公众号等，通过一些通俗易懂、贴近生活的表述形式传播马克思主义和中国先进思想，将爱国主义、社会主义教育思想融入游戏当中，潜移默化地进行思想政治教育，宣传先进，从多方面、多角度为大学生输送正能量，提高主流先进思想在大学生群体中的影响力。另外，还可以开通网上就业指导、网上心理咨询等业务，为学生解决实际问题，让网络微生活与思想政治教育形成紧密的联系，掌握网络上的主动权。高校应建立和完善网络危机干预处理系统，通过各种网络平台了解学生的思想动态，并通过分析、整理思想动态，过滤有害信息，及时引导和教育学生，营造良好的网络环境，将思想政治教育的可控力充分发挥出来。

在微时代，思想政治教育既要在变化的生活中维持大学生身心和谐稳定的状态，又要在不断发展的网络微生活中促进大学生身心行为的可持续发展状态，坚持动态性与前瞻性相结合的原则，在动态中提高思想政治教育与生活的适应性和融合性，在前瞻性中提高思想政治教育的预见性和针对性。

三、系统性与针对性、典型性相结合

唯物辩证法认为任何事物都是对立统一的矛盾体。矛盾是普遍的，矛盾存在于一切事物并贯穿于事物发展的始终；同时，矛盾具有特殊性，不同事物以及同一事物不同方面的矛盾都有其特点，矛盾解决的具体形式也不一样。从哲学的角度看，微时代思想政治教育生活化应当坚持系统性与针对性、典型性相结合的原则。

从具体现实来看，人的生活不是孤立的，而是联系着的整体。"人的生活即是一个总体，一个有机的、不可分割的整体，其中的每一种形式、每一个环节、每一个方面都无法脱开其他形式、环节或方面而独自发展。单独抽出任何一种形式都会使生活世界落入抽象，都会使其走向片面。"[①]生活的整体性决定了思想政治教育生活化的系统性特征。

微时代下大学生思想政治教育生活化的系统性主要体现在：第一，教育环境的系统性。大学生思想受到多方面的影响，要求学校、家庭、社会以及校园内部各部门各环节形成教育合力，缺一不可。第二，教育内容和方法的系统性。思想政治教育作为一门学科，其内容涵盖大学生的价值观、政治、法治、道德以及关于生活的基本规范与要求等，方法包括教学育人、管理育人和环境渗透等。第三，教育过程的系统性。从幼儿园到大学的思想政治教育都是一个相互衔接的系统，因此高校要构建完整、系统、有序的思想政治教育实施方案，使得思想政治教育各个阶段都有相应的教育举措，保障思想政治教育目标和方案的落实。

每一个个体生长的环境、接受的教育、遇到的人都有不同，在个性发展、品德形成以及思维特征上都存在着差异，所以教育对象具有多样化特征。而这种特征就要求思想政治教育必须密切联系实际情况，尊重人与人之间的差异，根据教育对象的实际情况因材施教，对问题进行具体分析和有针对性的指导，不能出现一锅煮、一刀切的情况。微时代大学生思想政治教育生活化的针对性原则要求：第一，利用网络媒体研究和调查大学生的思想情况，掌握其思想变化特点，并以此为依据制定合理的思想政治教育目标；第二，围绕大学生的性格特征以及困惑选择合适的教育方式与教育内容；第三，为大学生创造一个活泼、生动、和谐、平等的学习环境，从而促进大学生的个性和特长的培养，为其自由全面发展提供条件。微时代的网络拥有非常强大的感染力，知名人物的先进事迹很容易影响到大学生，受到学生的追捧，因此高校要借助网络平台的辐射力树立典型，扩大先进事迹和人物的影响力，促进大学生思想道德水平的提高。

总之，微时代大学生思想政治教育生活化要在系统教育的基础上有针对性地开展教育，树典型，用先进、积极的事迹激励广大学生，形成教育合力。

四、教育性与服务性、引导性相结合

思想政治教育从本身来看是一项教育活动，教育性是思想政治教育的根

---

① 戚万学，唐汉卫.现代道德教育专题研究[M].北京：教育科学出版社，2005：186.

本属性。微时代大学生思想政治教育生活化不能一味地迎合大学生的生活，而丧失教育性的本质。什么是教育性？鲁洁教授认为："教育是教育者按照一定的社会要求，向受教育者施加有目的、有计划、有组织的影响，使受教育者发生预期的变化的活动。"①

微时代思想政治教育生活化在坚持教育性原则的同时应当尊重大学生的主体地位，与大学生的生活紧密结合，避免或较少说教式教育和命令式教育，充分利用网络中的资源丰富课堂的内容，有效整合文、图、声、视频等方式，将理论知识生动化、形象化，丰富课堂形式，引导学主动思考、积极参与讨论，充分调动学生在课堂上的积极性，增强大学生思想政治教育的感召力和实效性。同时高校要加强隐性教育在思想政治教育中的力度，可以通过微信、微博加强积极向上的思想道德观念、规范的传播。

思想政治教育的对象是现实、具体、实践的个人，"人"是有物质需要、精神需要和社会需要的个体，是有情感、有困惑的主体，因此，思想政治教育如果只是停留在教育的层面，不仅无法立足"人"这个逻辑起点，也会引发受教育者的反感。思想政治教育应通过服务满足"人"这一价值主体最广泛和全面的需要，通过引导帮助解决"人"的实际问题，充分尊重个体的主体性。因此，思想政治教育要在坚持教育性的基础上坚持服务性、引导性原则。微时代下大学生思想政治教育生活化的服务功能主要体现在针对大学生的身心特点、年龄差异，从办学环境、教学方式、课程设置、社会实践等方面促进学校的教育改革，增强学校的服务意识，使大学生感受到人文关怀。同时，学校可以通过学校微博官网、微信公众号开设心理咨询、就业指导、后勤服务等便捷的服务部门，为大学生的健康成长创造条件，为社会发展培养更优秀的人才。引导性原则就是教师有针对性地引导大学生朝着健康向上的方向发展。网络信息鱼龙混杂，我们不能避免学生完全不接触不良信息，但我们可以通过引导提高大学生的辨别能力。网络舆论引导工作必须引起高校重视，可以说，它是高校学生思想的晴雨表和风向标。"高校网友的重要特征是年轻化和高学历化，网络舆情也因此表现出政治参与兴趣高、维权意愿强烈、立场激烈等特点。"② 因此，高校要建立起健全的网络舆论引导机制，了解、掌握、分析、判断学生的思想动态，并有针对性地进行舆论引导。

---

① 南京师范大学教育系. 教育学 [M]. 北京：人民教育出版社，1984：19.
② 王怀民. 积极反馈：网络思政教育的有效方式 [N]. 中国教育报，2010-04-12.

总之，教育性与服务性、引导性的有机统一，在实施教育性原则的时候离不开对学生的服务、引导，在坚持服务性、引导性原则的同时必须蕴含着对学生的教育。

五、理论教育与情感渗透、实践体验相结合

人的思想品德的形成需要经过知、情、意、信、行的过程。黑格尔认为对道德价值的学习可以分为三种："事实性知识的学习，评价性知识的学习，人事性知识的学习。"① 事实性知识主要包括道德规范、准则等知识，其获得需要通过一定的逻辑认知来掌握；评价性知识主要包括社会习俗、道德理想等，需要通过人的情感或体验性思维来把握，使之成为个人的内在需要，并成为价值追求目标；人事性知识主要是人通过直接或间接的道德交往、实践体验来获得相应的经验和体会。

在微时代，网络信息传播的碎片化、娱乐化一定程度上冲击了马克思主义先进理论系统的传播，思想政治教育生活化首先要坚持理论教育原则，做到以理服人。高校要充分利用微时代的优势创新理论教育的模式，借助网络微媒体，有效结合声音、图片、视频等形式，将理论与具体生活实际相结合。情感是人类精神活动的重要组成部分，是人类经验中最亲近的体验，是影响道德认知接受中最经常、最明显的非理性要素之一，是内化为自身情感价值的关键，因此，思想政治教育除了要以理服人，还要以情感人。列宁曾经指出："没有'人的情感'，就从来没有也不可能有人对于真理的追求。"②

"亲其师，信其道。"师生之间建立深厚的情感关系有助于加强学生对老师的信任，更好地接受老师的教诲。微时代教师可以通过 QQ、微信、微博加强与学生的情感沟通，关注他们的思想态度、情感变化，在教育过程中注意诱发、激励学生的情感，培养他们高尚的情操、稳定的情感和理想的人格。实践体验是道德认知、道德情感转化为道德行为的过程，也是升华道德认知、进行道德情感体验的过程。一方面，学生在实践中不断产生对客观世界的真理认识，使思想政治教育理论知识不断深化；另一方面，实践体验是一种个性化的生命活动，通过实践体验使学生感受到自己的存在，增强自我意识、自我教育的能力。

---

① 黑格尔.历史哲学 [M].王造时，译.上海：上海书店出版社，2006：62.
② 列宁全集：第 25 卷 [M].北京：人民出版社，1988：117.

总之，微时代思想政治教育生活化既要通过理论教育加强对马克思主义理论的传播，又要通过情感渗透促进先进思想理论内化，并通过实践外化于行。

第五节　丰富微时代大学生思想政治教育生活化的内容

思想政治教育生活化的内容关系到思想政治教育是否具有足够的吸引力，本节主要结合微时代大学生的生活从理想信念价值、道德观、法治、心理健康、创业就业五个方面展开论述。

一、结合微时代大学生生活，开展理想信念教育

理想信念就如同地图与指南针，能为人们要迈向的道路指引正确的方向，大学生成长为一名优秀人才的前提必然是具备坚定的理想信念。从总体来看，目前大学生价值取向主流为积极向上，他们有坚定的马克思主义理想信念，有积极健康的追求。不过，由于受到社会转型、多元文化盛行等方面的影响，特别是在微时代下，信息传播具有复杂性，西方价值取向渗透等原因，导致极个别的大学生理想信念出现了一丝动摇。如果当代大学生没有理想信念，那就仿佛断线的风筝和失去航向的帆船，无法回归正确的发展轨道，因此我们必须加强大学生的理想信念教育，促进学生树立正确的思想道德理念。

人们对未来的追求就是理想。在横向角度中，理想包括道德理想、职业理想、社会理想等；在纵向角度中，理想包括近期理想、阶段理想与远大理想；在个体和群体的角度中，理想可分为社会理想和个人理想。在微时代背景下，高校应借助微平台，将理想信念教育与大学生的网络微生活相结合，让学生树立近期理想与远大理想，树立个人理想和社会理想，并将社会理想转变成个人理想。

（一）充分利用微平台辐射理想信念

高校在传播马克思主义时，要发挥出微媒介在信息传播上的优势，如瞬时性、丰富性、超时空性等，让先进思想文化价值观武装大学生的头脑，对不良文化和思想的侵袭进行抵制。高校可以通过建立微信公众号、微博账号，使用图、视频、文字等形式在微信、微博上传播生活化的马克思主义、中华民族

优秀文化、党的方针路线与社会主义核心价值观，借此促进学生形成正确的"三观"。

（二）借助微媒体，加强理想信念的实践转化

实践是认识的来源，是认识的最终目的。高校要提高理想信念教育的实效性，就需要创造一个良好的实践环境，帮助大学生在实践的过程中加深对世界的认识，在实践中将理想信念转化为人生价值。网络具有强大的辐射力、号召力，高校可以借助微媒体宣传、引导大学生参加积极的社会活动，以网络为平台开设理想信念教育的"第二课堂"，引导学生通过志愿服务、"三下乡"等方式参与社会工作，让学生在实践、奉献中接受锻炼、增长才干。

（三）充分利用微媒介有针对性地对大学生的理想信念进行引导

在微时代背景下，大学生可以在各种网络平台上使用评论、发表、转发等方式表达自己的看法，向大众展现自己，这些网络平台给予了大学生表达思想、张扬个性的空间，也向教师提供了一个了解学生的窗口。教师要根据大学生个体特征、个人理想、经历以及遇到的问题，进行有针对性的引导，使其逐渐形成科学、健康、积极的个人理想。比如，教师可以通过微信和微博转发各种有深度、有趣味的文章，潜移默化地影响学生，为其传递正确的思想价值观念；教师还可以经常关注大学生在社交平台上发布的信息，了解学生思想变动情况，及时为学生答疑解惑，引导学生树立正确的理想信念。

二、结合微时代大学生生活，开展道德观教育

大学生道德观教育就是为了使大学生践行某种道德义务，而对他们有目的、有计划、有组织地施加系统的教育影响活动，主要包括社会公德、家庭美德、职业道德、个人品德等方面的教育。道德源于生活，不同的时代、不同的社会生活环境面临的道德问题、道德判断标准不尽一致，微时代面临的道德问题以及道德问题引起的效应又不同于以往。离开生活开展道德教育，只能是理论上和口头上的"仁义道德"。高校道德教育应立足微时代下大学生的生活，充分利用微时代的优势资源开展道德教育，从而引导大学生将道德理论与现实生活相联系，理性对待生活中的道德困惑。积极参加社会实践活动，乐于奉献，将道德认知内化为道德情感，外化为道德行动。

（一）提高大学生对微时代信息的辨别能力，提高道德判断标准

在微时代背景下，信息传播一方面存在匿名性，导致浏览者很难真正确定发布者的意图，也很难确保信息的真实性，一些发布者为了博人眼球，会发布片面、虚假的信息混淆视听；另一方面又具备便捷性，导致新闻事件可能尚未完全明了，就已经公之于众，在查明真相之前往往会出现很多版本，且每个人有着不同的价值观念，对新闻事件的意见和判断也存在偏差，新闻的主观性较强，影响到了大学生的判断。所以高校应注意引导大学生理性看待微媒介中的各类信息，自觉抵制有害信息，不断提高他们的判断能力。

（二）充分运用热点、突发事件展开道德教育

微时代的信息传播能力极其强大，朋友圈可以瞬间被一个信息引爆，微博的头条也可能会在短短几分钟内有上千万人浏览评论；在 App 中，人们会针对社会上的热点事件展开激烈的讨论。其中，一些道德事件产生的争论十分激烈，这会对大学生道德判断产生影响。另外，一些新闻报道的道德认知存在片面的情况，这会影响到大学生对道德的信任程度。因此，教师可以借助当下热点事件，鼓励学生对此展开辩论和讨论，在交流和沟通中明确正确的方向。另外，教师可以在自身社交平台发布一些案例分析，用视频、图片等方式诠释中华传统美德；开展相关活动，引导学生发现身边的道德之美，并将活动过程记录下来，以图文并茂的形式在网络中传递正能量。

（三）引导大学生自觉遵守微时代道德规范

微时代为大学生的学习生活提供了广阔的空间，也引发了不少网络道德现象。大学生在享受虚拟世界的自由、便利的同时应当自觉遵守相应的道德规范。高校要开展网络道德教育，把网络道德失范教育引入课堂，引导大学生开展伦理讨论、理性反思；加强大学生的自觉自律意识教育，引导大学生文明上网，不要在网络上宣泄情绪，随意发信息，不盲目跟帖，不发布虚假信息、垃圾信息，提高大学生的网络道德素养。

三、结合微时代大学生生活，开展法治教育

开展大学生法治教育，培养知法、懂法、守法的公民，减少违法犯罪行为的发生，这既是大学生综合素质发展的需要，也是和谐校园建设的需要。大学生法治教育主要以权利义务、公平正义、责任担当等为主，重在培养大学

生的规则意识、秩序观念等，使其认可法律秩序，自愿接受法律的约束。微时代的网络环境十分复杂，严重影响了大学生法律素养的形成，一方面，由于网络具有虚拟性和自由性，某些自制力不强的学生很容易陷入"天马行空"的状态中，忽视了法律意识，或者在虚假信息的干扰下，对法律知识产生误解，如一些学生在接触到暴力游戏的规则后，会将其与现实的法律规则发生混淆，从而分不清虚拟与现实，因此教师必须时刻注意引导学生积极向上，培养学生树立健康的观念，避免其走上歪路。另一方面，网络具有广泛性和便捷性，有利于学生了解和学习法律案例与法律知识，提升学生对法律课堂的学习兴趣。所以，法治教育的开展要与微时代中大学生的实际生活相结合。

（一）强化法律知识传播，树立法治理念

大学阶段是一个人法治观形成的重要时期，高校要加强法律知识的传播力度，提高大学生对法律的认识。高校可以通过课堂、宣传栏、广播宣传法律知识，还可以通过微博、微信传递法律知识。教师可以将网络中的经典案例引入课堂，也可以引导学生课后多看《今日说法》《法律讲堂》等栏目学习法律知识，引导学生关注法治教育微博、微信公众号，如新浪微博"全国青少年普法""CCTV法治在线""法治中国60分"等，参加微博、微信中的法律知识竞赛，观看普法漫画，提高大学生法律知识学习的效果。此外，教师可以在个人微博、微信上发表法律知识、经典法律案例、法治微视频，提高法治知识传播的渗透性。

（二）加强法治活动的开展力度

高校可以通过开展符合时代特征、大学生年龄特征的法治活动，加强学生的法治知识体验，使其自觉形成法治知识。例如，通过网络开展普法宣传标语征集、组织学生到社区宣传法律知识等。高校可以利用网络技术开发虚拟法庭，让学生通过网络虚拟法庭表演各个角色，模拟案件的分析、审理；可以开发网络实践通道，使学生通过网络远程观看现实案件的审理过程；可以使学生通过网络参与某个案件的审理、辩护等活动。

四、结合微时代大学生生活，开展心理健康教育

随着改革开放和现代化建设的发展，社会环境更加复杂，社会竞争日趋激烈，微时代下大学生的生活发生了重大变化，大学生所面临的压力、困惑增

加。微时代大学生常见的心理困惑、障碍主要有焦虑、抑郁、强迫、恐怖、神经衰弱、孤独自闭、人格障碍等，而这些主要来自生活难题的无力排解。思想政治教育要促进人的全面发展、培养健康的人格，离不开心理健康教育。微博、微信因其虚拟性、匿名性可以让学生更放松地吐露心声，为心理健康教育提供了良好的环境。

（一）预防为主，提高学生的自我调适能力

高校在大学生入学时要组织心理普查，将普查结果反馈到辅导员和科任教师手中，提高教师对学生心理状况的了解，特别关注普查中出现异常的学生，对他们加强心理干预，尽可能避免其心理问题的爆发。教师可以通过微博、微信广泛宣传、普及心理健康知识，为学生预防心理问题提供必要的知识指导。

（二）引导积极向上的生活，优化大学生心理品质

高校应开设心理健康教育课程，让学生对基础心理健康常识有一定的了解，从而正确地认识自己，规划自己未来发展方向；通过微博、微信等网络平台宣传积极的事迹，激励大学生勇敢拼搏、艰苦奋斗、自立自强；开展各种主题的心理健康活动，如人际沟通、团队合作、融入集体等，发挥团队和朋辈的力量进行心理健康教育，让大学生学会和人相处，学会接受自己，培养其创造力，提升其解决问题的能力。

（三）善于发现问题，有针对性地开展心理疏导

思想政治教育者要注意观察学生在社交平台上发布的信息，对学生展现出的思想心理困惑等进行有针对性的疏导。对于性格内向的学生，一定要主动出击，及时发现问题并帮助其解决问题。在对学生进行心理疏导时，要格外关注离异家庭、单亲家庭学生，以及后进生、贫困生等，用深入的关怀让他们融入集体当中，树立起积极的价值观，形成自强不息、艰苦奋斗的精神，并保持乐观、积极的心态。

五、结合微时代大学生生活，开展创业就业指导

微时代为创业就业教育提供了更多的途径，对高校来说，不仅要宏观、系统地培养、指导大学生的创业就业，还应更加细化、有针对性地指导学生，从细微处着手进行有效培养。创业就业教育不是某一个部门的事，高校、政府

和企业应充分利用微时代的便利平台，深化合作互通，共同培养符合社会需求的毕业生，达到共赢的目的。

（一）加强职业生涯规划教育

由于高中的学习生活比较紧张，学生面临着高考的压力，因此高中时期的学生往往有明确的目标。学生在进入大学之后，可以自由安排的时间变得更多，且学习压力相对较小，因此生活也更加丰富多彩，然而一些学生反而会在学习和就业方面产生迷茫，所以教师要在大学生入学之后，对其展开职业生涯规划教育。比如，通过职业生涯规划大赛、课堂等方式进行教育，或者在社交平台上建立就业教育信息系统，让学生可以从系统中认识到自己在大学四年每个阶段应该完成的任务，了解到与自身专业相关的职位、企业，了解到社会对人才的具体要求，并以此来确认自己未来的发展方向，调整自身的学习目标。

（二）加强创业就业指导

市场经济改革的不断深入加快了经济发展方式的转变，也加快了市场对人才需求的变化，且如今电商行业迅猛崛起，大学生创业变成了解决大学生就业问题的重要渠道，高校也要顺应时代发展潮流，树立全新的就业教育思想观念。首先，要培养大学生正确的就业观念，让大学生树立起创业思维，通过就业观教育让大学生对就业有正确的认识，鼓励学生进行创业。其次，高校也要为大学生提供一个实践平台，以此来提高大学生创业能力。例如，跟企业进行合作，在寒暑假、课余时间向学生提供企业实践的机会，尽可能降低大学生创业失败概率；开展创业大赛提升大学生的创业能力；鼓励学生通过微时代下的各种网络社交平台进行个性化创业。

（三）加强就业信息的传递与整合

高校要充分利用短信、QQ群、微信群、校园就业服务网站发布就业信息，搭建学生与企业沟通的平台。高校要通过学生对就业服务网站点击的信息进行分析，了解大学生的就业心理，端正学生的就业观、择业观。

第六节　拓宽微时代大学生思想政治教育生活化渠道

教育是多方面的合力，思想政治教育生活化要充分利用微时代的便捷条件挖掘更为多样的渠道，提高思想政治教育生活化的渗透性。

一、进行"微互动"，走进大学生的生活

微时代要实现思想政治教育生活化的前提是走进学生的生活世界，特别是走进学生的网络微生活。微时代中大学生的生活方式发生了微妙的变化，时常更新、关注微博、微信，喜欢借助 QQ、微信聊天，喜欢阅读微小说，喜欢观看微视频，多关注短新闻等碎片化生活成为大学生生活的真实写照。微时代大学生的思想观念发生了微妙的变化，作为思想政治教育工作者，一方面要走进大学生的生活，了解他们的微生活状态；另一方面要帮助大学生树立正确的学习生活观，促使其潜心学习，正确利用微媒体的资源充实自己，减少对网络的不必要依赖。在微时代中走进大学生的生活，对大学生的生活进行引导需要师生之间建立主体间师生关系，积极开展"微互动"。德国哲学家雅斯贝尔斯在《什么是教育》中曾指出："教育者不能无视学生的现实处境和精神状况，而认为自己比学生优越，对学生耳提面命，不能与学生平等相待，更不能向学生敞开自己的心扉。"[①]

微时代为教师走进学生的生活世界创造了良好的条件，教师可以通过直接交流，走进学生，也可以从侧面了解学生的生活情况、思想历程。微时代打破了师生之间沟通在时间、空间上的限制，教师可以借助移动终端（如手机），通过短信、QQ、微信、微博随时随地与学生展开沟通、交流。大学生通过微博、微信表达心情，转发、评论关注的话题，其思想意见、兴趣爱好、情感困惑等都可以通过微博、微信展示出来。教师要积极主动加入学生的"朋友圈"，与大学生建立朋友关系，了解学生，关注学生的生活世界、内心情感世界、兴趣爱好等，加强对大学生的人文关怀。教师应积极与大学生在热点话题上进行互动，通过转发、评论进行意见交换，增进了解，并进行有针对性的引导。

二、打造"微课堂"，开展信息化教学

课堂一直以来都是教育的主要阵地，课堂教学效果是保证思想政治教育生活化实效性提高的有力支撑。在传统的思想政治教育中，主要采取的是灌输式教育方式，即教师讲解，学生听，师生之间的交流较少，不利于发挥出学生学习的主动性和积极性。在微时代背景下，教师要根据当前时代潮流，以传统

---

① 雅斯贝尔斯.什么是教育[M].邹进，译.北京：生活·读书·新知三联书店，1991：239.

的教育方式为基础，探索更多更有成效的教育方式，抓住新时代思想政治教育的机遇。比如，微时代的教学资源更加生动活泼，这对开展多种多样的教学方式十分有利，有利于师生之间进行更频繁的交流沟通。总之，要顺着信息化的发展之风对传统思想政治教育进行变革。

教师应将信息化手段融入教学当中，实现信息化教学。比如，教师可以提前搜集与学习内容相关的文字、视频、图片等素材，通过分析、整理，将素材录制为一个微视频，在视频结尾为学生设置思考问题等学习任务，最后在专门的信息化平台中发布视频，让学生在课前展开自主学习。到了课堂上，教师要组织学生一同分享自己的学习成果，通过合作探究等方式共同学习、共同进步。这一学习方式实现了从教师教、学生听向教师引导、学生学模式的转变，有利于培养学生的学习主动性，与"以学生为主体，以教师为主导"的教育理念相契合。高校可以建立校园网或者在其他网络平台设立账号，由各专业教师自主制作和上传优秀的微视频，这样一来，学生可以直接在网络上按照自己的学习兴趣进行跨专业学习，实现多学科知识交叉学习；学校还可以利用官网、校园网等开展社会实践活动、知识问答比赛等，以信息化教学的方式实现线上、线下教学的结合，实现纸质教材和电子教材的结合，实现第一课堂教学与第二课堂活动的结合 [①]。信息化教学让学生不再受到时空上的限制，实现了移动学习、泛在学习，师生之间的交流也更加顺畅，学生可以得到及时的帮助，教师也可以及时了解学生具体情况，并以此来对教学内容和教学方式进行调整。

三、引导"微行为"，发挥学生的自主性

微时代提高了大学生行为的自由性，我们把在微媒介中进行的行为称为"微行为"，主要包括在微媒介上浏览信息、发表信息、结交朋友、开展活动等，这些行为比在现实生活世界的普通行为更具有影响力。对于大学生的"微行为"，教师既不能采用简单的命令、制止方式，也不能放任不管。微时代大学生思想政治教育生活化如果依然停留于单向灌输教育，必定是失败的教育。微时代思想政治教育生活化需要学生参与其中，进行双向沟通，通过对大学生的引导，培养他们慎独、慎微、慎初、知耻的情感，激发他们自我教育、约

[①] 刘震，曹泽熙．"慕课"时代思想政治理论课的挑战和机遇 [J].思想理论教育导刊，2014（11）：57-60.

束、成长的动力。微时代对大学生微行为的引导主要包括：第一，引导大学生文明上网，自觉抵制不良信息。高校要培养大学生形成良好的自我约束能力和辨别能力，在海量信息面前学会分析、思考、判断、选择，提高对不良言论、低俗文化的免疫力，在多元文化中坚定社会主义理想信念。同时，引导大学生在网络交流、发表信息时使用文明用语，不传递虚假信息，不夸大事实，不盗取他人信息。第二，引导大学生积极开展健康向上的活动。微时代为大学生开展人际交往开辟了广阔的空间，教师要引导大学生正确交友，在现实生活中也能保持良好的人际关系，处理好虚拟与现实的关系。高校要引导学生有良好的社会担当，通过微媒介积极参加有益的社会活动，乐于奉献。

四、开展"微活动"，加强德育体验践行

思想政治教育是一种对象性的行为实践活动，必须把通过实践体验获得真实感受作为思想政治教育活动的目标。思想政治教育要实现其教育目的，既要通过理论知识提高受教育者的认识，更要通过实践体验将道德规范、品德内化为自己的认知，强化心理、情感的成长，从而外化为具体的思想品德行为。微时代大学生的思想品德极易受网络世界的影响，如果只是停留在知识的传授层面，而忽略学生的实践感受和自主构建，学生很容易将知识与实际生活相脱节。因此，高校思想政治教育要充分挖掘微时代的资源，开展微活动，引导学生在活动中提高主体意识，成为心灵的主动自觉塑造者。

在开展微活动时应注意下列问题：第一，参与要具有广泛性。微媒体的传播辐射功能十分强大，因此高校应充分发挥微信、微博等网络平台的作用，让广大学生积极参与到活动当中，促进主体参与力的提高。第二，应根植于主体的精神世界。思想政治教育活动应具有较高的活动内涵，可以深入到学生的心灵当中，锻造学生的心灵世界，促进学生思想精神世界的发展，让活动更具吸引力。第三，深入生活。如今，有一些学生存在阅历不足的问题，缺乏丰富的生活经验，这可能成为学生未来成长的障碍，所以思想政治教育活动应围绕学生的日常生活实际开展，挖掘出典型且与生活实际较为贴近的材料来开展实践活动。第四，关注活动效果。开展活动必然是为了达到某种目的，所以在活动开展之前应根据相关理论进行精心的活动策划，确保活动可以顺利开展，在活动结束之后，也要引导学生进行活动总结，反思活动过程中遇到的问题和收获的感悟，不断改进。

五、建设"微队伍"，增强教育的微力量

微时代对思想政治教育者提出了新的要求和挑战，微时代要建立一支既能把握思想政治教育规律，又有良好的媒介素养的"微队伍"。媒介素养是指人们对媒介信息的获取、整合、加工利用的能力，以及充分利用媒介扩大信息传播的能力。

（一）提高思想政治教育工作者的信息传播能力

高校应在思想政治教育工作中充分发挥新媒体的作用。其一，对信息传播环境进行净化。在微时代，信息传播速度快，且内容庞杂，因此难免出现良莠不齐的现象，这极大影响了大学生吸收和学习正确、科学、积极的信息，因此教师要熟练掌握大学生群体最常使用的微媒介，过滤海量信息，并将有价值的信息筛选出来，传播并扩大这些信息的影响力，让校园网络信息的传播得到净化。其二，教师应提高自身分析与制作信息能力。教师应提高自己的判断能力，在海量的信息和知识中筛选出对学生有作用的高质量内容，并使用有较强感染力的语言、图片、视频等信息传播方式传播这些高质量内容，提高学生对信息的接受度。

（二）培养思想政治教育工作者的媒介素养意识

微时代背景下微信、微博等微媒体成为大学生获取信息、进行人际交往、传递思想信息的重要平台，同时产生了大量的微言微语、微心理，思想政治教育者如果没有在特定的语境下展开分析，就很难真正走进大学生的生活，因此，教师要树立媒介素养意识，通过微媒体加强与学生的沟通、交流，走进学生的生活，利用微媒体加强思想政治教育的话语权、影响力。

（三）开展媒体素养提高实践活动

高校要设立专门机构根据当前教师媒体素养现状制订切实可行的培养方案，制订教学计划，设计教学内容，邀请专家开设讲座进行培养，并为教师提供书籍、媒体设备硬软件的保障。高校应该加大对教师的培训力度，建立媒介应用研究小组，通过专题讨论、经验分享等主题活动，提高他们利用微时代的优势，熟练运用 QQ、微信、微博等微媒体的能力，占领网络微阵地。

第七节　建立大学生思想政治教育生活化评价"微体系"

评价机制具有鲜明的导向作用，在教育中具有举足轻重的地位，要增强思想政治教育的实效性，回馈评价尤为重要。微信、微博等微媒体为思想政治教育生活化评价创造了良好的评价环境，高校要充分利用微媒体建立系统、完善、可行的评估体系，并严格执行。

一、结合"微生活"，注重在生活中开展评价

思想政治教育源于生活、为了生活，在教育过程中不仅要让学生掌握理论知识，更要让学生内化于心，外化于行。"一个成功的思想政治教育过程，只有将社会发展的所需要的思想品德内化为受教育者的思想道德认识，再将受教育者的思想道德认识外化为行为实践，并且变为行为习惯，才能说受教育者形成了社会发展所需要的思想品德，也才能说明这个思想政治教育过程已经完结。"[①] 因此，为了更准确地反映大学生的品德发展详情，不仅要通过理论考核，更要在实际生活或类似实际生活中考查学生的道德情感的内化和道德行为的外化情况。具体地说，一方面要求我们对教育实践活动进行评价。实践活动是开展评价的有利时机，高校要有目的、有计划、有组织地开展各类活动，促进学生品德的转化。例如，可以借助微信、微博号召、组织、开展敬老院送温暖、志愿服务、送法进社区、学生互帮互助、微公益、对时下热点展开讨论或辩论等活动，在活动中可以更直观地反映大学生的道德认知、情感、意志、行为等，教师应充分利用现实、网络窗口观察了解学生的活动情况并对其品德做出准确判断。另一方面，在学生的真实生活中评价。微信、微博等平台是一面镜子，照出学生的家庭、学校、社区等日常生活中所表现出来的学习、人际交往、娱乐消费、兼职等实际生活。教师要借助微信、微博等观察、记录学生在生活中的表现。生活表现是一个人思想品德发展状况的最真实写照，对品德评价有重要的价值。我们在生活中要想准确地进行评价，就要采用多种评价方式。

---

① 陈秉公.思想政治教育学原理 [M].沈阳：辽宁人民出版，2001：121.

二、建立"微档案"，形成全面系统的评价

每个人都是一个复杂的整体，都要经历一个不断成长的过程，有着独属于自己的成长轨迹，因此思想政治教育生活化的评价也应该是全面而有联系的，要根据学生成长规律来形成一个发展性评价，以学生的独特性为基础展开针对性评价。如今，一些高校在思想政治教育评价上的发展性、联系性和针对性仍有待进一步加强。例如，一些高校要求辅导员负责学生操行等级评价，科任教师负责思想政治教育理论学习评价，显然并没有让两者之间形成有效的沟通；一些高校开展了同学评价、学生自评和家庭评价等评价方式，但取得的成效甚微。要开展好思想政治教育评价，教师可以充分运用现代信息技术，为学生建立微档案。在微档案中，首先应收集学生的基本信息，包括学生家庭情况、过去学习情况、个人爱好、特长等，让教师可以通过档案对学生有大致的了解。其次，微档案中要有全面、生活化思想政治教育评价内容，其中既要有学生的理论学习情况，如各科的学习成绩，也要有其他方面的内容，如参与学校社团情况，参与学校活动情况等。最后，应当建立有着多元化主体的微档案，其中的栏目应包括学生自评、家庭评价、同学评价、辅导员评价、社会评价等，让各方都参与到学生的评价工作当中，提高评价的说服力。由此建立起来的微档案可以更加真实地反映出学生的情况，教师可以通过查阅学生微档案对学生有一个系统了解，并根据学生情况采取针对性的教育策略，为特殊学生、后进生等提供更加全面、细心的引导和关爱。

建立大学生"微档案"这一评价方式具有巨大的优势，可以形成更为科学合理的评价。"微档案"建立在网络便捷、共享、匿名、低成本的优势上，能够收集更加全面、准确的信息，能够有效地整合评价结果。建立学生"微档案"的根本目的不在于评价结果，而是通过评价更好地了解学生的成长历程，加强教师对学生的了解。

三、运用"微动力"，建立长效激励评价机制

评价机制的生活化以及建立科学合理的"微档案"，是提高思想政治教育效果的有效手段之一，但是，只做好评价工作是远远不够的，还要建立长期有效的激励评价机制，将个人需要与社会需要相结合，充分调动个体的积极性、主动性和创造性，最大限度地发挥大学生的优势和特长。所谓激励评价机制，就是通过品德测试、评价等方式，开展评优评先活动，并形成制度化的、可以

激发学生主动性的评价系统。实现激励评价机制，要完善各种资助机制、奖励机制和惩处制度。微时代大学生思想政治教育生活化的激励评价机制的开展具体包括以下几个方面。

（一）结合大学生的需要，开展全面系统的激励

让客体需求得到满足是激励的出发点。每个人在不同阶段都有着不同的需求，因此教师必须根据实际情况，围绕学生的身心发展特点选择合适的激励方式。高校要以学生的需求作为目标设定出发点，为学生的奋进提供动力，让学生潜在需求变成现实需求。并且，激励不能单纯在起点与终点发挥作用，教师也要注意过程的激励，让激励范围变得更大，尽可能使激励机制覆盖每一名学生。

（二）有效利用微媒介，把握最佳激励时机

激励的影响力可以细分成内部与外部动力，其中内部动力指的是激励对一个个体或者团体最好的影响时机，外部动力则是指通过激励个体或者团体对全校乃至全社会产生一定影响。教师必须牢牢把握好这两者。在内部动力上，教师要抓住个体或者团体最紧急、最关键的时候，根据其实际需求激发其动力，在其突破难关获得荣誉之后给予充分的认可和尊重，在困难时为其提供鼓励，在忏悔时对其进行教育。在外部动力上，教师可以借助微媒介的辐射力，在某个影响较为重大的时间当中通过激励个体或者团体，达到对全校的影响。

（三）奖惩分明，公平客观

在激励学生的过程中，高校思想政治教育者要注意将正激励和负激励进行恰当融合，对学生的正确行为给予嘉奖，以鼓励其继续努力，对学生的错误行为给予惩罚，提醒学生，避免再次犯错。在激励学生上，高校要制定一个有着统一标准的激励系统，将集体激励与个人激励相统一，物质激励与精神激励相结合，且在执行激励系统时，教师必须做到客观、公平，不可出现偏袒情况，且正激励与负激励应当和学生的成绩与过错相对应。

四、借助"微平台"，及时反馈并解决评价中遇到的问题

反馈是控制论中的一个重要概念，由哲学家柏拉图从国家管理艺术的角度提出。反馈论主要指把施控系统的信息作用于被控系统后产生的结果再输送回来，并对信息再输出产生影响的过程。从思想政治教育角度看，反馈主要是

指对教师在向学生施加有目的、有计划的影响后起到的教育效果进行比较、判断，考察它与教育目标的差距，并有针对性地采取措施调节，实现思想政治教育目标的过程。

思想政治教育生活化评价体系的建立最终目的是"以评促改，以评促进"，因此，高校在建立完善的评价体系、对学生开展合理的评价外，还应当将评价结论及时反馈到学生手中，及时改进教育、教学方法、策略，提高微时代大学生思想政治教育生活化的实效性。在微时代，教师可以通过公示评价结果让学生及时了解评价结果，并对评价过程中出现的不足提出指导意见；对于特殊情况的学生（后进生、自尊心强的学生），教师最好能够一对一地进行沟通，用委婉的方式告知评价结果，提出有效意见。此外，教师可以通过微信、微博实时跟踪学生的表现，观察评价反馈对学生起到的效果，实施进一步的激励，及时督促改进。对于学生中普遍出现的问题或严重问题，教师还应将相关情况反映到上级和其他相关部门，使他们形成对大学生思想政治教育生活化效果的正确判断，在制度和政策等宏观层面进一步调整微时代大学生思想政治教育生活化策略，并有效调动相关部门协同解决学生中出现的问题。上级相关部门还应当将调整的政策反馈给教师，使教师能够及时有效地调整教育目标，更新教育内容，变换教育方法，从而不断提高微时代大学生思想政治教育生活化效果。

第八节　健全监管机制，形成"微"力量

互联网的管理不能只依赖国家和法律，还要依赖社会各方力量的共同努力。微时代高校思想政治教育的开展，需要政府进行宏观监控、运营商进行自我监管、高校进行微观监控、社会进行自我净化、学生进行道德自律，在整个复杂多变的网络环境中，帮助大学生营造一个健康向上、积极奋进的互联网环境，促进大学生自由而全面的发展，保障他们健康成长。

一、运营商自我监管机制

网络运营商是网络服务的开发者和提供者，拥有先进的网络技术，有义务和责任做好网络平台的监管工作，而要做好这一工作，不仅需要掌握网络运行的状况，还需要为广大网民提供优质的服务，其中就包含对网络运行情况的监控和管理，对于微媒介的运营商来说也是如此。

首先，微媒介运营商应严格制订准入准则。运营商可以通过增加公众平台的审核条件，让网民在注册和使用时更加谨慎，认识到自己必须对发布出去的信息负责，为信息的健康与真实提供保障。如今，有部分网络媒介使用门槛较低，使用者只要使用邮箱、手机号或者设置一个登录账号与密码就可以完成注册，显然，运营商并没有对使用者的手机号、邮箱与真实身份进行严格的审核，因此注册者自身的资料并不完整或者不真实。所以运营商应该与公安部门联合实行网络实名制，让网络准入门槛进一步提高，让用户个人资料信息更加完善。使用者必须使用自己真实的邮箱、姓名和身份证号来注册账号，甚至还需要上传自己的身份证照片。而公安机关则要负责认证与审核工作，确保没有冒用情况出现，并保障身份信息的安全。网络实名制可以有效约束部分用户的使用行为，打消一些可能出现的不良思想，在网络犯罪有发生的苗头或者已经发生后，公安部门也可以通过实名制及时锁定犯罪嫌疑人，避免或降低网络犯罪带来的危害。比如，新浪微博专门推出了一个名人认证系统，所有通过认证的用户其名字后面都会标上一个金色的"V"，如企业微博、名人微博、节目微博、官方微博等，让公众可以根据该系统确认微博使用者的真实身份。而微博使用者如果想要认证名人，需要其在认证对象范围之内提供真实的身份证明、联系方式和微博地址等信息。这一措施让公众可以根据金"V"标志来辨别是否是自己正在寻找的微博账号，为营造诚信、公正、真实、理性的网络环境提供了保障。

其次，微媒介运营商要提供技术监管。运营商应建立敏感词库，对发布信息的内容进行一定的筛选，对涉及淫秽色情、低俗不堪的信息及时屏蔽，跟随时代的发展和流行词语的变更对敏感词库不断进行更新，对新出现的事件和话语进行及时反馈。运营商在技术上要对用户的信息进行保密，确保用户信息的安全。运营商还可以对网络诈骗和网络犯罪组织人力和物力进行研究，在技术上进行防范和控制，在平台的管理过程中发现敏感信息和社会问题及时进行处理，与政府相关部门进行沟通和处理。微媒介运营商需要健全举报制度，设置相应的举报窗口，开设举报功能。对举报的线索进行查证，及时有效地处理和解决，如对造成影响的信息及时删除，第一时间阻断信息的传播，列入黑名单。建立网络诚信系统，对黑名单网络行为有一定的限制，增加网络犯罪的成本和代价。运营商还可以对提供有价值线索的举报者给予一定的奖励，鼓励网民的举报行为，对谣言、色情、欺诈、暴恐、反党等负面言论进行彻底清除，还包括大学生在内的广大网民一个健康绿色的网络环境。

最后，微媒介运营商有必要从道义上尽到提醒责任。网络群体的逐渐壮大对网络的管理造成极大的难度，运营商不可能随时监管每个使用者和传播者，更不可能实现对网络犯罪分子和诈骗分子的全方位监控。因此，运营商可以对异常使用者和不安全因素给予用户适当的提醒，通过一定的技术渠道对可能存在网络犯罪和诈骗的网站、消息、链接、转账等进行提醒和预警，提高网络用户的自身防范意识，减少网络犯罪发生的次数和频率。特别是在涉及钱财、转账、个人身份和账号信息泄露时，运营商有义务告知使用者存在的安全隐患和风险，使其提高自我保护意识。例如，近几年有关校园贷款的新闻屡见不鲜，给不少学生和家庭带来悲剧，如果多增加些提醒和防范，或许会减少类似事件的发生。涉及陌生人交友时，运营商可以提醒自我保护的信息和方式。手机安全软件有手机号码标记的功能，针对诈骗、保险、中介、推销、快递等进行详细的分类，当这类号码打来时拥有上述功能的用户可以马上知道对方的身份，避免受到骚扰和受骗。运营商如果可以仿照设置相应的功能，使用同一软件的用户便可以提高警觉，降低犯罪分子的成功率。

运营商在净化网络环境中扮演着重要的角色，肩负着巨大的责任。2014年4月4日，微信面向公众号发布《微信公众平台运营规范》，对利用其他账号、工具或第三方平台进行公众账号推广，强制或诱导用户分享等行为进行了大量限制规定，主要针对非法、虚假、恶意营销等信息的传播，以及违规刷粉、恶意互推等公众账号行为进行管理和规范。微信针对运营过程中的注册规范、认证规范、行为规范、内容规范、支付规范、内测规范、商标与商业外观、处罚与举报规范进行了详细的规定，旨在维护运营者、用户、平台等各方共赢有利的生态体系。

二、强化高校网络舆情监管

网络舆情是人们内心思想的体现，是社会态度的集中，是信念价值的外显。"微时代"思想政治教育必须加强对网络舆情的监管和研判，才能第一时间了解大学生的关注焦点、所思所想和行动方向。

2013年8月，教育部、国家互联网信息办公室发布《关于进一步加强高等学校网络建设和管理工作的意见》，强调加强和改进高校网络建设和管理，要以中国特色社会主义理论体系为指导，按照积极利用、科学发展、依法管理、确保安全的方针，遵循信息网络规律，树立正确导向，着力内容建设，营造文明健康、积极向上的网络育人环境，维护高校网络文化信息安全。推动成立高校校园网站联盟，加强教育系统官方微博联盟建设，整合高校网络宣传内容，增强高校间主流网络舆论的互联互动，拓宽先进文化、正面声音传播途径。各级教育部门和高校要制定网上信息发布、报送和舆论引导工作规程，形成教育部、各地教育部门、各高校之间信息共享、定期会商、联动反应的舆情工作模式。结合师生关注的重点、热点和难点问题，加强对校园交互社区、网络即时通信特别是网络群组的舆论引导，有针对性地回应网上关切。建立教育部门与互联网信息内容主管部门舆情沟通协作机制和突发事件应急反应机制，制订完善高校网络舆情应急工作预案，综合利用传统、网络媒体，统筹协调网上、网下工作，主动加强与工信部门、公安部门及互联网接入企业、网络信息服务企业的沟通联系，形成突发事件应对合力。依托高校建立若干个网络人才培养基地、网络舆情研究中心、互联网新技术研发中心，支持各地区搭建大学网络文化学术研究交流平台。加强网络文化复合型人才培养，促进专家队伍和网络文化相关学科建设，推动重大理论实践课题研究，为互联网发展和管理提供智力支持、人才支持和技术支撑。

首先，高校要尽快健全网络舆情研判机制，将检测对象发送和传播的内容进行收集、分辨、研究、报送等，时刻掌握广大师生的思想动态。网络舆情工作主要选择大学生使用较多、较频繁的网络门户与软件，如微博、微信、QQ 等软件，它们影响力较强，且传播率较快，是网络监管的重要对象，可以帮助思想政治教育工作者更好地了解到大学生的思想。思想政治教育者要通过汇总大学生在网站和软件高峰使用期出现的高频率语句与词汇，了解当前大学生关注的社会新闻和话题，跟开发商与运营商形成合作，使用网络技术展开检测，以求及时准确地掌握到大学生的情绪与思想变化，分析学生之间的主流思想，预测舆论走向，并为可能发生的情况提前制订策略。在特殊时期或者出现敏感事件时，思想政治教育者更要加强网络舆论跟踪，并召集相关专家对当前情况进行分析讨论，对形势发展做出准确判断，以期在最短时间内找到最好的处理方案，及时向师生进行澄清解释，并向领导报送相关工作报告，同时做好后续工作的规划。

其次，高校要建立健全交流机制。只有保持良好的沟通，才能消除误解，促进相互理解。很多网络舆论危机的爆发并非无迹可寻，大多都源于沟通上的不通畅。大学生群体对新鲜事物的好奇程度较高，并且希望了解到社会的变化，以及学校的发展情况，所以高校官方新闻要围绕大学生的需求为其提供服务，及时向其提供学校动态，并借此增强大学生的认同感和集体荣誉感。另外，学校新闻必须足够真实且准确，如果宣传报道的内容和实际发生的事情有较大的出入，那学生对学校和教师的信任度也将降低。高校要积极和学生进行互动，培养学生的爱校情怀，拉近师生之间的距离，升华师生感情，从源头制止谣言产生。而要实现这些要求，高校必须先建立一支专业素质较高的队伍，为建立交流机制提供人才方面的支持，通过丰富高校的网络舆情引导手段，和大学生进行真诚的沟通；借助微媒介优势和网络平台发布信息，占领舆论阵地，为学生答疑解惑；完善校园门户网站建设，让大学生有更好的服务体验；保证学校和政府、企业以及校内各部门之间的联动，确保沟通不受阻碍；调动各方力量参与和谐校园网络环境的建设。

最后，高校还需要制订危机事件的处理机制。高校网络环境是复杂多变的，当遇到网络校园危机时，需要快速妥善处理，因此完善网络舆情预警机制势在必行。大学生是网络的活跃者，他们关注的焦点大部分都集聚在校园之中。能否及时快速处理校园的突发事件，直接影响到校园网络舆情的发展状况，高校要对突发事件进行详细的分级，并制订相应的处理预案，当负面舆论占领主阵地时，要及时进行解释和引导，阻止恶性言论蔓延。思想政治教育者要重视大学生的思想反馈，广开言路，善于倾听，让大学生有情绪宣泄的窗口，不能采取简单粗暴的封锁方式。听取学生的信息反馈对思想政治教育有很大的帮助，它需要教师在筛选后进行吸收，给予大学生人文关怀，基于学生的视角探索解决的策略，常思常想，有针对性地疏通和引导学生的思想和行为，及时调整工作方案，增强思想政治教育的有效性。

三、形成社会监管合力

随着互联网应用的普及和信息技术的飞速发展，使用网络的人群变得越来越庞大，这使得不管是教师、学校还是政府，都很难做到对所有个体网络行为进行实时监控。因此，我们必须发挥集体的力量和智慧，动员广大网民一同监管网络中的犯罪行为，通力合作，互相监督，为营造良好网络环境贡献力量。首先，要充分发挥教师的监管能力。教师可以通过开通微信与微博的方式，搭建一条和学生无障碍沟通的桥梁。通过浏览、关注学生评论和发布的信息，了解学生的生活话题、兴趣等，并在其遇到问题时及时给予恰当的帮助，拉近与学生的距离，增加自己的亲和力以及学生对自己的信任，升华师生感情。其次，要制订合理的学校管理制度。高校可以通过开发或者使用相关的网络监管技术或软件，对网络环境进行净化，让大学生摆脱网络垃圾信息的影响。

　　微媒介的使用者就像北京市"朝阳群众"一样，他们虽是朝阳区一个个平凡的芸芸路人，却能够屡屡帮助公安机关破案。如果只依靠教师本身，很难在具有虚拟性和海量化特征的微媒介中占据主动地位，因此必须依靠网民的群体力量，全方位、多角度实现对网络传媒的监督，积极引导舆论导向，针对虚假信息及时辟谣，避免群体性事件和网络突发事件的产生和扩大。

　　此外，高校微平台要实行实名认证，一方面便于管理和监督，及时掌握学生的思想动态；另一方面可自动屏蔽不良信息，确保学生隐私安全。网民在网络使用过程中一旦发现有问题的信息和网站，要及时保留证据，保存原始数据，及时向运营商或政府、学校相关部门备案，帮助政府、学校、运营商以最快速度处理网络问题。运营商对网民的举报要及时、有效地进行处理，维护用户的合法权益，和网民共同努力提升维权意识，净化网络环境。

　　总之，思想政治教育必须依靠国家、高校、社会、教师、学生多方的不懈努力，才能够净化大学生的网络环境，提高思想政治教育的效果。

第六章 思想政治教育生活化的实现路径

第一节　落实思想政治教育"双主体"建设，优化思想政治教育生活化的环境

一、落实高校思想政治教育"双主体"建设

在推进高校思想政治教育生活化的进程中，需将思想政治教育的主体置于现实生活中，一方面发挥思想政治教育工作者主体的引导作用，另一方面培养大学生的主体意识，落实思想政治教育的"双主体"建设。

（一）发挥思想政治教育工作者主体的引导作用

在高校思想政治教育生活化的实际推进过程中，针对思想政治教育工作者对生活化教育理念把握不到位的问题，高校理应发挥思政课教师在思想政治教育生活化中的引导作用，同时切实发挥党委领导班子、辅导员和其他各专业课教师在思想政治教育生活化过程中的协同作用。

第一，优化高校思政课教师队伍。思政课教师是高校落实立德树人关键任务的主力军，提升教育质量、打造结构多元的思政课教师队伍成为推进思想政治教育生活化的迫切要求。然而，部分高校存在"重学术理论研究、轻教育能力培养"的思政课教师培育倾向，这不利于思政课教育教学质量的提升，更不利于思政课教师的职业发展。因此，高校思政课教师队伍的培养需要处理好学科专业知识训练与教育实践能力锻炼之间的关系，全面提升思政课教师的整体素养。思政课教师责任重大，肩负着培育时代新人的重要使命。在实际的思想政治教育过程中，思政课教师应积极发挥自己的主体作用，结合高校人才培养目标的特殊性，充分做好大学生的学情分析，用好课堂教学主渠道，立足现实生活，把握课堂节奏，用生活化的话语讲解理性的知识，将晦涩难懂的理论知识与生动有趣的生活事例相结合，真正走进大学生的生活世界，获得大学生的真心喜爱。同时，高校要严格执行思政课教师选拔制度，优化思政课教师的队伍结构。从师资供给视角来看，思政课教师不论在质量还是数量上，都与高校的实际需求存在一定的"供给差"。一方面，没有充足的高质量后备思政课教师的支撑，就无法保证高校思想政治教育的正常运行。高校应完善思政课教师队伍的遴选机制，制订高质量的长期师资发展规划，防止因片面追求师资规

模而降低准入门槛的迅速扩招行为，招录政治立场坚定、理论功底精深、思想素质过硬的思政课教师，让有信仰的人讲信仰，在向大学生传授理论知识的同时，将社会主义核心价值观融入大学生的生活，转化为大学生的实际行动，传递社会正能量。另一方面，高校应吸纳校内外达到思政课教学要求的教师资源，推动教师队伍结构向多元化方向发展，充分调动思政课教师的主体能动性，以满足不同层次的大学生对成长成才的迫切愿望，更好地指导大学生的生活实践。

第二，强化高校党委领导班子的主体责任。高校的思想政治教育工作能否取得巨大成效，与学校党委领导班子对思想政治教育工作的重视程度有直接的关系。首先，党委领导班子应发挥先锋模范带头作用，将高校的思想政治教育工作摆在首要位置，抓好学校意识形态工作，提升政治站位，增强政治意识，牢牢把握中国特色社会主义的办学方向。其次，党委领导班子应积极发掘高校的办校特色，精准定位"职业人"的人才培养目标，运用生活化理念改善思想政治教育工作的内容和方法，使思想政治教育落实到学校工作的方方面面，真正融入大学生的日常生活。最后，党委领导班子应树立服务意识，为高校的思想政治教育工作者创造良好的工作条件，充分调动教师队伍的主动性和创造性。

第三，发挥高校辅导员的思想理论教育功能。日常思想政治教育是思想政治理论课的延伸，高校辅导员作为日常思想政治教育的骨干力量，既承担着大学生思想政治教育的职责，又负责大学生日常管理的工作，在推进思想政治教育生活化过程中发挥着独特作用。一方面，高校辅导员应注重大学生日常行为的养成，致力于解决大学生在日常生活中遇到的现实问题，运用马克思主义的方法论对大学生进行正确的思想引导，给予其温馨的人文关怀和及时的心理疏导，将思想政治教育融入大学生的日常生活。另一方面，高校辅导员应充分考虑大学生的就业实际，为大学生提供科学的就业指导，帮助其树立正确的择业观念，磨砺职业技能，提升职业道德，制订科学的职业生涯规划，引导大学生到祖国最需要的地方去建功立业，解决就业难题。

第四，增强专业课教师的思想政治教育本领。专业课程与思政课程同向同行，本身就具有丰富的思想政治教育资源，但从高校的实际情况看，部分专业课程的教师由行业企业的技术人才担任，虽然他们的专业理论水平和实践操作能力过硬，但是其思想政治教育的水平有所欠缺。因此，在推进思想政治教育生活化的进程中，高校必须加强对非思政类专业课教师的培训，提高其思想政治教育水平。首先，提升专业课教师的思想道德素养，培养专业课教师的大局观，确保专业课程与思政课程在政治方向上的一致性。其次，专业课教师应充分挖掘专业课程中的思想政治教育元素，用社会主义核心价值观引领课程设计，将思想政治教育与专业技能知识传授相融合。最后，专业课教师应严守职业道德，做到言传身教、以身作则，积极为大学生解答专业困惑，帮助其克服生活困难，传承工匠精神。

（二）培养大学生的主体意识

高校思想政治教育生活化要以大学生为本，不断增强大学生的主体性，唤醒大学生的主体意识。第一，尊重大学生的主体地位。目前，大部分高校所采取的"满堂灌式"的思想政治教育模式注重发挥思想政治教育工作者的主体作用，压抑了大学生的个性发展，致使思想政治教育工作者与大学生处于不对等的地位。而大学生与思想政治教育工作者在人格上是完全平等的，他们都是有血有肉、有尊严、有情感的独立个体。只有充分地理解和尊重大学生，真正地关心和爱护大学生，承认其在思想政治教育中的主体地位，才能改变大学生漠视思想政治教育的现状，提升大学生对思想政治教育的认同度。第二，唤醒大学生的主体参与意识。大学生具有鲜明的群像特点，他们实践动手能力较强，文化基础知识较好，个体认知水平参差不齐，存在不同程度的叛逆心理，对思想政治教育具有抵触情绪。思想政治教育工作者应将思想政治教育的内容置于现实生活中，创设生活情境，着重培养大学生的独立思考能力，使大学生积极主动地参与到思想政治教育过程中，主动思考思想政治教育的生活意义。第三，提升大学生的自我教育水平。思想道德素养的提升既离不开思想政治教育工作者的引导，也离不开大学生的自我教育。自我教育是一个自我完善的过程，大学生应根据自身实际发展需要，通过主动接受先进思想和正确理论的熏陶，促进内在的思想转化和外在的行为变化，加强自我管理，锻炼自己处理日常事务的能力。

二、优化生活化的教育环境

环境育人是推进高校思想政治教育生活化的重要一环。思想政治教育环境本身具有可创性，这是其区别于其他一般社会环境的重要特征。一般来讲，思想政治教育虽然很难独自完成对社会大环境的改造，但是思想政治教育工作者可以通过自身的主观能动性对社会大环境中的某些影响进行有针对性的强化或弱化，营造有助于增强思想政治教育生活化的小环境。从高校的视角来看，思想政治教育工作者应围绕大学生的生活需要，优化思想政治教育环境，发挥校园、家庭和社会三者的教育合力，共同推进高校思想政治教育生活化的进程。

（一）优化校企联合的校园生活环境

校园是大学生学习和生活的主要场所，也是思想政治教育的主阵地。高校的校园生活环境建设应以大学生为本，贴近实际，贴近生活，加强校企联合，突出教育的特色。第一，在校园物质生活环境的建设方面，应加大资金投入比例，遵照思想性与实用性相结合的原则，建设与企业文化相结合的校园硬件设施，让大学生在校园中提前感受职业生活的氛围。例如，高校可以在教学楼、实训楼的走廊上设立宣传栏，在宣传党的先进思想和理论成果的同时，以图片和文字的形式宣传对口企业的优秀企业文化；设立校友文化墙，通过介绍知名校友的创业择业经历，激励大学生向身边的榜样学习，增强其对职业生涯的信心。第二，在校园精神文化生活环境的建设方面，要营造良好的教育教学环境，创设生活化的教学情境，使用生活化的教学案例，切实将思想政治教育融入大学生的日常生活中。还可以结合专业特点，由学校牵头邀请企业与学生社团共同举办相关活动与比赛竞赛，丰富大学生的精神生活。第三，在校园制度文化生活环境的建设方面，可借鉴先进企业的制度文化和管理文化，将其融入高校的日常思想政治教育中，营造具有职业特色的思想政治教育校园生活环境。

（二）创设家校共育的家庭生活环境

家庭生活环境对大学生的影响是普遍而又持久的，这种影响不仅体现在父母对子女有意识的教育过程中，还体现在家庭的日常生活中。家庭观念、家庭氛围、夫妻关系、亲子关系等各方面的因素都会对子女的思维习惯和行为方式产生潜移默化的影响。因此，提升大学生的思想道德水平也需要家长配合，共同优化思想政治教育环境。第一，抓好优良家风建设，增强家长的责任感。家长应从自身做起，提升思想道德素质，为大学生树立榜样，重视大学生的思想政治教育，在日常家庭生活中注重对大学生的思想引导。第二，加强家庭与学校的配合与联系。学校应主动创建沟通渠道，利用网络平台建立家校群，与家长随时进行信息交流，向家长推送大学生的校园生活风采，联合家长共同参与大学生的品格塑造，增强家长参与学校教育管理的积极性。同时，家长也应积极向学校建言献策，主动参加学校举办的家长活动，深入了解大学生在校期间的思想状态。第三，重视大学生的生活感受。家校共育的目的是为大学生创造良好的生活化教育环境，因此应充分尊重大学生的主体地位，倾听大学生的心声，使大学生从内心深处认同家校共育，积极主动参与家校共育平台的搭建，自觉接受来自家庭和学校的思想政治教育熏陶。

（三）营造校社联动的社会生活环境

社会是一个大课堂，生活是一本教科书。社会各方面都要关注教育，营造良好的育人环境，担负起青少年成长成才的责任。推进高校思想政治教育生活化，不仅需要学校教育，更需要全社会的参与。第一，充分挖掘社会生活中的思想政治教育资源，利用博物馆、图书馆、科技馆等社会公共资源为大学生提供了解社会生活、参与实践锻炼的硬件设施。第二，推进学校与社区的联动合作，建立社会实践教育基地。大学生可以通过参与社区志愿者服务活动，在社会生活实践中检验自身所学的专业技能知识，增强生活体验，锻炼解决实际问题的能力。第三，传播正能量，营造积极健康的社会生活氛围。社会各方面应主动配合学校营造良好的社会风气，巩固思想政治教育的成果，在社会主义核心价值观的指导下加强社会生活环境建设。第四，加强舆论引导，净化网络生活环境。采取有效措施引导媒体加强自律，使网络成为弘扬社会主义意识形态的坚强阵地，提升大学生甄别信息的能力，坚决抵制不良思潮对大学生的思想侵蚀，使思想政治教育融入大学生的网络生活。"社会环境是最大范围的环境，是环绕人的实践活动的各种社会因素的总和。"大学生在成长过程中始终受到社会生活环境的影响，高校的思想政治教育活动也始终受到社会生活环境的制约。营造校社联动的社会生活环境有助于提升大学生的思想道德水平，增强大学生服务社会的能力，推进高校思想政治教育生活化的有效平稳运行。

第二节　构建生活化的目标，树立生活化的理念

一、构建生活化的教育目标

目标是行动的先导，思想政治教育的目标体现了思想政治教育活动的价值取向，目标设定的合理性直接关系着思想政治教育活动的成效大小。高校在

设置思想政治教育目标时，应观照大学生的现实生活，适当引入生活化理念，提升大学生的获得感。

（一）教育目标贴近生活，突出现实性

理想化的思想政治教育目标，实际上脱离了学生精神目标的发展实际，造成教育目标未能完全在学生心中起到真正的目标导向作用。因此，思想政治教育工作者在设计教育目标时，应紧贴学生精神生活目标实际发展需求，突出现实性。

理想化的思想政治教育目标与学生生活实际目标契合度不高。人们对理想化教育目标下塑造出的完美无瑕的学生除了会产生敬仰之情外，更多的是质疑和反感，甚至还会给其套上虚假作秀的帽子，从而导致思想政治教育目标原有魅力值下降。因此，需革新思想政治教育目标，增强其与学生生活目标的契合度，突出现实性。这就要求思想政治教育从学生的生活实践中提炼价值目标、道德目标和伦理目标，在此基础上，将其从感性认识上升到理性认识，从抽象化到具体化，从理论性到现实性，进而形成多方位有机统一的教育目标体系。在制订思想政治教育生活化目标时，需贴近生活，贴近学生，切合社会主义精神文明建设的现实发展需要。生活本身有积极作用和消极作用两个方面，只有符合社会历史发展趋势，符合学生实际需要的思想政治教育目标，才能真正发挥教育目标的积极作用。思想政治教育生活化目标与现实生活世界有着紧密的依托关系，教育目标的确立需立足于现实生活基础，以确保目标实现的可能性与现实性。现实性是设定目标的重要属性，现实性目标可以对学生的生活实践起到指向、引导的作用，不断让学生去适应和改造现实生活，从而被学生所认可及接受，并自觉地将思想政治教育目标作为其生活学习的行动指南。此外，强调思想政治教育目标要贴近现实生活，贴近学生实际生活目标的同时，应防止其陷入庸俗化和"去政治化"的境地。

（二）立足现实生活，找准目标定位

第一，高校思想政治教育的目标设定应立足现实生活，避免过于理想化。一切思想价值观念都植根于日常现实生活的土壤，强调目标的可实现性。高校的思想政治教育目标应主动走下"神坛"，接入生活的"地气"，让大学生"看得见、摸得着"，激起大学生实现思想政治教育目标的动力。

第二，高校思想政治教育的目标设定应超越现实生活，避免陷入平庸化。

将思想政治教育的目标定位于现实生活，并不意味着思想政治教育仅仅停留在生活层面。现实生活中既存在真、善、美，也存在假、恶、丑，生活本身是一个中性化的概念，并不会替我们做出价值判断与选择，片面地适应社会生活只会导致思想政治教育的消解。因此，高校思想政治教育的目标设置既要立足现实生活，又要超越现实生活，通过思想政治教育建构有意义的大学生活，提升大学生的生活品质。

（三）结合思想实际，细化目标设计

高校思想政治教育的具体目标设计应遵从层次原则，做到先进性与广泛性的统一。大学生思想道德的形成发展与其所处的生存成长环境、社会发展水平以及受到的学校教育有很大的关系。同时，大学生本身的身体素质和心理素质也影响其后天接受思想政治教育的程度。大学生的思想道德水平千差万别，因此，在思想政治教育的目标设置上也应体现层次性，不能搞"一刀切"。以往的思想政治教育对标少数先进分子，目标单一，要求过高，令大部分学生望尘莫及，容易使其产生挫败感，教育很难收到成效。张澍军教授认为："在社会常规性稳态运行的情况下，社会中的人们一般可以划分为三个类群或三个层次：一是少数先进分子人群；二是广大中间地带人群；三是少量的落后人群，亦有极少量的社会异己分子。"① 因此，思想政治教育目标的设置应以处于广大中间地带的大学生的实际思想水平为基点，鼓励先进，照顾落后。对待大学生中的先进分子，如学生党员、学生干部，应坚持高标准严要求，以共产主义道德为标准，为身边的同学做榜样示范；对待大部分大学生，则应要求他们树立远大理想，坚定理想信念，努力践行社会主义核心价值观；对待少数思想道德水平较低的大学生，应将社会公德作为最基础的目标，鼓励他们向更高的思想道德目标迈进。

二、树立生活化的理念

思想政治教育内容是丰富多样的，包括马克思主义理论、政治观、世界观、人生观、法治观和道德观等方面的教育，树立思想政治教育生活化理念，首先，就是要明确思想政治教育生活化的价值取向，从而增强学生的政治思想意识，其次，创新生活实践育人理念，促进人的全面发展。

① 张澍军 . 德育哲学引论 [M]. 北京：人民出版社，2002：63.

（一）明确思想政治教育生活化的价值取向

党的十九大报告重申了党的十八大以来以习近平同志为核心的党中央反复强调的以"人民为中心"的发展理念，并把坚持"以人民为中心"确定为新时代中国特色社会主义的价值取向。"以人民为中心"展现了党中央推进新时代中国特色社会主义的实践目的和行动方针，也反映了习近平新时代中国特色社会主义思想的根本伦理目的和终极价值关怀。因此，在新时期，要明确思想政治教育生活化价值取向——"以人民为中心"。思想政治教育应该贴近于生活，服务于生活，从生活中来，到生活中去，以生活为基础，而人民群众就是生活的主体。我党将"以人民为中心"定为基本方略，充分反映了党对于"人民群众"这个中心的高度重视，因此思想政治教育生活化要将"以人民为中心"作为价值取向，从而避免产生因没有正确引导个人及社会精神价值方向而出现的价值偏离。

思想政治教育本身的价值，指思想政治教育实践对人的发展和社会发展的作用，一方面，它体现在促进个人价值实现；另一方面，它体现在发挥的社会价值。思想政治教育本身来源于生活，因此它更加注重人在生活中的发展和各种实践活动。人是生活的主体，生活都是人参与的活动，生活化也是人实践活动的一个过程，改革开放发展离不开思想政治教育生活化的价值取向，甚至在几千年前的古代，早就有这样的思想印记。公元前680多年，管仲作为春秋时期齐国著名的政治家、军事家，被称为"春秋第一相"执政40多年，助齐桓公成为春秋战国的第一代霸主。其向齐桓公陈述治国方略时说过这样的话："夫霸王之所始也，以人为本。本理则国固，本乱则国危。"这就明确了国家基业是否稳固，取决于是否以人民为中心。中国古代著名思想家、教育家，战国时期儒家代表人物孟子说："诸侯之宝三，土地、人民、政事。"可见"以人民为中心"的先进思想和理念。以人民为中心也是社会的一种发展观念，更是一种宝贵的财富，具有历史性和规律性，只有遵循以人民为中心的科学理念，才能更好地发现问题并解决问题。以人民为中心，要以实现人的全面发展为目标，一切为了人民群众，为了群众的一切，保障人民群众在政治、经济、文化等方面得以全面发展。"以人民为中心"的价值取向主要包括以下几个方面：

首先，"以人民为中心"强调人民群众至上，习近平总书记强调实现我们的奋斗目标，开创我们的未来必须紧紧地依靠人民，始终为了人民。与之相对应，思想政治教育生活化价值取向同样重视人民的主体地位。人民作为现实实践和认识活动的主体，能够进行自我发展，自我完善，在历史的各个时期、各种社会关系中不断发展和壮大，主要是人能够进行自我反省、自我思考并具有思维性强、创造性强等特点。马克思主义理论强调人具有主观能动性，在改造世界的同时，人的一切活动都是有意识、有目的的。人也能以主体的身份对客体进行能动的反应，能够发现问题、思考问题、解决问题。

其次，"以人民为中心"，强调对人民群众的尊重和理解。尊重人民群众的需要，注重人民群众的发展，以人民为中心是人类社会发展的必然选择，如何塑造一个健康的人，促使人全面发展，是社会进步发展对人民尊重的最完美体现。

最后，"以人民为中心"强调以人的自由、全面、和谐发展为最终指向。习近平总书记在党的十九大报告中指出，"必须坚持以人民为中心的发展思想，不断促进人的全面发展、全体人民共同富裕"。人的自由全面发展是由社会生产力所决定的，并伴随着整个社会的发展过程。每个人都有生存和发展的内在需要，人在自由发展的时候，也需要社会给予相应的制度保障，每个人都有自由发展的权利，但是人的发展不能游离于社会和群体之外，因为这样的发展是有缺陷的、不完整的、不符合社会需要的，社会制度也无法保证做到"以人民为中心"。因此，思想政治教育生活化就是要深入人民群众生活，满足人民的自我发展、自我完善需要，将整个人民群众生活容纳在思想政治教育的体系中，培养人民的优秀品质，提高人民的政治素养。但是人民的发展本身也存在着一定的问题，如不平等、不自主、不受控制等，因此"以人民为中心"指出人要充分发展，要和谐地发展，更要全面地发展，这也是思想政治教育的最终目的所在。

（二）践行生活实践育人理念，促进人的全面发展

开展思想政治教育生活化的教育实践活动，需要践行生活实践育人理念，从而促进人的全面发展。

首先，对于生活实践育人理念，我们可以理解为，在生活中进行的各种学习实践活动，是促进人全面发展的根本途径。习近平总书记曾指出，"学习是成长进步的阶梯，实践是提高本领的途径"，由此可以看出，实践是育人的根本途径，是提高个人才智，培育个人品行的重要理念，而一切实践活动都必须在生活中进行。习近平总书记还指出，"当代青年应该到基层和人民中去建功立业，让青春之花绽放在祖国最需要的地方，在实现中国梦的伟大实践中书

写别样的精彩人生"①。鼓励青年应该回到基层的人民生活中去，只有回归到人民生活中去，实践才具有促进个人全面发展，实现人生价值的重要意义。

其次，要让学生的主体意识发挥作用。作为生活实践的对象，学生也是参与社会生活实践的主体。因此，在开展社会生活实践活动时，应该注意确保学生始终处于主体地位，充分发挥学生的主体能动作用，让其参与感与主观愿望得到满足，决不可过分追求宣传效果以及对社会造成的影响，事实上，这往往是社会生活实践难以达到预期效果的原因所在。因此，在开展社会生活实践活动时，教师要注意从教育者的心理特点出发，充分发挥其自身的特长和潜能，引导学生主动参与到社会实践活动中，提升他们的主体意识，从而达成实现其全面发展的教学目标。

最后，实践主体之间应形成良好的协同理念。生活实践育人是一项比较复杂的系统工程。在这个过程当中，有众多育人主体和育人实践内容，而教师要做的就是让这些主体相互协同，并把各种内容整合起来。如今，生活实践育人的途径可谓多种多样。例如，可以参加乡村支教活动、助残助教活动、学雷锋活动等。不过这些日常生活实践活动方式显然过于零散，没有经过一个系统的整合，并形成一个具有一定社会影响力的组织，而这种小团队以单打独斗为主的方法，显然并不能达到预期的思想政治教育生活实践育人效果。所以，要努力探索出一个可以让高校和政府部门、企业组织、社会团体等形成合作的校外协同机制，以此来保障学生全面发展教育目的的实现。

第三节　打造生活化的教育内容，促进教育活动生活化

一、打造生活化的教育内容

思想政治教育内容是思想政治教育目标的具体体现，以生活化为导向的思想政治教育目标也必然决定了思想政治教育内容的生活化。我国现阶段思想政治教育的主要内容围绕社会主义核心价值体系及其内核——社会主义核心价值观展开。"一种价值观要真正发挥作用，必须融入社会生活，让人们在实

---

① 裴倩敏.习近平给河北保定学院西部支教毕业生群体代表的回信　勉励青年人到基层和人民中去建功立业 在实现中国梦的伟大实践中书写别样精彩的人生 [J]. 中国大学生就业，2014（11）：4.

践中感知它、领悟它。要注意把我们所提倡的与人们日常生活紧密联系起来，在落细、落小、落实上下功夫。"① 因此，各高校在思想政治教育内容的择取方面，应选取源于日常生活的、富有时代先进性的且贴近大学生的教育内容。

思想政治教育内容不是一成不变的，而是随着社会生活内容的变化而变化，随着时代变迁而变迁。在思想政治教育内容中需要始终坚持的部分，我们要始终坚持，需要我们满足现实发展创新的生活内容，我们也要打破传统模式束缚。思想政治教育生活化实现的关键就是思想政治教育内容应取材于现实生活。

（一）筛选源于日常生活的题材

生活是真实可感的，生活化的思想政治教育内容更容易被大学生所真心接受。源于生活的教育内容能够拉近思想政治教育工作者与大学生彼此之间的距离，能够为思想政治教育活动注入新鲜活力。我们的生活由一个个流变的片段组成，但并不是所有的生活片段都具有积极的教育意义。在我们的社会生活中，具有代表性教育意义的事件时有发生。从这些发生在我们身边具有代表性的人和事件中选取最为恰当的事例，不仅能贴近学生的实际生活，也更容易引发学生关于思想政治教育所传达的精神内容的思考，从而使思想政治教育内容与学生更容易在情感上产生共鸣。生活化的思想政治教育内容应根据学生实际的思想发展目标和精神需求，在社会生活的全部内容里深入挖掘选取最具有思想教育价值和意义的资源和素材，尤其应该努力挖掘一些学生亲身经历的或者具有教育意义的代表性事件。

因此，在从日常生活中取材时，应注意以下四点：一是要注意取材于生活的教育内容应与思想政治教育的理论知识进行有效结合。思想政治教育工作者应灵活运用于中国特色社会主义建设过程中涌现的大批鲜活事例，而不是避开党的理论知识转谈生活琐事。二是应注意教育内容的广度与深度。所选取的教育内容应覆盖大学生的全部生活，而不能仅仅局限在大学生的校园生活中，且教育内容要有积极的生活意义，能够指导大学生的生活实践。这就要求思想政治教育工作者对大学生的生活进行全方位审视，关心和关注他们的生存状态和生活方式，挖掘大学生生活中的思想政治教育资源，聚焦他们所关心的热点问题和现象，引导大学生运用马克思主义理论的观点和方法分析生活的具体情

---

① 习近平. 习近平谈治国理政：第一卷 [M]. 北京：外文出版社，2018：165.

形，真正做到学以致用。三是注意在选取生活内容时应博古纳今。经过千年的历史积淀，中国优秀传统文化中传承了许多古人的生活智慧，对现今的思想政治教育仍有重要的借鉴意义。而时代一直处于不断发展变化之中，每天都会涌现出大量的新观点和新理念，思想政治教育的内容也应与时俱进，因时而变，有选择地汲取富有时代先进性的生活内容。四是注意思想政治教育内容应反映其时代。反映时代发展的最新精神，就必须坚持社会主义核心价值观。社会主义核心价值观是当下中国时代精神最鲜明体现。因此，践行社会主义核心价值观是目前全体社会成员在生活中提升自我，发展自我所必须坚持和传承的价值理念和行为规范。在生活中攫取思想政治教育内容时，应始终坚持和传播社会主义核心价值观，发挥其对人民发展和社会进步的引领作用。

（二）拓展具有专业特色的内容

大学生思想道德素质水平的提升是呈阶梯式递进的，在思想政治教育内容的选取上应尽量贴近大学生的生活进程，结合当下生活并展望未来生活，切实为大学生提供生活指导。

第一，突出职业道德教育。无论是普通本科院校，还是职业院校，其办校特色都重点体现在对大学生职业技能和职业素养的培育方面。职业性是思想政治教育生活化的一个重要特征，因此，在思想政治教育内容的择取方面，应结合各自的办校特色，在职业道德教育方面有所侧重。首先，提升大学生对职业道德规范的认识。大学生通过对职业道德规范的学习，能够对职业活动有较为清晰的认知，从而提升自身对职业生活的判断力，这对大学生树立正确的职业价值观念非常重要。其次，培养大学生的职业道德意识。在大学生真正走进职业领域之前，思想政治教育工作者应以身边的职业道德模范为例，发挥榜样示范作用，讲述他们的职业生活，培养大学生爱岗敬业、甘于奉献、为人民和社会服务的职业道德意识。最后，提高大学生践行职业道德的能力。大学生顶岗实习期一般为6个月，在此期间，思想政治教育工作者应注重大学生践行职业道德能力的培养，将职业道德教育贯穿实习全过程，与企业联合出台职业道德考核标准，引导大学生主动提升职业道德，践行职业规范。

第二，开展择业和创业教育。求职就业是每个大学生在毕业时必须经历的过程。因此，各高校思想政治教育的教育内容应覆盖就业教育和创业教育，以纯粹至善、守心守信、追求卓越的工匠精神为引领，引导大学生树立正确的择业观和创业观。一方面，积极开展择业教育。思想政治教育工作者应主动深入人才就业市场，通过开展多方位的调研和交流活动，主动掌握就业形势和就业需求，适时调整思想政治教育内容，引导大学生树立崇高的职业理想，将自身的择业意愿与国家需要和社会现实结合起来。另一方面，鼓励开展创业教育。"创业教育被联合国教科文组织称为教育的'第三本护照'，被赋予了与学术教育、职业教育同等重要的地位。"① 创业不仅仅是一种以商业盈利为唯一目的的商业行为，更是渗透于人们日常生活的一种思维模式。思想政治教育工作者应引导大学生将创业作为职业选择，转变择业观念，培养大学生开拓进取的职业精神和分析解决问题的能力，使其作为"准职业人"迅速适应未来的职业生活。

二、促进教育活动生活化

要让思想政治教学活动更加生活化，首先要保证其以生活为基础，以学生的生活实际为参考来确定教育目标。思想政治教育的内容是从生活中提取出来的，而总结的理论又是高于生活的，所以要从生活里寻找那些具有教育价值和意义的内容，要根据实际的生活情况来灵活选择最具实效性和创新性的思想政治教育方法，让思想政治教育过程和学生的现实生活相互融合，促进教师跟学生的交互。

思想政治教育生活化的过程，可以看作思想政治教育扎根到生活世界当中的一个过程。在这个过程当中，教师、学生与教育内容都是融为一体、无法分割的，我们要强化其整体性，并使其落实到生活当中，通过提高教师教学语言传授能力，促进教学内容的传递和掌握。教师在思想政治教育过程中要注意观察生活环境，要注意在生活中搜集各种大众话语词汇，挖掘意义积极、内容有趣的生活话语形式，让思想政治教育话语内容更加丰富、独特。尤其是在思想政治教育课堂教学中，要以生活为基础，将教材中提到的各种政治性理论内容、原理、概念等转换成通俗易懂的生活化语言，以提高学生的感受力，让他们更好接受知识内容。在转换时，教师要注意使用生活化、具体化、趣味化的语言形式深入浅出地表达与阐述抽象的教育内容，注意让自身语言与学生的生活语言风格尽量一致。而学生则要将学习到的指导思想和理论内容在生活中落实落细。所以，学生既要主动地参与到课堂理论学习当中，也要自主走出课堂，在生活实践中运用和发展学到的思想理论。思想政治教育理论转换实践行

① 王飞雪，文长春.最新高校思想政治工作十二讲[M].北京：红旗出版社，2017：108.

动从来都不是一个简单的过程，要实现这种转换，就必须保证教师、学生与教育内容三者系统结合，充分发挥整体的作用，不可出现片面强调某个要素作用的情况，以避免落入形式化的境地。

第四节　构建生活化的载体，创新生活化的教育教学方法

一、构建生活化的载体

思想政治教育载体是思想政治教育的要素之一，主要包括文化载体、活动载体、管理载体、大众传媒载体、网络载体和人际关系载体。要想实现教育效果的最优化，必须对教育载体进行合理的选择、组合和创新。推进思想政治教育生活化的进程，需要构筑一个多层次、立体交叉式的载体系统，通过立体教育网络的搭建，使学生将教育内容融于心、践于行，增强思想政治教育的实效性。根据内容及外部环境的变化，选择、运用一些学生易于接受、乐于接受、喜闻乐见的载体形式，并且要做到顺势而动、应时而为，及时调整、及时丰富，以实现学生对教育内容的高效吸收。

（一）思想政治教育载体的概念与特征

"载体"是指能够传递能量或者承载其他物质的物质。这一概念最早出现在化学领域，20 世纪 90 年代进入思想政治教育领域。思想政治教育载体是教育活动中主体与客体之间沟通的桥梁及纽带，是承载思想政治教育内容体系的活动形式。在理论与实践的维度中构建思想政治教育载体系统，有助于提高思想政治教育的实效性。通过载体的作用，教育主体将教育内容传递给教育客体，对教育客体发生作用，达到一定的教育目标，助推教育客体对于"道德的、美好的生活"的追求。 与此同时，教育客体也能够通过载体实现与教育主体的互动，及时反馈教育效果，便于教育的进一步改善及最终目标的达成。我们通常所说的第一课堂、第二课堂、企业实习、大众传播、文化建设等都可以是思想政治教育的有效载体，思想政治教育主体正是通过这些活动形式将教育内容传播给教育客体，进而实现一定的教育目标。

思想政治教育载体需要具备两个基本特征：

第一，承载性。承载性就是指思想政治教育载体必须能够负载一定的思

想政治教育内容，反映一定的思想政治教育主题。反之，不能表现思想政治教育的内容也就不能称之为思想政治教育的载体。例如，学生活动、会议研讨等，只有当其蕴含了明确的思想政治教育内容，并且具有鲜明的教育目标之后，才能成为行之有效的思想政治教育载体。此外，思想政治教育的载体必须能够为教育主体所用，要具有可操作性，一般的、自发的社会环境因为不能为教育主体所操作，也就不是教育载体。

第二，关联性。思想政治教育载体是连接教育主体与教育客体之间的纽带和桥梁，一个完整的教育活动必须包括教育主体和教育客体的双方参与、共同作用，两者缺一不可。教育载体就是将两者有机结合在一起的活动形式，有效的教育载体既能够满足外部宏观因素诉求，又能够充分调动主客双方的主观能动性。

（二）丰富文化载体内容，加强组织载体建设

高校的思想政治教育不仅承担着学生思想品德素质的培养，还肩负着学生文化素养的培育职责。思想政治教育者应充分利用学校的阅览室、报刊亭以及网络上的信息平台等，将思想政治教育的内容渗透在这些文化载体中，努力构建和谐的校园文化环境，让学生在富有人文气息的文化氛围中受到熏陶。此外高校应开展各式各样的以"文化素养"为主题的活动。例如，开展"传统文化知多少"的知识竞赛，让学生在比赛的过程中感受到中国文化的博大精深，并培养学生的民族自豪感和爱国热情，从而提高学生的思想道德素质和人文素养。思想政治教育通过组织载体将教育的主客体联系起来，通过组织载体将学生的思想、情感以及感触等综合在一起，以达到学生自我分析、自我引导、自我教育的目的。例如，高校中学生的社团组织，聚集了具有相同爱好或志同道合的学生群体，学生之间的同辈效应会极大地拉近彼此之间的距离，学生会将自己的学习感触、生活情感问题对志同道合的朋友进行倾诉，得到他人的引导和帮助，提升自己的社交能力和心理素质，在潜移默化中形成正确的价值取向，并逐渐形成自己的思维结构，达到自我教育、自我提升的目的。

（三）发挥思想政治课堂主载体作用

中共中央、国务院印发的《关于进一步加强和改进大学生思想政治教育的意见》中提出"充分发挥课堂教学在大学生思想政治教育中的主导作用"，"全面加强和改进思想政治理论课，深入推进中国特色社会主义理论体系进教材进课堂进学生头脑。坚持思想政治理论课与专业课相结合，注重发挥所有课程的

育人功能，所有教师的育人职责"。

中共中央、国务院印发的《关于加强和改进新形势下高校思想政治工作的意见》指出，要加强对课堂教学和各类思想文化阵地的建设管理，充分发掘和运用各学科蕴含的思想政治教育资源，健全高校课堂教学管理办法。

可见，第一课堂始终是大学生思想政治教育最重要、最直接的载体。生活化的思想政治教育与生活化的课堂载体相匹配。课堂教学的生活化需要课堂教学从教学内容、教学方法等方面进行多维度的变革方可实现。首先，课堂教学内容方面，需要积极探索和挖掘生活化的教学内容，做到教学内容与学生的生活实际经验相联系。学校和教师可以首先通过对学生的调研及大量观察，发现学生兴奋点，以生活经验为依据，对教学内容进行二次的整合与加工，建立生活化的教育内容。日常生活中蕴含着丰富的思想政治学科知识和情境，从学生熟悉的生活场景出发，导入新的学习内容，与学生的生活密切相连，可以拉近学生与思想政治教育学科的时间和空间距离，进而提高学生对学科的好感度。其次，探寻课堂教学方法的变革。传统的思想政治教育由于是作为学生的公共课形式出现，往往课堂教学采用的是大班教学和讲授灌输的教学方式。大班额的教学严重地影响了课堂教学的效果，同时与大班额相互结合产生的讲授灌输的教学方法也严重影响了学生的学习态度和学习效果。因此，教学方法方面首先需要改变传统的大课堂合班制教学模式，变合班为单班教学，这是促进课堂教学方法变革的前提。在小班教学的前提下，积极引导思政课教师开展多种多样的教学方法，针对学生个性化的特点，运用案例式教学法、互动式教学法、实践式教学法、体验式教学法、激励式教学法等方法手段，引发学生的兴奋点、兴趣点，调动学习积极性，变被动灌输为主动参与，从而从根本上提升课堂教学的学习效果。

（四）推动完善第二课堂建设

在校企融合的大形势下，各高校思想政治教育载体的生活化构建需要融合企业元素，打破传统的固化模式，重构第二课堂。

1. 创建团校、业余党校教育阵地

占据思想政治教育诸多内容、因素主导地位的政治教育，始终是思想政治教育的核心内容，同时决定着教育内容的性质、内容、方向和效果。政治教育重点解决理想信念问题，"政治教育工程"就是通过创建一系列活动载体，以深入践行社会主义核心价值观为目标，深化大学生思想政治教育。

高校中有团员、有党员，为了满足各层次学生需要，要开设团校和学校学院两级的业余党校。针对广大团员学生，建立学校学院两级业余党校，学院党校负责发展和选拔入党积极分子，并对积极分子进行初级培训，了解党章党史，提高政治观念，经考核通过者，成为重点积极分子；学校团委将考核结果上报学校党委并提交培训申请，由校党委办公室牵头、校团委配合对全校重点积极分子进行中级培训，系统解读党的大政方针，坚定马克思主义立场，增强党性，经考核通过者，成为预备党员。对于预备党员，学校党委继续组织理论与实践相结合的高级培训，阶段性进行考核，保证预备党员的培养质量。通过两级党校、三级培训的实施，各级党组织成为思想积极要求进步的学生了解党、认识党、热爱党、学习党的理论知识的重要阵地。

2.打造素质提升阵地

目前，社会和用人单位对于学生综合素质的要求日渐提升，高素质技能型产业人才已经成为行业紧俏资源。另外，综合素质的提升也是学生自身发展与成才的需要。综合素质影响着学生未来的发展和进步，各院校可以借助学生社团的作用，培养学生个性特长，全方位提升学生的综合素质，充分发挥学生自我教育功能，让学生在自发性、多维性的学生活动中提升综合素质。

3.打造社会实践阵地

大学生社会实践是加强和改进大学生思想政治教育的重要途径之一，高校的社会实践包括三个阶段：社会实践、顶岗实习和就业实习。学生在参与社会实践的过程中能够使他们更好地了解社会、了解行业、了解企业、认知专业，逐步建立正确的择业观，做好科学的生涯规划，提高就业竞争力。社会实践的过程，是一个全身心投入的过程，真实的生活、真实的情感，让社会实践成为大学生思想政治教育的生动磁场，引领学生实现心理、行为和技能的内在统一。

社会实践活动可以让学生在锻炼自我中达到思想的升华，是一种行之有效的自我教育方式。通过人人参加社会实践活动，让学生在走进社会中，适应社会，达到知行统一。

"走进企业"是校企深度融合的一项社会实践内容。一是通过创新教育活动来提升学生的学习能力。各高校可以通过与创业园区合作，让学生进行模拟的创业训练，其高仿真作业流程，让学生在实操过程中，掌握基本的创业和运营知识，通过教师辅导、学生自学、实操训练、模拟运营、成果汇报等方式，让学生开阔眼界，收获知识和经验，同时通过创新项目的实践，培养学生骨干，并通过这些学生骨干带动学校的学风建设，提高学生的整体素质。二是与专业特色结合，加大专业类的社会实践环节。社会实践一定要将企业纳入育人体系中来，将企业教师作为学校教师的有效补充和有力支撑，将企业建设成为社会实践的优质基地，让社会实践走进企业，服务企业。在校企融合中，学生按专业特点到企业进行实践，聘请企业辅导员，深层次引领学生了解行业的最新技术与发展趋势，了解未来就业形势，通过做中学，引导学生对本专业的热爱和对未来职业生涯的信心，从而提升职业自豪感。

（五）发挥大众传媒载体的先导性

大众传媒载体是高校思想政治教育的扬声器，社会通过电视、广播、网络等来对公众进行思想道德的教育。公众在这些日常的媒体中获取社会的文化要素以及价值形态等，而这些形式多样的大众媒体以其巨大的影响力不断丰富公众的知识，让人们在潜移默化中受到思想政治教育的熏陶，极大地提高了思想政治教育的普及性和时效性。

高校的思想政治教育者应积极占领网络媒介这个主阵地。新兴的网络信息传播媒介以其实时的互动交流特点受到大学生的青睐，高校应将思想政治教育的内容普及到网络，通过对社会热点现象和公众问题的讨论及时发现学生的思想状态，并通过与学生的互动交流来拉近师生之间的距离，让学生感受到自己的主体位置，提升自身的积极性和创造性，不断推进思想政治教育生活化的创新。

在当代大学生价值观形成过程中，高校应紧紧围绕立德树人这一根本任务，充分利用好手机等新媒体工具，发挥其积极作用，消除其消极影响，并结合大学生身心成长的规律和特点，采用当代大学生乐于接受的方式更加有效地进行社会主义核心价值观教育，切实把培育和践行社会主义核心价值观融入大学生思想政治教育全过程。建立网络教育阵地，将思想政治教育与网络教育阵地相连接，采用灵活多样的形式让学生在参与网络活动的过程中完成思想政治教育的活动，这是摆在当今思想政治教育工作者面前的一个不得不思考的问题。

二、创新生活化的教育方法

教师与学生只有借助一定的形式才能产生教育互动。思想政治教育方法作为思想政治教育过程中的教育介体，是联系教师与学生的重要纽带。思想政治教育的方法种类多样，但在实际的思想政治教育过程中，方法的选择与应用要根据整体的社会发展水平以及学生的实际思想水平来进行判断。在各项事业急速发展的新时代，人们的需求逐渐向美好生活转变，以往起积极作用、能够增强教育实效的思想政治教育方法已不足以完成新任务和新挑战。因此，高校的思想政治教育应本着实事求是、与时俱进的原则，改进思想政治教育方法，使其更加贴近大学生的实际思想水平，更好地融入大学生的生活。

（一）教育方法要因人制宜

思想政治教育的受教育对象是层次水平参差不齐的学生，这就决定了我们最终所收到的教育效果是存在很大差异的。同一种教育方法，对一些接收能力强，能够完全理解的学生来说，效果显著。对另外一些学生来说，未必是认可和接受的。因此，教师应"因人制宜"，探索符合不同水平层次学生的方法，充分寻找和选择与之相匹配的教育方式，进而对现有的单一的教育方法做出相应的调整。

（二）运用生活化语言转变话语方式

"语言是一种最精细、最锐利的工具，我们的教师应当善于利用它去启迪学生们的心扉。"[①] 语言是人们传授知识、表达思想、互动情感的主要载体，思想政治教育工作者应把握语言的艺术，用生活化的语言讲述思想政治教育的内容。一方面转变高校思想政治教育工作者的话语方式，通过对日常生活话语的提炼和加工，将其转化为思想政治教育话语。运用生活化的语言，不是用通俗的话语替代晦涩的概念范畴，而是从大学生的生活出发进行生活叙事，并立足于生活实践，对他们在生活中遇到的问题进行合理阐释，观照大学生的生命价值和意义，引导大学生对生活保持审慎的态度。这就要求思想政治教育工作者根据大学生的专业背景和认知水平，用生活化的语言讲述抽象难懂的概念知识，用生活化的案例分析党的思想理论，推动思想政治教育话语生活化，提升思想政治教育工作者解读现实、解读生活的能力。另一方面，鼓励大学生积极参与思想政治教育话语生活化的建构过程。在思想政治教育过程中，要围绕生活实践为大学生搭建生活化课堂，鼓励大学生走上讲台，围绕思想政治教育内容分享自己的大学生活，讲述在生活中遇到的困惑和体会，运用思想政治教育的理论阐释生活的价值和意义。

---

① 苏霍姆林斯基.怎样培养真正的人 [M].蔡汀，译.北京：教育科学出版社，1992：4.

（三）立足生活体验开展实践锻炼

实践锻炼法脱胎于马克思主义的认识论和实践论。社会实践活动是大学生将思想政治理论转化为实际行动的实践过程，是引导大学生形成正确的世界观、人生观、价值观的根本途径。一般来讲，大学生在接受思想政治教育时会优先关注与自身心理需求和情感需求相关的问题，立足于生活体验的实践锻炼法改变了从前以理论灌输为主的教育模式，转为关注大学生的内在体验，迎合大学生的生活需要，在反复的实践活动中提升大学生对生活的感悟力。

第一，丰富实践锻炼的开展方式。目前，思想政治教育所采取的实践锻炼方法可分为课内实践和课外实践两大类。课内实践的形式主要有演讲、辩论、组织观影等活动方式，课外实践以社会调查、社会访问、志愿活动以及下乡活动形式展开。另外，高校的思想政治教育应结合办校特色，充分发挥"校企合作，工学结合"教育模式的作用，挖掘其中的实践教育资源。例如，组织大学生去企业参观，深入生产一线与劳动模范进行面对面交流，培育大学生的职业精神。第二，打造社会实践资源库。高校应根据自身发展需要，积极寻求与社会组织、企业之间的合作，充分合理地利用知名校友资源，建立思想政治教育社会实践基地，带领大学生走出思政小课堂，走进社会大课堂。第三，思想政治教育工作者应主动跟进实践教育活动的后续进展，保障思想政治教育实践锻炼的教育质量。例如，指导、督促大学生完成社会实践报告的撰写，对社会实践活动的结果进行评比与展示等。

（四）创新多种教学方法

转变当前单一的"灌输"法，注重思想政治教育方法的多样性。教育方法可采用直面的教学方法，如专题教学法、案例研讨法、答疑解惑法等；也可以借助现代化的教学技术，如多媒体教学、情景剧教学、微视频展示、MOOC教学等形式。采用多媒体教学的好处就是可以把很多素材用影片的形式展现出来，使学生直观感受。这种生动、真实的感受，就是平凡的素材用最生活化的方式展现出来的，以引起学生的情感共鸣，激发他们的兴趣，从而加深学生对传授内容的深刻理解。举个例子，教师在讲授公民的基本道德规范、社会公德的时候，如果一味地不停地说教，用单一的理论灌输方法，往往使学生反感这种口头式的命令要求，从而不愿意接受这样的理论，也无法使他们产生情感上的共鸣。但是如果教师做一些改变，将一些不文明的行为和违反社会公德的现象制成影片播放，学生的接受程度将会大大提升。直观目睹真实的场景比语言说教带给他们的心理冲击更大，学生的感受更强烈，从而达到的教育效果也最为显著。

（五）活用手机 App 融入网络生活

教育活动的开展离不开一定的载体，功能强大的载体能够保障高校思想政治教育的教育实效。"00 后"是网络的原住民，现今校园中的"低头族"随处可见，功能各异的手机 App 已经全方位地成功嵌入大学生的学习和生活，占据了其大部分的零碎时间，悄然改变着他们的思维逻辑和行事方式。因此，运用手机 App 将思想政治教育融入大学生的网络生活，推进网络思想政治教育生活化是十分必要的。手机 App 载体能够将现有的多种媒介进行有效融合，运用大数据分析大学生用户的数字行为，推送精准的个性化思想政治教育服务，打破线下传统思想政治教育的时间、地点限制，随时随地创设教育环境，开展集文本、图画、表格、音视频于一体的网络思想政治教育，这是其他载体形式不能比拟的，尤其是在大学生的顶岗实习期间，它为思想政治教育工作的顺利展开提供了极大的便利。目前，手机 App 作为网络思想政治教育生活化的新兴载体，尚在研发和运用的初级阶段，但可供选择的教育类手机 App，如超星学习通、腾讯课堂、蓝墨云班课等软件均获得了广大师生不错的反馈评价。以思政课的教学为例，思政课教师在课前通过线上视频会议共同探讨并设计教学方案进行集体云备课，将制作精良的课件或视频微课提前上传至 App 平台，并及时通过平台向大学生传递开课通知。大学生运用手机 App 平台自主进行线上学习并完成课后测验。在此期间，思政课教师可通过 App 平台创建课程话题，跟大学生进行交流互动，在线进行趣味答疑解惑，解决大学生在学习和生活中遇到的问题。

（六）引入激励机制

开展思想政治教育活动，既要注重课堂的理论教学，又要注重课后现实生活的实践教学，并在课堂内外，设定合理的奖励机制，以促进思想政治教育取得良好的教育成效。引入激励机制，旨在鼓励学生积极主动地参与思想政治教育学习活动，并认真践行正确的价值理念和思想原则。激励机制设置要有梯度和层次性，可根据任务完成的质量和效果给予相应的精神奖励和物质奖励。我们可以通过身边具体的生活实践来完成每个时期的学习任务。比如，举办先进模范实例学习交流会、举行先进的团体报告会、开展政治常识答题活动等，积极引导学生参与到社会实践中，并根据学生达成的学习目标和任务给予相应的奖励。

三、创新生活化的教学方法

思想政治教育方法是将思想政治教育理念落实的运行方式，是通过特定的主题设定在教育过程中实施教化，是教育主体的操作手段。具体而言，它是教育主体在达成教育目标、传递教育内容的过程中，对学生所采取的一切方法的总和，它的选择和运用直接决定着教育目标的达成。

（一）思想政治教育方法的内涵、种类及结构体系

高校思想政治教育是社会思想政治教育的一个方面，是以大学生为特定教育对象，以社会与学生自身发展的需要为出发点，以学生思想政治素质提升、成长成才与全面发展为工作目标的教育过程。多年的实践证明，只有掌握和运用科学的方法，才能在加强学生的思想政治教育的过程中取得成效。

1.思想政治教育方法的内涵

在思想政治教育过程中，教师与学生之间要实现双边互动交流，必须依托某种教育媒介，即教育方法。思想政治教育方法就是指教师对大学生进行思想教育、政治教育、道德教育、心理教育和法治教育时，为传递教育内容、实现教育价值目标而采取的方式、方法的总和。思想政治教育方法具有以下五方面特征：第一，教育方法是教师在具体的教育过程中发掘的，思想政治教育的方法由学生思想品德发展和成长规律所决定。教育方法必须依托具体的教育活动才能发挥作用。第二，教育方法要与学生、教育内容、教育载体、教育环境相匹配。不同的学生由于个人发展存在差异性，对相同教育方法的接受度不同，因此在教育过程中，要掌握学生的具体情况和实际特点，选择适宜的教育方法。另外，教育方法的有效性同时受制于不同的教育内容、教育载体和教育环境。教育内容、教育载体、教育环境、教育方法构成了思想政治教育的有机体系，这些内部构成要素之间存在相互制约的关系。因此要针对教育内容、教育载体、教育环境的不同，选择不同的教育方法，但教育方法绝非一成不变，随着社会的发展，教育内容会产生变化，随着大学生自身的成长，其实际情况与个性特点也会发生变化，这些都决定了教育方法必须与时俱进。

2.思想政治教育方法的种类

思想政治教育的一大基本要素就是思想政治教育方法，它是思想政治教

育各要素之间沟通和联系的桥梁与纽带，内容、环境、载体等教育要素都以它为连接枢纽，并在其调动之下参与到教育运行当中。因此，要想达到最好的教育效果，就必须重视思想政治教育的方法。思想政治教育方法主要有六种，分别为说理教育法、实践参与法、自我教育法、舆论引导法、心理咨询法和激励教育法。

（1）说理教育法。这是一种较为基本的教育方法，其中，"说"是教育手段，"理"是教育内容，教育目标就在于以理服人，教师需要阐述某种思想或者理论，让学生产生情感认同、理论认同和行为转化。说理教育是一种教师和学生在理论性问题上进行的教学互动，主导者是教师这在以思想政治教育为主阵地和主渠道的教育环节中十分常见。

（2）实践参与法。和说理教育法相同，实践参与法也是基本教育方式，学生在此方法中有着更高的参与度，此法的教育效果十分明显，在高校思想政治教育里的作用也越发重要。根据共青团中央与中国青少年研究中心的相关调查可知，65%左右的大学生认为社会实践活动是高校开展思想政治教育最好的途径。在实践教育法中，学生会参与到实践活动中，最终达到行知合一，获得感悟和收获。此方法既可以实现思想政治教育价值导向，也可以让学生进行自我教育，因此是思想政治教育生活化倡导的重要方法之一。

（3）自我教育法。自我教育法将教育主体和教育客体集合于一身，也就是说，教育客体要受到自主意识的控制，完成对自我意识的培育。自我教育法将"他教"转化为了"自教"，教育效果十分持久，且充分体现出了思想政治教育客体作为人的主体性。

（4）舆论引导法。教师借助外部舆论来引导学生进行知行转化。如今，随着自媒体与新媒体不断发展，此方法的教育作用也越加重要。它可以借助一个隐含了思想政治教育内容、原则、目标等方面的社会舆论，达到想要的思想政治教育效果。

（5）心理咨询法。在思想政治教育过程中使用到心理学相关的理论与方法，以对学生进行知行转化的教育方式就是心理咨询法。心理学学科的理论体系已经十分成熟，有着十分丰富的实践案例，这些都为思想政治教育工作提供了极大的帮助，促进了思想政治教育实效性的提高。

（6）激励教育法。激励教育法指的是以借鉴管理学科的各类经验为基础，使用激励机制和手段来激励学生，让其主动参与到思想政治教育活动当中，提升其思想政治素质的方法。

3.思想政治教育方法的结构体系

思想政治教育方法体系由两大要素构成，第一要素是思想政治教育方法本身，教育方法不是单一而存在，而是有很多种，各种教育方法既相互区别，又相互联系，教育方法之间存在着特定的关联关系，这种关联关系就是思想政治教育方法体系的第二要素。思想政治教育方法体系就是为实现特定的教育价值目标，由多种教育方法所组成的相互联系、相互支撑、相互作用的结构系统。教育方法在前文中已经提及，在这一部分主要论述教育方法之间相互关联的关系，掌握教育方法间的结构关系对教育方法的选择搭配具有重要的指导意义。

第一，从纵向结构来看，思想政治教育方法是不断变化发展的。在任何时代、任何社会，思想政治教育都是存在的，只不过称谓不尽相同。时代的变迁、经济与政治的发展自然导致思想政治教育内容的差异，这是由社会存在所决定的。思想政治教育内容的设定与方法的实施互相配合，不能适应教育内容的方法会被淘汰，而教育方法的调整会衍生出新的教育方法。随着时代的发展、科技的进步，教育方法会不断丰富、完善和创新以适应思想政治教育的需要。因此，思想政治教育方法的发展变化有一个历史的线索，呈现出一定的规律性。这种纵向结构便于我们对古代思想政治教育方法的比较研究，古为今用。同时，在掌握教育方法发展规律的前提下，对目前教育方法进行科学、合理的选择、搭配、改良与创新，从而提高思想政治教育方法与教育对象、教育内容的匹配度，可以达到预期的教育效果。

第二，从横向架构来看，教育方法为实现特定教育价值目标有机组合成一个统一的整体。多种教育方式可以并存，在实现同一教育目标的过程中，教育主体可以采取多种教育方法。不同的教育方法侧重点不同，只有将教育方法进行合理融合，才可以事半功倍。单一教育方法的使用必然不会收到理想的教育成效。因此，在教育主体实施教育的过程中要掌握各教育方法之间的横向结构关系，打出教育方法的"组合拳"。

（二）"多措融通"的模式重组——生活化方法的实践设计

思想政治教育是一门实践性很强的工作，思想政治教育过程是一个诸多因素相互影响、相互作用，多层次、立体交叉式的发展过程。目前，大学生的思想活动呈现出了一种独立性、差异性、多边性并存的思想态势，这就决定了思想政治教育需要采取多种教育方法、多种途径，需要多措并举。"教学有法，但无定法，贵在得法。"思想政治教育体系的构建，要针对学生身心特征，探索出一条以教师为主导、学生为主体，贴近学生的生活实际、贴近社会生活实际的思想政治教育方式方法。比如，可以通过案例分析、情境模拟、主题讨论、朋辈教育等方法，增强思想政治教育的感染力与有效性，从而提高学生的政治素养、思想素质、道德修养、心理素质，最终外化为学生的实际行动，达到"知行合一"的终极目标，提高思想政治教育的针对性和有效性。

1.实现显性思想政治教育与隐性思想政治教育的结合

显性思想政治教育是将思想政治教育的内容、目标、过程直接展现在学生面前，为其明显感知、有意识察觉到的思想政治教育方法，如思想政治理论课、思想政治理论培训等。显性教育法长久以来一直作为高校思想政治教育的主要方法，备受重视，尤其在思想政治课堂教学过程中一直占据着主导地位。显性教育目标明确、内容直接、意图公开，但缺乏针对性，不能因材施教。相对而言的隐性思想政治教育则克服了这一弊端，将思想政治教育的目标和内容融于生活，隐藏于教育对象所处的文化、环境、制度、服务等生活氛围中，淡化了学生的角色意识，使其潜移默化地接受已设定的思想政治教育内容。苏联教育家苏霍姆林斯基说过："教育者的教育意图越是隐蔽，就越是能为教育的对象所接受，就越能转化成教育对象的内心要求。"

隐性教育通过对学生潜移默化的引导，使他们在和谐、愉悦的氛围中，通过无处不在的物质媒介、人文活动，毫无强制、自然而然地接受教育内容，并转化为自身的思想品德、道德行为，最终达到指导实际生活、"知行合一"的最终目标。

在思想政治教育过程中，针对学生的实际状况，要加大隐性教育在思想政治教育方法中所占比重，使其成为高校思想政治教育方法体系中占绝对优势的组成部分，以提高学生的接受度和认可度。

一是要为学生营造一个良好的物质、文化环境与人际氛围。正如马克思所说，环境对人的性格构成有着至关重要的作用，因此要改善外界环境使其更合乎人性，"用学生自己创造的周围情景，用丰富集体精神生活的一切进行教育，这是教育过程中最微妙的领域之一"。在打造物质环境时，一方面要注意将充满活力的时代元素融进来，另一方面也要将企业元素融进来，让校园环境具有时代气息的同时又有历史年代感。在构建文化环境时，要注重校园文化的构建，正如苏霍姆林斯基所提到的，校园环境的方方面面，从花草树木的规划，到墙壁上的图片和标语等，都具有潜移默化的育人功能，因此教师必须站在审美高度上进行深入规划。对于学生来说，校园环境是影响力最大且特点最显著的隐性教材，因此高校应将打造一个积极向上的校园文化环境作为目标，让学校的一草一木都发挥出传播正能量的作用。在营造人际氛围上，要注意树立良好的教师群体形象，让教师发挥言传身教的作用，以高尚的师德为育人育德提供支持。

二是选择的隐性教育方法必须恰当，且要将各种隐性教育方法进行灵活组合使用。隐性教育法的类别众多，如载体渗透式、情境模拟式等。高校思想政治教育要围绕大学生的生活创设一个隐性的思想政治教育场域，并为学生打造各种健康积极、内容丰富的主题活动。

三是要处理好隐性教育与显性教育的辩证关系。在思想政治教育工作实践中，我们会发现，对于不同的教育内容和教育载体，隐性教育与显性教育所起到的作用也会截然不同。例如，在思想政治教育的课堂教学部分，显性教育所起到的作用是隐性教育无法匹及的，如果抛弃显性教育，放弃思想政治理论知识的传授与灌输，那么思想政治教育的主导地位就难以体现。同样，在思想政治教育的实践部分，隐性教育则避免了板起面孔说教的尴尬境界，将思想政治教育内容巧妙地融合隐藏，使学生在愉悦的氛围中接受思想政治教育的价值理念。由此可见，显性教育与隐性教育两者缺一不可，只有将显性思想政治教育方法与隐性思想政治教育方法有机融合，才能促进学生的思想品德发展，实现教育目标。实践证明，在高校通过思想政治教育的第一课堂注重开展显性教育，在思想政治教育的第二课堂注重开展隐性教育，使高校思想政治教育若隐若现、时隐时现，既能确保思想政治教育的主导地位，也淡化了学生的"受教"意识。

2. 从灌输式方法走向对话式方法

灌输式教育又被称为"注入式"教育，指的是教师为学生灌输知识。人类社会发展到特定的阶段之后，灌输式教育也随之产生。但在16世纪，法国著名思想家蒙田第一个提出了对灌输式教育的质疑，并对这种教育方式进行批判。虽然灌输式教育确实具有许多弊端，如其否定并压抑了学生的能动性与主体性，但根据如今大学生的思想状况来看，恰当地使用灌输式教育是一种非常好的选择。所有的政治思想理论都并非自发形成的。马克思主义理论也不例外，它并非是在工人运动里自发形成的理论，而是学者根据当前的人类文明发展情况，总结了阶级斗争中工人阶级在受到宣传教育的影响后才逐渐掌握的。就像列宁在《怎么办》中提到的那样，意识形态的教育不能依靠被教育者自己形成，必须由教育者有计划、有目的地进行灌输，才能达到宣传教育的最终目标。

大学生思想政治教育中涵盖了意识形态教育，灌输教育可以对大学生发挥出政治导向的作用。但是，由于思想政治教育在教育对象上具有差异性，在内容上具有丰富性，所以一定要谨慎使用灌输式教育，决不可出现滥用的情况，要根据学生的情况和教育的内容选择恰当的教育方式。不过传统灌输式教育确实会限制学生的主观能动性，如果长期采取此类教育方式，得到的教育效果可能并不如意，甚至会引起学生的抵触，不利于提高思想政治教育课程效率。随着当前社会经济的发展以及科技的进步，社会的多元化发展态势明显，因此思想政治教育不能单纯依靠灌输式教育，而是要从单向走向多维，从封闭转为对话。

联合国教科文组织教育丛书《教育——财富蕴藏其中》中写道："通过对话和各自阐述自己的理由进行争论，这是 21 世纪教育需要的一种手段。""平等对话应该是思想政治教育的本态，真正反映了思想政治教育的精神。因为平等对话是道德生成的条件，师生之间只有在精神上相互承认，相互尊重，相互接纳，才能最终共同构建一种宽容、理解、民主、平等、沟通、合作的关系，最终承传道德。"这种对话方式转变了传统的师生关系，从教师绝对的知识话语权变为了平等对话，有了对话就建立了交流，有了交流方可称为教育。在对话的过程中既实现了学生的独立人格，也实现了教师与学生的理解合作。

教师在使用对话式教育法时，应注意到四个方面：

第一，虽然教师跟学生之间为师生关系，但是对话教育要求双方必须在精神上相互平等。双方之间的交谈并不意味着是对话，对话必须是双方具有对话意识，也就是具有民主意识，两者必须以相互合作、和睦共存、相互理解、共同创造的意识进行交谈。因此，教师应在对话过程中营造出一个平等的气氛，让学生不会畏惧或抵触对话；通过提问等方式鼓励学生表达自己的想法，并做到耐心倾听，了解到学生的问题所在；要学会帮助学生对问题进行分析，引导学生自主寻找问题的解决方案。

第二，选择的对话内容最好与学生的思想与生活实际情况比较贴近。实施对话教育的第一步就是确定好切入点，根据学生的实际生活、关注的热点等选择合适的思想政治教育案例或者话题，让学生通过小组讨论等方式和同学分享自身的想法，以大量的互动式对话，让学生在对话中实现思想上的碰撞，从而达到学习目的。

第三，使用线上线下并行的方式。在线下的对话中，除了前文所提的内容，也可以采取面谈或者辩论等方式。在线上则要发挥出网络的优势，充分利用网络资源，借助 QQ、微信、微博等网络交流工具来提升对话教育的效果。

第四，将对话教育与学生自我教育进行结合。教育的最高境界在于自我教育，而教师和学校最好的教学就是让学生掌握自我教育能力。其中，大学生自我教育能力至关重要。对话教育有利于让学生自觉主动地开始自己思考问题、解决问题，并逐渐提升其自我教育能力。

3.探索知识本位教学法向项目化教学法的转变

传统的思想政治教育第一课堂教学多采用知识本位教学法。这种教育法以较强的理论性、严密的逻辑性和完整的系统性为特点，突出教师的主体地位。这种教育方法成效甚微。相比之下，项目化教学是通过实施一个完整的项目而进行的教学活动，其以任务为驱动，激发学生潜能，提高学生自我教育能力。项目化教学法是目前备受推崇的一种行为导向教育法。项目教学可以分为六个步骤，即情景导入、明确任务，收集资料、制订方案，自主协作、具体实施，点拨引导、过程检查，展示成果、修正完善，评估检测、拓展升华。项目教学法的运用改变了传统知识本位教学法，实现了三个转移：从以教师为中心转移到以学生为中心，从以课本为中心转移到以项目为中心，从以理论教学为中心转移到以实践操作为中心。鉴于项目教育法的优势，高校思想政治教育可以引入项目教学法，这是一种有益的创新与探索，能提高思想政治教育的实效性。

思想政治教育实行项目化教学法既契合了当前专业教育职业性、应用性的特点，又实现了思想政治教育的实践性。思想政治教育通过情境创设，确定任务，在项目具体的操作过程中，注重学生的主观能动性发挥，让学生亲身参与、亲自感受，深化道德认知与情感体验，形成与未来社会发展要求相适应的身心结构，以便更好地适应岗位需求，服务社会发展。

第五节　加强思政教育队伍建设，建立思政教育工作机制

一、加强大学生网络思想政治教育队伍建设

将大学生思想政治教育与网络生活相结合，不仅需要树立战略意识、丰富教育内容、创新教育载体、优化教育方法和手段，还需要建设一支素质高、

能力强、业务精并富有激情的教育工作队伍，使网络思想政治教育工作能得到进一步落实。

（一）不断提高教育工作者的素质

"打铁必须自身硬。"教师拥有较高的文化素质和工作能力，具备丰富的网络生活经验，树立良好的把关者形象，使大学生能"见贤思齐"，进一步增加个人魅力。教育工作者在工作中发挥着主导作用，因此要加强对教育工作者能力的培养与重视，从而进一步提高网络思想政治教育的实施效率。

1. 丰富网络生活体验和教育经验

教育工作者既要有较强的专业水平，又要有丰富的网络生活经验，这样才能更深刻地把握大学生的网络生活特点，使工作的开展更具有针对性。"纸上得来终觉浅，绝知此事要躬行。"教育工作者只有亲自参与到学生的网络生活中，才能得到最真实的感受，了解现状，才能制订出切实可行的教育方案。一是要积极参与到大学生的网络人际交往中去，将网上交流与网下交流结合起来。网络人际交流与现实生活中的交流大相径庭，抛弃了严肃、紧张的交流氛围，代之以诙谐、自由的语言模式，深受大学生的青睐，教育工作者要抓住契机，抛开身份隔阂，在学生的网络人际交往中扮演引导者的角色，增强教育针对性。二是要在交流中引导大学生发表自己的想法，鼓励大学生打开心扉，用轻松、富有趣味又有教育意义的话题吸引学生参与讨论，达到教育目的。三是要主动体验各种方式的网络娱乐生活，了解大学生的网络娱乐状况，对沉迷于网络娱乐的学生要及时进行引导，分析利弊，帮助学生提高网络自制力。

2. 加强政治理论学习和技能培训

教育工作者是实施教育的中坚力量，其理论水平和专业素养直接关系到思想政治教育的效果，因此提高教育工作者的工作能力是关键，主要包括以下几个方面：一是要加强理论学习，建立一支具有较高理论水平的教育工作队伍。要加强他们对马列经典理论以及中国特色社会主义理论体系的学习和理解，使其掌握科学理论的精髓，并内化为自身坚定的政治立场和政治信仰。同时还要加强教育工作者对当前政策文件、时事政治以及习近平总书记系列重要讲话精神的学习，使其自身的政治素养和政治觉悟得到提升，只有这样才能给大学生提供先进的理论指导，并将这些理论融入教育工作全过程。二是要加强技术培训。教育工作者只有拥有熟练的网络技术，较强的文字编辑能力和认真负责的态度才能更好地利用网络资源开展工作，因此要对教育工作者开展网络技能培训，提高他们对网络信息的筛选、甄别能力，增强其信息敏感度，帮助其树立现代教育意识，使其更好地结合大学生的网络生活，开辟出新的网络思想政治教育模式。

（二）不断加强对教育工作队伍的管理

要提高效率，增强实效，对教育工作队伍的管理是关键。一是要完善教育工作队伍结构，合理划分教育职能和教育责任。生活化的网络思想政治教育不仅要求教师正确引导学生的思想观念，还要求教师渗透到大学生网络生活的方方面面，仅凭专职思想政治课教师和学生辅导员已经不能完全满足当前需要。因此，高校要不断完善教育工作者队伍结构，还要扩充队伍数量，实现全方位多层次的教育模式。除思政课教师和辅导员外，还要容纳心理、就业等方面的专业指导教师以及优秀学生党员和学生干部等兼职工作者，这样才能增强针对性，扩大覆盖面。二是要完善对教育工作队伍的考核和激励机制，激发工作者的工作积极性，对教育工作队伍进行培训，保证教育工作队伍的稳定性，使教育工作队伍达到专业化水平。

二、建立生活化的网络思想政治教育工作机制

教育的顺利实施还需要一套与之协调配合的工作机制，因此在实施教育的过程中，要全面具体地分析影响其实施效果的各种因素，不断完善网络思想政治教育生活化的工作机制，将教育工作落到实处，提高思想政治教育工作实效。

（一）建立坚实有力的保障机制

有了完善的评价机制和统一协调的工作机构，还需要有一个坚实有力的保障机制，为网络思想政治教育生活化提供制度和经费保障。一方面要不断完善网络思想政治教育的相关制度，将网络思想政治教育的相关内容具体化，制订详细的网络思想政治教育实施计划，设计相关课程活动，将实施细则纳入高校规章制度中，对思想政治教育成绩和效果进行定期检查，并制订相应的奖励措施。另一方面，高校要将注意力转移到网络思想政治教育上来，下大力气推广和宣传，同时要从财力、物力上对网络思想政治教育加大投入，以保证学校网络设备的及时更新和人员培训等具体活动的顺利开展。

（二）建立统一协调的工作机构

作为一项系统工程，网络思想政治教育需要多个部门的协同合作才能具体实施，完成任务。所以要提高工作效率，就必须建立一个具有统筹能力和领导能力，能够合理调配和整合资源的工作机构。该工作机构中不仅要包括校党委、宣传部、校团委、学生处和网络信息中心等部门，还要包含思政课专业教师队伍、各二级学院辅导员以及学生会、学生党员群体。这样才能更专业、更全面地开展思想政治教育工作。

（三）建立生活化的评估体系

思想政治教育的评价方式应回归学生的生活实践。思想政治教育开展的效果应是教师、学生以及社会评价结果的一个汇总，要注重评估的整体性，要形成集领导、专家、教师、学生以及用人单位评价于一体的评估体系，形成全方位的评价格局，使评价结果更具有说服力。思想政治教育的评价应是一个定量分析与定性分析相结合的过程，评价的结果应综合学生的课堂印象以及学生的生活感受。此外学生的评价动机以及评价方法都影响了思想政治教育后期工作的开展。具体到思想政治教育工作中就是要通过学生生活实践中的具体表现来相应调整评价方式和评价标准，以做到思想政治教育评价方式的科学化和时代化。例如，在学生的课堂活动中，通过对学生的知识吸收情况以及学生的课堂表现等来反映思想政治教育的开展效果；通过对学生课余活动中与他人的交流互动情况来评价学生的德育情况；通过对学生在社会生活中处理问题的表现来评价学生的思想情感以及价值取向。此外，评价的方式应坚持以人为本的核心理念，将思想政治教育的评价建立在平等、民主的基础上。首先，在学生的德育评价中应该摒弃传统中的评分制，综合学生的思想道德素质、人文素养、价值实现等多角度来综合评价学生的德育情况。其次，要将传统思想政治教育中的按时评价转变为按需评价，做到一动一评，让学生在评价中及时发现自己的问题，并及时纠正。最后，思想政治教育者要通过对学生的评价结果以及活动实际开展效果的总结与归纳，及时调整评价标准和评价形式等，真正做到思想政治教育生活化评价方式的与时俱进，真正发挥思想政治教育生活化的评价效果，不断推进思想政治教育生活化的创新。

参考文献

[1] 王学军.携梦翱翔：生活即教育 [M].北京：九州出版社，2015.

[2] 范亚飞，王唯一.生活即教育：给父母的 35 堂课 [M].北京：海豚出版社，2020.

[3] 康桥.杜威：教育即生活 [M].上海：上海辞书出版社，2014.

[4] 宋广益.思想政治教育的生活化研究 [M].长春：东北师范大学出版社，2018.

[5] 涂诗万.杜威教育思想的形成 [M].杭州：浙江教育出版社，2015.

[6] 杨迎春.新形势下高校思想政治教育生活化研究[M].上海：上海交通大学出版社，
    2016.

[7] 陈建，谢亚蓉，唐雪梅.思想政治教育与创新创业 [M].长春：吉林人民出版社，
    2017.

[8] 陈历.理论、方法与实践：高校思想政治理论课实践教学研究 [M].厦门：厦门
    大学出版社，2018.

[9] 赵惜群.网络思想政治教育理论与实践研究 [M].长沙：湖南大学出版社，2012.

[10] 陈寿灿.其精甚真：高校学生思想政治教育理论与实践 [M].杭州：浙江工商大
    学出版社，2015.

[11] 李宪伦.思想政治教育新话语探析 [M].重庆：重庆大学出版社，2007.

[12] 冯秀军.多元文化背景下的高校思想政治教育创新 [M].北京：中央民族大学出
    版社，2008.

[13] 赵康太.新时期高校党的建设与思想政治教育理论探索 [M].北京：对外经济贸
    易大学出版社，2005.

[14] 济南市教学研究室.思想政治教学案例分析 [M].济南：山东教育出版社，2005.

[15] 万光侠，张九童，夏锋.马克思主义人学视域中的思想政治范式转换研究 [M].
    济南：山东人民出版社，2014.

[16] 温浩，黄志达.当代大学生思想政治教育 [M].长春：东北师范大学出版社，
    2017.

[17] 李红冠，翟尧，孙智宏.高校思想政治教育[M].石家庄：河北人民出版社，2015.

[18] 徐原，陆颖，韩晓欧."互联网＋"时代高校思想政治教育创新研究[M].秦皇岛：燕山大学出版社，2019.

[19] 斯琴高娃.新媒体视角下的高校思想政治教育研究[M].延吉：延边大学出版社，2018.

[20] 李锐.高职思政课堂中生活化教学路径的实施[J].时代汽车，2022(7)：110-111.

[21] 黄慧微，朱晨静.高校思政课生活化话语体系的构建：基于福柯规训理论视角[J].河北科技大学学报（社会科学版），2022,22(1)：55-61.

[22] 董博.新时代青年学生思想政治教育生活化探析[J].生活教育，2022(2)：116-119.

[23] 贾则琴.生活化视角下高校思想政治理论课教学话语提升研究[J].潍坊工程职业学院学报，2022,35(1)：5-10.

[24] 陈赟.生活化视域下的高校思政课"金课"建设研究[J].黑龙江教师发展学院学报，2021,40(11)：48-50.

[25] 王尚.大学思想政治教育生活化路径研究[J].广东职业技术教育与研究，2021(5)：97-100.

[26] 王馥.高职英语第二课堂课程思政育人生活化研究[J].辽宁经济职业技术学院辽宁经济管理干部学院学报，2021(5)：56-58.

[27] 郝利娜.大学生思想政治教育生活化的策略探赜[J].成才之路，2021(29)：46-47.

[28] 白艳梅.生活化教学在中职思政课中的应用研究[J].文理导航（上旬），2021(10)：71.

[29] 陈紫玉，沈婷婷.谈高校思想政治教育生活化[J].品位·经典，2021(17)：87-89.

[30] 王爽爽."生活化"课程思政：语文教学内容重构的路径[J].中学语文，2021(26)：56-58.

[31] 蔡祎昀.思想政治教育生活化的方法探究[J].中华活页文选（教师版），2021(9)：113-114.

[32] 郭广彬 . 基于大思政理念的生活化情境教学 [J]. 中学政治教学参考，2021(30)：29-30.

[33] 李梅敬 . 智能教育背景下思想政治教育的生活化建构及实践路径 [J]. 北京社会科学，2021(7)：76-83.

[34] 王阿凡 . 微时代背景下大学生思政教育生活化实现路径分析 [J]. 吉林教育，2021(14)：30-31.

[35] 李俊国，楚莉莉 . 基于应用型人才培养的思政课教学话语建构探析 [J]. 湖北开放职业学院学报，2021，34(13)：76-77.

[36] 江山 . "微时代"大学生思想政治教育生活化实现路径研究 [J]. 经济研究导刊，2021(11)：103-105.

[37] 张燕霞 . 微时代大学生思想政治教育生活化的路径研究 [J]. 科教文汇（下旬刊），2021(3)：43-44.

[38] 史家昊 . 大学生思想政治教育生活化范式研究 [J]. 时代报告，2021(1)：126-127.

[39] 胡芊 . 新时代高职思政理论课"生活化"教学模式的构建：以团队活动化课堂为例 [J]. 创新创业理论研究与实践，2020，3(24)：156-158.

[40] 王丹丹 . 符号化和生活化：思想政治教育的表达之争 [J]. 中学政治教学参考，2020(38)：19-22.

[41] 杨曼萍 . "微时代"高校思想政治教育生活化的挑战与应对 [J]. 邵阳学院学报（社会科学版），2020，19(5)：108-112.

[42] 吴波 . 大学生思想政治教育生活化范式建构探索 [J]. 产业与科技论坛，2020，19(20)：254-255.

[43] 刘青 . 高职院校思想政治教育生活化途径分析 [J]. 作家天地，2020(18)：148-149.

[44] 郑芳茹 . 生活化思政课堂的实施路径 [J]. 广东职业技术教育与研究，2020(3)：124-126.

[45] 陈义 . 价值观教育视阈下思想政治理论课教学生活化的探索 [J]. 中国大学教学，2019(11)：56-60.

[46] 王东鸣 . 大学生思想政治教育的生活化构建与实现 [J]. 产业与科技论坛，2019，18(21)：209-211.

[47] 李丽."微时代"大学生思政教育生活化实现路径研究[J].科教导刊(上旬刊)，2019(28): 93-94.

[48] 刘菲菲.大学生思想政治教育生活化范式建构[J].东西南北，2019(17): 118-119.

[49] 陈豆.新时期高校大学生思想政治教育生活化研究[J].科教文汇(上旬刊)，2019(8): 39-40.

[50] 巩硕.民办高校大学生思想政治教育生活化思考[J].时代报告，2019(7): 66-67.

[51] 车艳秋."微时代"的思想政治教育生活化路径[J].中学政治教学参考，2019(20): 85.

[52] 彭锡钊.探析思想政治教育生活化的路径[J].中学政治教学参考，2019(17): 84.

[53] 靳雅萌.大学生思想政治教育生活化研究[J].风景名胜，2019(6): 110.

[54] 杨彦华，李金蔓，赵天宇.思想政治教育生活化教育实践路径探究[J].经济师，2019(4): 208-209, 213.

[55] 李冬萍.高校思想政治教育生活化的新思维[J].才智，2019(10): 178.

[56] 曾璐.正确把握高校思想政治教育生活化的两个向度[J].集宁师范学院学报，2019, 41(2): 56-59.

[57] 孟燕华.生态德育生活化：高校思政课的生态文明教育路径分析[J].河池学院学报，2020, 40(3): 83-88.

[58] 孔斌.思想政治教育生活化与高校育人共同体的建设[J].文教资料，2020(16): 163-164.

[59] 赵建勇.微时代大学生思想政治教育生活化的探索与研究[J].常州信息职业技术学院学报，2020, 19(2): 49-51.

[60] 田雨瑶.探究生活化教学在高校思想政治教育中的实践应用[J].决策探索(下)，2020(3): 64.

[61] 吴昌福.高校大学生思想政治教育生活化的思考[J].课程教育研究，2020(9): 70-71.

[62] 高新玉.新媒体时代大学生思想政治教育生活化的实现路径[J].农家参谋，2020(4): 273.

[63] 杨清.高职院校思想政治教育生活化研究[D].泰安：山东农业大学，2021.

[64] 严玉芹.思想政治教育生活化场景的设计研究[D].喀什：喀什大学，2021.

[65] 王涓颖.新时代大学生思想政治教育生活化创新研究 [D].银川：北方民族大学，2020.

[66] 靳雅萌.大学生思想政治教育生活化研究 [D].石家庄：河北科技大学，2019.